国家社科基金重点项目“任继愈哲学文献整理与研究”成果

任继愈哲学研究丛书

浩荡为学　高尚做人

——任继愈的学术人生

李　申　主编

REN JIYU ZHEXUE YANJIU CONGSHU
HAODANG WEIXUE GAOSHANG ZUOREN
——REN JIYU DE XUESHU RENSHENG

GUANGXI NORMAL UNIVERSITY PRESS
广西师范大学出版社
·桂林·

图书在版编目（CIP）数据

浩荡为学　高尚做人 ：任继愈的学术人生 / 李申主编. --桂林 ：广西师范大学出版社，2021.11
（任继愈哲学研究丛书）
ISBN 978-7-5598-4073-8

Ⅰ. ①浩… Ⅱ. ①李… Ⅲ. ①任继愈（1916-2009）—纪念文集 Ⅳ. ①K825.1-53

中国版本图书馆 CIP 数据核字（2021）第 148419 号

广西师范大学出版社发行
（广西桂林市五里店路 9 号　邮政编码：541004
网址：http://www.bbtpress.com）
出版人：黄轩庄
全国新华书店经销
三河市三佳印刷装订有限公司印刷
（河北省三河市杨庄镇杨庄村　邮政编码：065200）
开本：880 mm ×1 240 mm　1/32
印张：13.5　　　字数：258 千
2021 年 11 月第 1 版　　　2021 年 11 月第 1 次印刷
定价：68.00 元

任继愈先生是我们学习的楷模（代序）[1]

汝 信

任公离我们而去已五年了，今天开会看到他的文集出版，他的音容笑貌仿佛又在眼前。任公无论是做学问还是做人，都是我们学习的楷模。

我虽然没有听过他的课，但从他那里受教良多。在我的心目中，他一直是我尊敬的老师。20世纪50年代，我在哲学所贺麟先生门下当研究生，听贺先生说做学问就要像任继愈那样扎扎实实，对他赞扬备至。又听到毛泽东主席召见任公，称他“凤毛麟角”，并委以筹建世界宗教研究所的重任。但见到任公与之相识，是在“文化大革命”中的河南“五七干校”。那时的他早已人过中年，有很大的学术成就，但在干校期间，无论学习、劳动、工作都表现突出，是受表扬的模范。

当时，他因过度劳动患眼疾回京治病，奉命组织写作组编写《中国哲学史简编》，指名要我参加。组内其他同志都是多年从事中哲史研究的专家，只有我是地道的外行。在他指导下边学边干，我粗浅的中哲史知识，就是那时打基础学的，使我终身受益。

① 本文为作者在《任继愈文集》出版座谈会上的发言。

我一直在想，我们应从他那里学习什么？

第一，学习他热爱祖国几千年来丰富多彩的中华传统文化遗产，数十年如一日，锲而不舍的钻研精神。

首先，中华文化是民族的根和魂。我们要学习他对祖国几千年来丰富多彩的中华传统文化遗产的热爱，数十年如一日，锲而不舍的钻研精神。他的研究博大精深，可以说覆盖了中国哲学和传统文化的主要派别。儒、佛、道、墨、韩非，无所不通，都有所创新研究。直到晚年，健康不佳，目疾未愈，他始终没有放弃研究与写作，直到生命的最后一刻。特别是他在晚年从事若干鸿篇巨制的纂修工作，如《中华大藏经》《中华大典》，多卷本《中国哲学发展史》等浩大的文化基本建设工程。这是他传承、弘扬中华文化，对文化建设的重大贡献，值得大书特书。

第二，学习他努力用马克思主义观点去批判继承中国传统文化遗产的科学精神。

其次，要学习他努力用马克思主义观点去批判继承中国传统文化遗产的科学精神。他强调用马克思主义的立场、观点、方法，而不是生搬硬套地贴标签、引用一些词句和个别结论。正因为他善于用历史唯物主义观点，结合中国的历史实际和大量具体史料去研究佛学，因此得出了前人从未有过的精辟见解，得到了毛主席的肯定与赞扬。

老实讲，我国研究国学的人不少，研究成果也不少，但真正像他那样深刻理解国学又善于用马克思主义批判继承的精神去研究国学的并不多，确实称得上“凤毛麟角”。我自己听他说过，切忌偏爱自己所研究的对象，研究宗教者绝不可信教，否则就不可能持马克思主义的客观的、科学的态度。他对宗教有深入的研究，同时又是无神论的热情的宣传者，创建无神论学会，并担任理事长，开办《科学与无神论》刊物。

第三，学习他实事求是的科学学风。

再次，要学习他实事求是的科学学风。他强调，不懂的绝不乱说，不可跟风赶浪潮，跟着人家瞎吵吵，以免后悔莫及。在学术研究上他与时俱进、不断创新，勇于独立思考，提出自己的新见解，即使一时没有得到学术界多数人的赞同，也绝不随便放弃，可谓做到了“特立独行”。但他又从不以权威自居，只要他觉得别人的意见有道理，就充分予以考虑吸收，不惜修正自己的观点。在发扬学术民主方面，他是表率；在讨论学术问题时，他总是平等待人，使人可以畅所欲言，充分听取不同意见，从善如流。

最后，特别要指出，他多少年来一直注意培养青年新生力量，诲人不倦。他在社科院担任宗教所长，可以说是白手起家。经过多年努力，培养出一支高水平的研究队伍，建立了不少新的研究学科，填补了我国宗教研究的空白。我国许多中哲史研究、宗教研究的优秀专家学者，都出自他门下，可以说是桃李满天下。中哲史研究和宗教研究的繁荣发展是和他的贡献分不开的。

——原载《博览群书》，2015 年第 5 期

目　录

当自觉接受马克思主义指导的学问家[①]

王伟光

2016 年是任继愈先生一百周年诞辰，纪念任继愈先生百年诞辰有深刻的意义。先生是我国著名的哲学家、宗教学家、历史学家、图书馆学家和教育家，是我国著名的哲学社会科学学者。纪念先生百年诞辰，最根本的是学习他坚持以马克思主义指导哲学社会科学研究，对中国的哲学社会科学事业的发展，对中国哲学史、宗教学、图书馆学等学科的发展做出的卓有成效的贡献。

一、世界宗教研究所和马克思主义宗教学的创建者

1959 年毛泽东同志曾经接见任继愈先生，就中国哲学、宗教学等方面的问题与先生有过一次谈话，这次谈话可以说对中国哲学、宗教学研究界具有深远影响。先生曾经根据这次谈话写过回忆文章，但对谈话内容的叙述并不详细。[②] 近日，任重、任远整理了这次谈话的记录，将毛泽东同志接见先生的谈话主要分为四个部分：关于研究

① 纪念任继愈先生一百周年诞辰。

② 参见任继愈：《忆毛主席谈古为今用》，《文汇报》，1978年12月20日。

中国哲学史；关于哲学问题；关于逻辑学方面的问题；关于百家争鸣和学术批判问题。毛泽东同志在谈话中高度肯定了先生在宗教学研究尤其是佛教史研究方面的贡献，他说“你写的全部文章我都看过了”“你写的佛教禅宗的文章我也看了。对于禅宗，我没有什么特别的看法，我完全同意你的意见。禅宗是主观唯心主义，完全抹杀它，是不行的”。毛泽东同志说任继愈先生“首创运用马克思主义研究宗教学”，这是毛泽东同志对他开辟的哲学史、宗教学研究的新途径进行的肯定。毛泽东同志还对先生的佛学研究给予了充分肯定，并且指出“研究宗教非外行不行，宗教徒搞不清楚”“因为他们对它有了迷信”。[①]

> 1963年12月，毛泽东同志在一个文件上写了一个批语：对世界三大宗教（耶稣教、回教、佛教），至今影响着广大人口，我们却没有知识，国内没有一个由马克思主义者领导的研究机构，没有一本可看的这方面的刊物……用历史唯物主义的观点写的文章也很少，例如任继愈发表的几篇谈佛学的文章，已如凤毛麟角，谈耶稣教、回教的没有见过。不批判神学就不能写好哲学史，也不能写好文学史或世界史。[②]

这段话中对任继愈先生的佛学研究进行了高度肯定。1964年8月，毛泽东同志在北戴河的一次谈话中，再次谈到了先生和佛学，再次提到很欣赏先生关于佛学研究的文章。

此后，毛泽东同志再次做出批示，根据批示成立了中国科学院哲学社会科学部（简称“学部”）世界宗教研究所，先生是第一任所长。

---

① 参见《一份谈话记录和半个世纪的演绎》，《中华读书报》，2016年4月6日。

② 《毛泽东文集》第8卷，人民出版社，1996年，第353页。

从筹建到1966年5月“文化大革命”开始，主要是做聚集和培养人才、系统了解和掌握宗教动态等几项工作，在马克思主义指导下做开创性的理论研究。研究所下设佛教、基督教和伊斯兰教三个研究室，首先进行了各国宗教概况的调查，并且出版了自己的期刊《世界宗教动态》。这是中国第一个研究世界宗教的学术机构，1978年中国社会科学院成立以后，改称世界宗教研究所。

任继愈先生从担任世界宗教研究所所长，至1987年担任国家图书馆馆长，再到兼任世界宗教所名誉所长，前后四十五年。可以说，中国社会科学院世界宗教所的发展离不开任继愈先生。先生是世界宗教研究所的奠基人，也是马克思主义宗教学的创建人。

二、坚持马克思主义立场观点方法指导学术研究

任继愈先生一生的学术经历和贡献可从四个方面高度概括：

第一，以马克思主义的立场、观点、方法指导中国哲学史研究。先生是中国著名的哲学史家，他自觉地以马克思主义思想指导中国哲学史研究，做出了卓越贡献。20世纪60年代，先生主编了至今影响很大的四卷本教科书《中国哲学史》，近年来仍然在出版，并且是很多高校和科研院所研究生的必读书目。“文化大革命”中期，先生接到任务，要求集中几个人编一本新的《中国哲学史》。在当时的政治重压下，先生带领几位科研人员编写了《中国哲学史简编》（1973年10月编完），出于知识分子的良知，该书尽力做到了尊重史实。尽管这几部教科书受到广泛的欢迎，但是先生自己却对这几

部书有不满意之处，于是在20世纪80年代主编了《中国哲学发展史》。《中国哲学发展史》是一部优秀的哲学史家著作，自出版后，学术界评价良好，是一部经得起考验的作品。

任继愈先生曾在北京大学获硕士学位，后在北大执教。先生的《中国哲学史》是北大学生学习中国哲学史的基本教科书。我曾是北大哲学系的学生，作为学生，至少读了六遍这本书。我中国哲学史的入门学习就是依靠先生的书来进行的。先生在中国哲学史研究方面走出了一条以马克思主义思想观点来梳理中国哲学史的研究道路。我记得先生有一句话：不关注人、不关注社会问题的学问是假学问。先生在中国哲学史的研究方面实践了他的治学观点。

第二，奠定了马克思主义宗教学的基础。先生创立了中国马克思主义的宗教学。他的观点是，国家要研究宗教，是继承发扬中华传统文化、促进民族团结、参与国际交流和构建新的社会共识、促进社会各方面发展的大事；信徒可以研究宗教，但承担不起此重任；研究宗教讲无神论，避免先入为主、人为造成局限，使研究丧失科学性。先生指出，学者和信徒的研究，如果要比喻一下，那就是：人站在神像前，能看到神像雕塑整体的完美；跪在神像前，只能看到神像脚的一个部分。他认为只有以历史唯物主义观点来研究宗教，才能做到科学，既不走样，也不迷信，既不完全肯定宗教，也不会轻率地对之加以否定。我觉得这是他研究世界宗教，建立中国马克思主义宗教学中最为核心的理念。先生虽然是宗教学学者，但是他不信教，他提倡无神论。1956年，先生加入中国共产党，从此一生与我党的理论事业，与中华人民共和国的哲学社会科学事业密不可分。

任继愈先生是我国著名国学大师汤用彤先生的弟子，他的佛教研究继承了上一代学者的学术传统，同时又有自己的开创性思路。他以马克思主义为指导进行佛教研究，是对上一代学者学术传统的进一步发展。毛泽东同志在与先生的谈话中以及在其他场合，曾多次赞扬过先生所著的佛学研究文章。1962年，先生将自己1955年至1962年发表的关于佛教研究的七篇论文（其中包括与汤用彤先生合写的一篇）结集出版，题为《汉—唐中国佛教思想论集》（生活·新知·读书三联书店，1963年10月出版）。这七篇文章的题目是：《汉唐时期佛教哲学思想在中国的传播和发展》《南朝晋宋间佛教“般若”“涅槃”学说的政治作用》（与汤用彤合著）、《天台宗哲学思想略论》《华严宗哲学思想略论》《禅宗哲学思想略论》《论胡适在禅宗史研究中的谬误》（作为前一篇的附录）、《法相宗哲学思想略论》。这部著作出版以后，得到了国际佛教研究界的高度评价，以此为契机，建立了与国外学术界互相交流的长期机制。

第三，运用马克思主义世界观、方法论研究分析中国传统文化。任先生是著名的图书馆学者，其在担任国家图书馆馆长、名誉馆长期间，运用马克思主义的世界观、方法论，对中国传统文化加以研究分析、去粗取精、剔除糟粕、留下精华，特别是在古籍整理，孤本、善本的开发和利用方面做出了开拓性的学术研究，对中国图书馆事业做出了重要贡献。

1982年，任继愈先生在古籍整理规划会上提出，佛教典籍作为千百年流传下来的文化遗产，急需运用马克思主义世界观、方法论通过整理加以保护。后经批准成立了大藏经编辑局。先生主编的《中华大藏经（汉文部分）》，以《赵城金藏》为基础，用其他各种现存的大藏经进行比照，编成《中华大藏经·上编》一百零七卷，历时十余年，先后有一百六十多人参与工作，集中了大量人力物力，这些都离不开先生的努力。《中华大藏经（汉文部分）》正编，是中华人民共和国成立以后学术界整理佛教文献的重大成果，也是我国学术界在传统文化领域的一项重大研究成果。这套书先后获得全国古籍整理成果一等奖、全国图书奖荣誉奖、中国社会科学院优秀科研成果荣誉奖，被列入国家领导人赠送外国的国礼之一。国际佛学界对《中华大藏经（汉文部分）》也给予了充分肯定。

第四，马克思主义的哲学社会科学教育家。先生在中国哲学史、宗教学、历史学、图书馆学等领域都有非常高的造诣，他的为人、他的学问、他的书都对我们后辈起到了非常深的教育作用。先生曾在北京大学哲学系任教，先后开设中国哲学史、宋明理学、华严宗研究、佛教著作选读、隋唐佛教等课程。筹建世界宗教研究所之后，于 1978 年起招收宗教学硕士生、博士生，于 1985 年起与北大合作培养宗教学本科生，为国家培养了大批宗教学研究人才。我虽然没有得到先生的直接指导，但是先生在马克思主义宗教学领域的研究领域，在以马克思主义为指导的中国哲学史领域的研究方面，他的学术思想至今都还影响着我，也影响着学界。他是最著名的、最受学者和年轻人拥戴的、自觉接受马克思主义指导的学术大师。

今天，我们纪念任继愈先生一百周年诞辰，一方面深切缅怀先生，另一方面也希望世界宗教研究所能够继续坚持先生所坚持的马克思主义立场、观点和方法，继续坚持先生做学问的宗旨，进一步推动马克思主义宗教学研究的发展，进一步推动世界宗教研究所的发展。

浩荡为学　高尚做人
——追忆著名学者任继愈先生

段德智

我国著名的哲学家、宗教学家和历史学家任继愈先生，已经于7月11日与世长辞，走完了他九十三岁的人生历程。作为我国一代学人的楷模之一，他的学术人生，差不多浓缩了一个世纪以来中国知识分子的精神历程。缅怀、追思和效法他的为学和为人，对于进一步推进和繁荣我国的学术事业和文化事业，无疑具有重大的意义。

1916年，任继愈出生在山东省平原县的一个比较殷实的军官家庭。儿童时代曾在家乡（平原县和济南市）读完了小学和初中，打下了良好的阅读古汉语的基础。不过，此时的他，感兴趣的并非哲学而是文学。当初，他的老师之所以给他起名“继愈”（继承韩愈），固然有激励他在为人方面能够像韩愈那样“特立独行，穷天地，亘万世，而不顾”，但是无疑也寄希望他日后在文学方面有所建树。然而，当他后来到北平大学附属中学读高中时，却开始对哲学发生了兴趣。1934年，他考入北京大学哲学系，正式踏上了研究哲学的学术道路。大学期间，他最初对西方哲学感兴趣，到后来他的兴趣却转到了中国哲学和中国哲学史方面。1939 年，他考取西南联大北京大学文科研究所第一批研究生，师从汤用彤和贺麟教授攻读中国哲学史和佛教史。1941 年毕业，获得硕士学位。1942 年至 1964 年间在北京大学哲学系任教，先后讲授过中国哲学史、宋明理学、中国哲学问题、朱子哲学、华严宗研究、佛教著作选读、隋唐佛教等课程。1964 年，奉命筹建国家第一个宗教研究机构——中国科学院世界宗教研究所，任所长。1987 年至 2005 年出任中国国家图书馆馆长。2005 年开始退居二线，为中国国家图书馆名誉馆长。

此外，自 1978 年以来，他还先后担任中国社会科学院研究生院教授和博士生导师，国务院学位委员会学科评议组成员和哲学组召集人，国家古籍出版规划小组成员，中国宗教学学会会长，中国无神论学会理事长，中国西藏佛教研究会会长，中国哲学史学会会长，国家社会科学基金宗教组召集人，中国社会科学院宗教研究所名誉所长。1999 年，他当选为国际欧亚科学院院士。2009 年 1 月，他被聘为中央文史研究馆馆员。作为学术界的代表，他还曾当选为第四至第八届全国人民代表大会代表。

任继愈先生是我国当代最勤奋、最多产的学者之一。他的学术专著主要有：《老子今译》（古籍出版社，1956 年）、《汉唐佛教思想论集》（人民出版社，1973 年）、《老子新译》（上海古籍出版社，1978 年）、《中国哲学史论》（上海人民出版社，1981 年）、《任继愈学术论著自选集》（北京师范学院出版社，1991 年）、《老子全译》（巴蜀书社，1992 年）、《任继愈学术文化随笔》（中国青年出版社，1996 年）、《墨子与墨家》（商务印书馆，1998 年）、《竹影集》

（任继愈自选集）（新世界出版社，2002年）、《任继愈禅学论集》（商务印书馆，2005年）、《皓首学术随笔·任继愈卷》（中华书局，2006年）、《老子绎读》（书目文献出版社，2006年）。他所主编的著作（含辞书）主要有：《中国哲学史》（四卷本，人民出版社，1963年）、《中国哲学发展史》（七卷本，已出四卷，人民出版社，1983—1998年）、《中国佛教史》（八卷本，已出三卷，中国社会科学出版社，1988年）、《中国道教史》（上海人民出版社，1989年）、《道藏提要》（中国社会科学出版社，1991年）、《宗教大辞典》（上海辞书出版社，1998年）、《中国道教史》（增订本）（中国社会科学出版社，2001年）、《佛教大辞典》（江苏古籍出版社，2002年）。

任继愈先生的学术贡献是多方面的。但从长时段的观点看问题，他的最具影响力的贡献还是在宗教学方面。任继愈先生是我国马克思主义宗教学研究的开创者和奠基人。早在20世纪50年代和60年代，任继愈先生就在《哲学研究》《学术月刊》和《敦煌资料》上发表了《禅宗哲学思想略论》《天台宗哲学思想略论》《法相宗哲学思想略论》《关于〈物不迁论〉——一篇形而上学的佛学论文》《汉唐时期佛教哲学思想在中国的传播和发展》和《关于〈不真空论〉》等佛学论文，并于1973年结集为《汉唐佛教思想论集》出版。他的这些研究成果开辟了中国佛学和宗教学研究的新方向，可以说是中华人民共和国成立以来用马克思主义研究宗教问题的奠基之作，不仅受到国内外学术界的好评，也得到了毛泽东主席“凤毛麟角”的赞誉。1964年，他奉毛泽东主席和周恩来总理之命，组建世界宗教研究所，担任所长达二十一年之久。在此期间，他不仅主持编辑了《马克思恩格斯列宁斯大林论宗教》《宗教词典》《道藏提要》等专门工具书和《中华大藏经（汉文部分）》等重要书籍，而且还上马了《中国佛教史》《中国道教史》等大型集体攻关项目，创办了国内首份宗教学术期刊《世界宗教研究》及其姊妹刊物译丛性《世界宗教资料》（后改版为《世界宗教文化》）。他不仅于1979年主持召开了全国宗教学研究规划会，长期担任国家社会科学基金宗教学学科规划评审组召集人，而且还发起成立了全国性宗教学术研究社团“中国宗教学学会”和“中国无神论学会”，并亲任第一任会长和理事长。任继愈先生对中华人民共和国宗教学在其发轫期的运筹之力和推动之功是无可替代的。

任继愈先生还是中华人民共和国成立后哲学史学科和当代中国哲学学科的重要奠基人之一。他主编的《中国哲学史》自 1963 年出版后，长期用作我国各大学哲学系的基本教材，培养了一代又一代哲学工作者，并获国家教育部特等奖。他不仅于 1977 年底提出了“儒教是教”说，引发了我国哲学史界和哲学界近三十年的学术大讨论，而且还亲自撰写了《儒家和儒教》《论儒学的形成》《儒教的再评价》《朱熹与宗教》等一系列论文，完成了“儒教是教”说的理论创造，不仅为中国特色宗教学理论体系的构建开辟了新路，而且也为重新理解中国哲学的内涵和发展脉络开辟了新路。

任继愈先生在古典文献整理方面成绩斐然。1983年至1997年，他主持编撰完成一亿多字的《中华大藏经（汉文部分）》（获国家古籍整理一等奖）。他还主编规模达一百五十卷的《国家图书馆藏遗书》，担任规模达七八亿字的《中华大典》的总主编（并亲自兼任《宗教典》和《哲学典》的主编），担任重新校订出版《二十四史》的总主编。在当代中国学者中，罕有出其右者。

任继愈先生为人低调，在为学方面却不仅脚踏实地，而且境界高远。任继愈先生曾经请人为自己刻了一枚图章，上书“不敢从心所欲”。他说：“我只说自己懂了的话，吃不透的话，不要跟着乱嚷嚷，不要跟着瞎说，免得自己后悔。”其实，任继愈先生还应该为自己刻另一枚图章，上书“敢从心所思”。他喜欢斯宾诺莎的一句话：“为真理而死不容易，为真理而活着就更难！”但是，他还是在需要“特立独行”的时候，敢于“特立独行”：在“以阶级斗争为纲”的时代，他挺身而出，开展佛学研究；在这样的时代刚刚结束之际，他又挺身而出，提出“儒教是教”说，向“中国无宗教”这一“五四”以来的流行观点发出挑战；在学风普遍浮躁的时代，他又以一个历史学家的深邃眼光，坚信中国近期不可能出现“真正的文化大家”，坚信“中国真正的文化勃兴的时代将会到来”，从而心甘情愿地将自己后半生的主要精力放在“整理文献”“积累资料”的繁忙工作上。

任继愈先生是当代中国学者中能够“继愈”的少数学者之一。“浩荡为学，高尚做人”可以看作是他留给我们的最为珍贵的精神财富。

——该文原载 2009 年 7 月 20 日《学习时报》（后为中国共产党新闻网、人民网、文化发展论坛、有道热闻、北京大学培训中心、爱思想、武汉大学哲学学院网等网站转载）

任继愈
——中国马克思主义宗教学的开创者和奠基人

李 申

任继愈先生研究宗教，起因于他要弄清中国哲学中的宗教哲学问题。而他之所以要选择中国哲学这个专业，起因于他认为哲学是追求真理的学问。当国家处于亡国灭种的最危险的时候，青年人心目中的真理，首先是救国救民的道理。也就是说，任继愈先生对于哲学和宗教的研究，是要自觉担负起历史的使命，这也是当时许多青年共有的理想和追求。

任继愈先生早年研究宗教的状况，见于他的学位论文《理学探源》和中华人民共和国成立前夕发表的几篇讨论佛学的文章。中华人民共和国成立初期，任继愈先生和北京大学、清华大学哲学系的教师们一起，开始学习马克思主义。过去只是在实践中看到，以马克思主义为指导的中国共产党领导中国人民获得了解放。现在又从理论上认识到，过去所信奉的儒学的“亲仁”“爱民”之类，都是虚的，即使古人真的如此想，也救不了天下，救不了人民。在书本学习之外，他们还参加了土地改革等社会活动，与农民共同生活在一起，在感情上也发生了变化。从此以后，任继愈先生义无反顾地走上了以马克思主义为指导研究宗教问题的思想道路。

一、以自己的著作提供用马克思主义指导研究宗教问题的范例

任继愈先生的马克思主义宗教学研究，从佛教开始。第一篇论文，是1955年的《南朝晋宋间佛教“般若”“涅槃”学说的政治作用》，这是他和自己的导师汤用彤先生合写的。此后，就是对于隋唐佛教四大宗派哲学思想的研究。1962年，在哲学讨论会上，发表关于佛教哲学在中国传播和发展的演讲，第二年，以《汉唐时期佛教哲学思想在中国的传播和发展》为题，发表于《光明日报》。伴随着这些文章，是对范缜《神灭论》和僧肇《物不迁论》和《不真空论》的今译，对胡适禅宗研究的批判，这些文章结集为《汉—唐中国佛教思想论集》，于1963年出版。从1942年撰成《理学探源》到1963年《汉—唐中国佛教思想论集》出版，任继愈先生对佛教的研究，已经有了二十年的积累。所谓“十年一剑”“厚积薄发”，用于形容任继愈先生的佛教研究，可说是恰如其分。毛泽东主席说的“任继愈发表”的、“如凤毛麟角”的、“用历史唯物主义观点”写的“几篇谈佛学的文章”，[①] 指的主要就是这个文集里的几篇文章。

毛泽东主席关于加强宗教研究的批语，是中国共产党历史上第一次关注宗教研究的重要文献，也是中国马克思主义宗教学的开端。

① 毛泽东：《关于加强宗教研究问题的批语》，1963年12月30日。

这个开端的奠基之作，就是任继愈先生的《汉唐佛教思想论集》。

《汉唐佛教思想论集》是用历史唯物主义观点撰写的研究佛教的文章，同时也是用历史唯物主义观点研究一般宗教问题的范例。所以，毛泽东主席在谈到任继愈先生的文章之后，接着就说没有见过谈基督教、伊斯兰教的。这就是说，他期待着中国能有人像任继愈先生那样，用历史唯物主义的立场和观点，撰写出有关基督教、伊斯兰教的研究文章。

依任继愈先生的理解，马克思主义的历史唯物主义用于思想史研究，其基本观点可以归结为一句话，那就是“社会存在决定社会意识”：“不是人们的意识决定人们的存在，相反，是人们的存在决定人们的意识。”（马克思《〈政治经济学批判〉导言》）社会存在的延续和发展，就是人类的历史。因此，如果是研究宗教发展的历史，则历史唯物主义的原理又可表述为“用历史说明宗教，而不是用宗教说明历史”。

依据“用历史说明宗教”的立场，任继愈先生指出，佛教从它的产生到派别的分化，从小乘发展为大乘，都不是佛教教义自身在发展，而是社会生活本身在推动着佛教教义的发展。大乘佛教特别是禅宗，在中国广泛传播，而南亚一带却主要是小乘佛教。至于藏传佛教，则又是一种面貌。这些演变，都不能从佛教教义本身找到答案，也不能从某些天才人物的活动中找到答案，而只能求助于当时当地的社会生活条件。因此，不是佛教观念改变了印度或中国的历史，而是印度和中国的历史推动了佛教观念的诞生和传播、演变和发展。载入佛教丛书“大藏经”的佛经连同它的注本近三千部，但真正流行的只是很少几部，这也只能用它适应社会需要的程度来解释。

在任继愈先生之前，不少佛教研究者都注意到，佛教传到中国，其教义发生了许多改变。不少人认为，这是中国僧人没有正确理解佛经，“误解”了佛教的本来面貌。任继愈先生指出，佛教在汉代被理解为道术的一种，在魏晋时代被理解为玄学的一派。隋唐时期，佛教经典已经大量翻译，应该不会被“误解”，但是广泛传播的，却是经由中国僧人发挥的天台宗、华严宗，特别是禅宗，而比较忠实于印度原貌的法相宗，却很快就失传了。这些现象，也只能归结为中国当时的社会存在影响了社会意识，而不能从人的主观愿望上去找原因。

毛泽东主席 1959 年接见任继愈先生时说过，许多梁启超没有讲清的佛学问题，任继愈先生讲清楚了。比如，佛法的重要标志之一是“诸法无我”，是所谓佛教“三法印”之一。梁启超信仰佛教的“无我”论，认为“无我”论可以给人以积极意志。然而，中国历史上早就有许多人批评“无我”论，认为这恰恰是使人消极的说法。在这个问题上，梁启超难以自圆其说。再比如，梁启超考证《楞严经》是伪经，然而，这部伪经流传甚广。此外，还有《法华经》《维摩经》等，也在中国广泛流传。梁启超认为原因在于这些经的译文优美。可是，玄奘的译文几乎可以说是译文中最优美的，但法相宗却很快衰落。在这个问题上，梁启超也说不清楚，或者说，说不正确。如果要进一步追问，那些根本不在数次结集之内、于释迦牟尼去世数百年以后才出现的大乘经典，其“非佛语”的性质非常明显，为什么在中国却能得到更加广泛的流传呢？

梁启超二十几岁时就和康有为一起鼓吹变法，“康梁”并称，不仅名动中国，而且名扬海外，是少有的不世之才。在佛教问题上，梁启超所缺乏的不是才能，而是正确的指导思想和方法。

社会存在决定社会意识，用历史说明宗教，是马克思主义宗教学的基本原则。任继愈先生自觉而准确地把这个原则应用于宗教学研究，用他自己的著作给研究者提供了范例和榜样。

二、创建中国马克思主义宗教学机构，规划宗教学实施方案

依据毛泽东主席的指示，1964 年开始筹建的世界宗教研究所，是中华人民共和国成立后的第一个用马克思主义立场、观点和方法研究宗教问题的学术机构。最初的成员，主要是北京大学哲学系东方教研室的教师和国务院宗教局的干部。同时，从全国范围内选调对宗教问题有所研究的学者。经过两年多的努力，到“文化大革命”前夕，研究所发展到近三十人，任继愈先生担任所长。研究所最初设在北京大学，1965 年转归中国科学院哲学社会科学学部。依任继愈先生的设计，宗教研究所尽量减少行政人员，除一名专职会计外，其他行政事务都由研究人员兼任。任继愈先生当时给研究所规定的任务是：“积累资料，培养人才”，为宗教学的繁荣准备条件。

宗教研究所刚刚成立，科研活动尚未开展，就赶上“文化大革命”。研究工作自然无法开展，任继愈先生也被作为“反动学术权威”，失去了对宗教研究所的领导权。直到“文化大革命”结束，宗教研

究工作才真正开始。

“文化大革命”结束以后，任继愈先生除自己的研究之外，对整个国家的宗教研究，主要是做了三项工作：一是聚集人才，发展宗教研究所规模，并协助和指导其他宗教研究机构的建立；二是制订宗教研究规划，并亲自领导和实施宗教研究项目；三是担任国家社会科学基金宗教学评审组组长二十余年，支持以马克思主义为指导的宗教研究项目、扶持新生力量和薄弱领域的研究。在这期间，究竟批准和支持过哪些宗教学项目，有案可查，此文不赘。这里只谈谈前两项工作。

宗教研究所在“文化大革命”刚刚结束以后聚集的人才中，有曾为名牌大学校长办公室主任，因被打成“右派”当时在做资料员的；有曾为著名佛学专家弟子，当时担任着某大学系主任的；有曾为北京大学高才生，因被打成“右派”在农村做牧羊人的；有曾为某大学西语系教师，因反对下乡劳动被开除公职，当时在做临时工的；有曾为某著名出版社总馆协理，因被打成“右派”当时仅为普通编辑的；有解放战争中的老英雄，也有抗美援朝的老战士。只要该人确实有才，在做宗教学研究或者愿意从事宗教学研究，或者是宗教研究所需要的，任继愈先生都千方百计地把他们聚集在宗教研究所。鼎盛时期，宗教研究所曾经有一百零八人，被称为“一百单八将”。有的人才无法调进北京，任继愈先生就努力支持在当地创办宗教研究机构。比如，四川大学宗教研究所的建立，就曾经得到世界宗教研究所和任继愈先生的大力支持。随着宗教研究的开展，现在几乎所有省份的社会科学院都有了自己的宗教研究机构。

现在的世界宗教研究所隶属于中国社会科学院，人数大体稳定在七八十人左右。即或如此，也是目前世界上门类最为齐全、规模最大的宗教学研究机构。

为了培养宗教学的后继人才，任继愈先生和北京大学协商，在北京大学创办宗教研究专业。最初的教师，就是世界宗教研究所的研究人员，任继愈先生亲自授课。从 1982 年到 1985 年，先生仍然在讲授这门课程。而先生讲课的特点，是每一次讲完课后，他都要认真总结，找出缺点，以便下次改正。可惜的是，在这数年中间，他对于讲义做了多少修改，未能记录下来。

如何开展宗教学研究？这是“文化大革命”一结束任继愈先生就认真考虑的问题。1979年2月，在昆明召开了全国宗教学规划会议。与会的有老一辈的学者，也有中青年学者，还有宗教界的领袖，共一百三十余人。这次会议由宗教所牵头，也就是在任继愈先生的领导下，为中华人民共和国成立以来的马克思主义宗教学研究画出了第一张蓝图。就在这次会议上，成立了“中国宗教学学会”，选举任继愈先生为会长，这是中国第一个以马克思主义为指导的宗教学学术团体。会后创办了《世界宗教研究》杂志，任继愈先生为杂志题写了刊名，这是中国第一本以马克思主义为指导的研究宗教问题的杂志。

数十年后，在世界宗教研究所庆祝建所四十周年大会上，中国社会科学院秘书长朱锦昌讲道：“正是由于 40 年前世界宗教研究所的诞生，才有可能在当时聚集起一支精干而宝贵的宗教研究队伍，‘十年浩劫’一过，便以高昂的士气、整齐的步伐，迅速投入了学科建设的热潮；正是由于 40 年前世界宗教研究所牵头制订了全国宗教学研究的长期规划，才有可能出现后来国内宗教研究机构、研究课题的相继设置和分工合作。”而这一切，也都是和任继愈的名字联系在一起的。

为了培养宗教学后备人才，1978 年，任继愈先生决定，和中国社会科学院其他研究所一起，招收研究生。当时在中国社会科学院，世界宗教研究所虽然成立已十多年，但和其他许多研究所相比，仍是一个新所，师资力量相距甚远，而宗教学又是一个新开辟的学科，急需培养人才。为了解决这个矛盾，当时几乎是唯一具有带研究生资格的任继愈先生，只能自己尽量多承担教学任务。

1978年，世界宗教研究所招收的研究生总共有二十三名，挂在任继愈先生名下的，有十七名。从1979年开始，研究生数量多少不定。最少时二三名，最多时也有七八名，大都挂在任继愈先生名下。授课老师不足，任继愈先生自己担负三门课程。这对于一个既担任宗教所所长，又有繁重研究任务的学者来说，是非常沉重的负担。然而，任继愈先生后来不无歉疚地谈起这种情况说：“很对不起你们。这么多人，我只能‘放羊’了。不像□□，那时候就他一个，每周来我家里一次。他坐在这里，我坐在这里，手把手地教他……”，“可是如果我不这么做，许多青年就没有求学的机会。”实际上，不仅是不少青年将失去求学的机会，宗教学人才的培养，也难较快发展。而当时的研究生院领导几乎是一致认为，任继愈先生是研究生院最负责任的导师之一。1985年第二期《高教战线》刊登《任继愈教授是怎样指导研究生的》一文，就是对任继愈先生指导研究生工作的肯定。

世界宗教研究所第二任所长杜继文先生在《关于我国宗教学的马克思主义研究》一文中说道："至于人才的培养，可以说是宗教研究所做得最为成功的一项事业。当前，国内宗教研究领域的学术骨干，绝大多数出自世界宗教研究所系统，而且大都能各领一方，各有建树。"这项事业的开创者和奠基者，也是任继愈先生。

三、具体指导宗教学研究，为宗教学的繁荣进行资料和理论准备

就在宗教学规划会议和成立宗教学学会的同时，任继愈先生在《哲学研究》发表文章：《为发展马克思主义的宗教学而奋斗》，并且身体力行，主持并具体指导了一系列宗教学研究项目。

首先是《中国佛教史》，这是他从做研究生时就认真钻研过的领域，并且三十多年来从未间断。在"文化大革命"中无事可做的日子里，他给自己规划的学术任务，就是编一部"佛教辞典"，并且收集资料，撰写条目，做了许多工作。"文化大革命"刚结束，作为他多年深入探讨的领域，首先组织了《中国佛教史》的写作。该书计划八卷，由于种种原因，仅仅出版了三卷。然而，就是这三卷，也在国内外学术界造成了广泛的影响。

早在《中国佛教史》出版之前，任继愈先生的《汉唐佛教思想论集》就在国际学术界产生了深刻的影响。日本研究佛教的前辈学者冢本善隆在20世纪70年代，带着自己密密麻麻圈点过的《汉

唐佛教思想论集》到中国，要专程拜访任继愈，探讨佛教研究问题。因为这样一种研究，不仅在中国是开创性的，在国际上也是前所未有的。此后不久，《汉唐佛教思想论集》译为日文，名《中国佛教思想论集》。由于这本书，任继愈先生和日本著名佛教学者中村元、镰田茂雄等建立了学术上的友谊。加之日本《中外日报》社长本间昭之助的促进，遂建立了以“中日佛教学术会议”为名的、分别在两国定期举行的学术交流平台。中日佛教学术的这种交流方式，是国际学术交流的一个成功范例。

由于中日佛教学术交流平台的建立，任继愈主编的《中国佛教史》自然也引起了日方的关注，并被译为日文。译者评论说，这是一部有特色的佛教史著作。其特色就是运用历史唯物主义，并且不是机械论的运用。

为了对大学生们进行宗教知识的教育，国家教委曾委托任继愈先生主编一套宗教知识丛书。当时确定的书共有五本：《佛教史》《基督教史》《伊斯兰教史》《宗教学原理》和《道教史》。除道教史委托四川大学宗教研究所以外，其他四本分别由世界宗教研究所的杜继文、唐逸、金宜久和吕大吉担任主编，任继愈先生任总主编。任继愈先生不仅和各分册主编详细讨论书的撰写问题，而且几乎是一次不落地参加每个分册的学术讨论。这些著作的陆续出版，成为我国宗教学各主要领域的奠基性著作。其中的《佛教史》出版不久，台湾就出版了繁体字版。其出版说明中指出，该书作者持共产主义的“历史唯物论”立场，和台湾现行意识形态是不同的，但该书在学术上是有价值的。其价值就在于“观察历史有其特殊的角度”。这就是说，马克思主义宗教学成果，也得到了“意识形态不同”的学者的承认。

在道教研究方面，任继愈先生在主编《中国佛教史》的同时，主编了《道藏提要》，目前该书已经出版第三版，成为研究道教的基础性著作；主编了《中国道教史》，目前也已出版第二版。

为了给刚刚开始的中国马克思主义宗教学提供理论武器，任继愈先生组织世界宗教研究所研究人员集体编写了《马恩列斯论宗教》。为了给初涉宗教学的学者们提供有关宗教学的基本知识，任继愈先生组织当时所能找到的全国范围内的力量，主编《宗教词典》，并于1981年出版。这部辞典重印了多少次，已难以统计。但影响既大且广，则是事实。这部辞典后来向大的发展，扩大为《宗教大辞典》；向小的方向发展，又被按教门划分为数个“宗教小辞典”。出版不久，台湾就出版了它的盗版。台湾某佛教团体编纂的“佛教大辞典”，则将《宗教辞典》中的佛教教义条目加以转录，不少几乎是原封不动地全部收入。这是社会各界对于由马克思主义者主持的宗教研究成果的承认。

继《宗教大辞典》之后，任继愈先生又主编了他在“文化大革命”中就计划编纂的《佛教大辞典》。这部《佛教大辞典》与其他佛教大辞典自然有许多不同，其“持论之严谨，学术立场之公正”，则是中外学术界的一致意见。

就在上述工作紧张进行的时候，任继愈先生又主持了大型的宗教学项目：整理并出版《中华大藏经（汉文部分）》，历时十余年。这部书的整理出版，为我国宗教资料的整理，树立了一个成功的范例。

在这个基础上，任继愈先生又接受国务院的委托，编纂《中华大藏经（汉文部分）续编》。可惜的是，“续编”尚未完成，任继愈先生就永远离开了他终生奋斗的工作岗位。

由任继愈先生主编或指导的宗教学著作，都已经成为中国马克思主义宗教学的基础性著作。

四、正确认识中国传统文化性质，提出“儒教是教”说

儒教是不是宗教是正确认识中国传统文化性质的基本问题。在梁启超于1902年发表《保教非所以尊孔论》之前，中国的儒者，没有一个否认儒教是宗教的。或者说，中国的儒者都认为，儒教是和佛教、道教，还有基督教、伊斯兰教一样性质的社会现象。不同之处仅仅是，在儒者看来，儒教是正教、大教，而其他宗教不是。外国学者，包括传教士，除了利玛窦及其追随者之外，也无人认为儒教不是宗教。利玛窦在给梵蒂冈的汇报中说，儒教不是宗教，儒者们的祭孔祭祖活动，仅仅具有纪念意义，因此可以允许中国基督教徒在信仰基督教的同时，进行祭孔祭祖活动。然而，梵蒂冈教廷从来没有承认过利玛窦的意见，包括不承认利玛窦把Deus（英文God）译为“天主”或“上帝”。利玛窦一死，其继任者龙华民即否定了所谓“利玛窦规矩”，不再允许中国信徒祭祖祭孔，从而引发了延续三百余年的关于中国基督教信仰问题的所谓“礼仪之争”。

至于利玛窦本人，也很难认为他真的就觉得中国儒者祭孔祭祖不具有宗教意义。因为在他并不准备发表的、具有临终遗言性质的《利玛窦中国札记》第一卷第十章《中国人的各种宗教派别》中，首先介绍的就是儒教。并且明确指出，被称为“儒家”的人，的确承认有一位最高的神祇：天，或称“上帝”，只有皇帝才可祭祀这位最高神祇，只有大臣才能祭祀山川和宇宙四方的神灵。这可以说是对儒教最基本问题的正确描述。

因此，正式否认儒教是宗教的，仅仅开始于梁启超的《保教非所以尊孔论》。此后是蔡元培。蔡在出任中华民国教育部长以前，曾不止一次地明确指出，儒教就是宗教。他否认“儒教是教”，是在做了教育部长之后。再后就是陈独秀。他明确指出，儒教之教只是教化之教，不是宗教之教。由于这三位无论在政治上还是在学术上都非常强而有力的人物的推动，“儒教不是宗教”的判断几乎是未加讨论就被中国学术界广泛接受，成为撰写中国各种历史问题的立足点和出发点。中国历史问题的研究者，几乎都以中国古代是“无宗教国”而感到自豪。

在这样的情况下，提出“儒教是教”说，其遭遇也就可想而知。在近十年的时间里，全是反对的声音；在近二十年的时间里，支持“儒教是教”说的，全国也只有屈指可数的三五人。在这三五人之外，对于“儒教是教”说，不仅仅是反对或不赞成，甚至是嘲笑和鄙视。然而，任继愈先生坚持着自己的观点。他指出，宗教、迷信和神权，是人类历史上不可避免的现象。迄今为止，还没有发现哪一个民族、国家对宗教有过免疫力，只不过在不同国家和不同地区，宗教具有不同的表现形式罢了。

因此，儒教是宗教的结论，不仅是对于一个具体研究对象性质的认定问题，而且还是关系着历史唯物主义一般原理的问题，即一个历史悠久、幅员辽阔的大国，其思想发展能否脱离人类思想发展的普遍规律？同时，儒教是宗教的论断还提出了宗教学上一个重要问题，即是否只有像基督教那样的宗教才是宗教？在一般宗教学原理上，也具有重要的理论意义。因此，这个论断所表现出来的，不仅仅是任继愈先生深厚的宗教学素养，对中国传统文化性质的深刻理解，也表现了任继愈先生高度的马克思主义理论水平和马克思主义宗教学家所应有的学术严肃性。

时至今日，承认儒教是宗教的学者成倍地增加起来。这个判断得到中国学术界的全面承认，只是个时间问题。这也是任继愈先生对于中国马克思主义宗教学的重要贡献之一。

五、坚持科学无神论立场，把“批判神学”作为马克思主义宗教学的重要任务之一

任继愈先生在《为发展马克思主义的宗教学而奋斗》一文中指出，“马克思主义宗教学本质上是一种科学无神论”。讲马克思主义宗教观而不讲无神论，从事马克思主义宗教学而不批判神学，那就是阉割了马克思主义宗教学最本质的东西，就不是马克思主义宗教学。

宗教学和其他学科不同。其他学科虽然也难以完全避免主观性，毕竟有达到客观的可能和条件。但是宗教学学科，在事实的认定方面，宗教信仰者和无神论者也可能达到一致，在神祇存在还是不存在这个问题上，无神论者和宗教信仰者之间，永远也不会有共同的语言。在这个问题上，即使要纯粹描述现象，也不可避免地会显露作者的倾向。因此，以马克思主义的世界观研究神学问题，本身就是对神学的批判。同样，站在宗教信仰者的立场上研究神学问题，也是对无神论的批判，这是无法回避的事实。问题仅仅在于，批判是严肃的学术争论，还是仅仅流于抨击。

从接受马克思主义开始，任继愈先生就把批判神学贯彻到自己的研究之中。1955年，任继愈先生刚刚接受马克思主义不久，在《南朝晋宋间佛教“般若”“涅槃”学说的政治作用》一文中说道：“宗教问题，不是别的，只是世间的力量采取了超世间的形态。“成佛”是假的，我们用不着回答可能，或不可能。但是摆脱苦难，向往幸福，这是人民的愿望，这个真切的愿望却不是假的。”因此，竺道生的“顿悟成佛”不要累世修行，“对于过着地狱般生活的被压迫阶级来说”，“他们是乐于接受的”。但这样的学说在政治上则被统治阶级利用来“从思想上销毁人们反抗压迫、不满现实的意志”。

1957年，在《禅宗哲学思想略论》一文中，任继愈先生批评禅宗“否认正面语言的表述能够说明禅宗的基本原理”，批评禅宗“否认人类有通过逻辑思维认识客观真理的可能”；指出禅宗所相信的真理“是超现实的，在现实中是不存在的”。但同时也指出，禅宗“以主观吞没客观，以心代替了物”的哲学，“使中国哲学史上的认识论比过去更加深刻、丰富了”；禅宗“深刻地揭示了哲学上的根本问题”，“比过去的哲学学派更深刻、更集中地对待思维对存在的问题。在中国哲学史上，它引起了人们对认识论问题的重视”。

类似的研究和批判，贯彻于先生研究宗教问题的始终。这是马克思主义宗教学家对于神学的批判，也是严肃的学术论争。也正因为这种论争和批判是严肃的、真正学术的，因而也引起了宗教信仰者、非马克思主义者，甚至反对马克思主义的严肃学者的尊敬以及认同。

六、提出“不仅要脱贫，而且要脱愚”的主张，坚持马克思主义宗教学的目标

20世纪末，任继愈先生在《人民日报》发表《不仅要脱贫，而且要脱愚》一文，其内容是论述科学无神论宣传的必要性和意义。该文指出，一个国家，不仅落后要挨打，愚昧也要挨打。在愚昧的情况下，也难以真正摆脱贫困和落后。要摆脱愚昧，重要的举措之一，就是进行科学无神论世界观的宣传和教育。

该文所说的愚昧，主要是指20世纪末流行多年的所谓“特异功

能”现象。而所谓的“特异功能”，按照其支持者的解释，就是超出人体正常功能的功能，实际上就是超自然力、神迹。这就可以明白为什么到了后来那些特异功能大师们都纷纷自称为神，直到李洪志，说自己是比耶稣、释迦都伟大的神。由于其支持者不具有相应的知识，反而把这种新的有神论形态，认为是最新的科学发现。其流毒之广，危害之深，更是超越了中华人民共和国成立以后所有的封建迷信活动。

特异功能现象，是有神论形态之一种。这种现象提醒人们，愚昧，不仅是受教育水平不高的人群中存在的现象，那些受教育程度很高，甚至具有科学家头衔的人群之中，也存在着愚昧现象。随着知识量的增加，知识的分化日益细密。人们在一个领域里是智慧的，在另一个领域里则可能是愚昧的。而人类迄今为止最大的愚昧事件，莫过于自己造出一个神，然后拜倒在它的脚下，听从神的、实际上不过是神职人员的指示。如果这些神职人员当时是代表先进思想的，他的指示也可能是智慧的，尽管这种智慧也是有缺陷的。愈到近代，所谓神的指示对人头脑的束缚，也就愈加难以忍受，而科学冲破神学的束缚，也就成了近代社会诞生的第一缕阳光。而摆脱神祇观念，也就成为人类脱出愚昧的最为重要的事业。

由于神祇观念中蕴含的阶级的、社会集团的利益，由于神祇观念有着深厚的社会基础，决定了神祇观念存在的长期性，而人类要摆脱神祇观念，也就具有特殊的难度。所以，马克思主义主张，首先不是去改变人们的有神论观念，而是改变有神论存在的社会基础。并且认为，信仰有神论的愚昧和贫困一样，不是广大信仰者的过错，而是他们的不幸。因此，马克思主义者对于有神论的愚昧，如同对待贫困一样，不是简单地否定和反对，而是帮助不幸者“摆脱”。进行科学无神论的宣传和教育，就是帮助人们摆脱有神论观念的重要举措。

任继愈先生指出，无神论宣传不仅是必要的，而且是有效的。无神论宣传不可能消除有神论，就像医疗不可能消灭疾病一样。但是医疗可使许多患者恢复健康，科学无神论的宣传教育，也可以扩大无神论者的队伍，使越来越多的群众摆脱有神论观念的束缚。否认无神论宣传的必要和作用，是错误的。

马克思在《哥达纲领批判》中指出：“资产阶级的‘信仰自由’不过是容忍各种各样的宗教信仰自由而已，工人党则力求把信仰从宗教的妖术中解放出来。”[①]这里所谓“宗教的妖术”，就是作为宗教问题核心的有神论观念。马克思的这段论述，不仅指出了“工人党”在宗教问题上的奋斗目标，也指明了马克思主义宗教学的目标。之所以要把信仰从“宗教的妖术”中解放出来，基本原因，就是因为有神论信仰是一种愚昧。而从古以来，追求知识、摆脱愚昧，就是志士哲人的奋斗目标。任继愈先生“不仅要脱贫，而且要脱愚”的主张，既是从古以来人类追求智慧的延续和发展，也是对马克思主义宗教学目标的坚持。

---

① 《马克思恩格斯选集》（第二版）第3卷，人民出版社，1995年，第317页。

从《汉唐佛教思想论集》的出版到“不仅要脱贫，而且要脱愚”主张的提出，任继愈先生在宗教研究方面所做的工作，为中国的宗教学研究开辟了新的马克思主义的方向，奠定了坚实而丰厚的学术基础。

——原载《上海师范大学学报》（哲学社会科学版），2014年第1期

任继愈与中国马克思主义宗教学

李　申

谨以此文纪念任继愈先生逝世十周年。

一、任继愈是中国马克思主义宗教学的开创者和奠基人

任继愈先生是中国马克思主义宗教学的开创者和奠基人。

任继愈先生之前，中国无宗教信仰的学者研究宗教，已经取得了很多成绩。比如，先生的导师汤用彤先生，所著《汉魏两晋南北朝佛教史》，今天仍然是中国学者佛教研究的经典著作。

1955 年，中华书局要再版《汉魏两晋南北朝佛教史》，汤先生无力修改，但又觉得此书不宜原样出版，于是就委托任继愈先生写了一个“后记”，指出该书的三条缺点：第一是没有顾及佛教思想的发展和社会条件的关系；第二是未能认识到佛教思想对于中国社会的消极作用；第三是夸大了个人的作用，忽略了历史条件的制约。这是汤用彤先生要和旧的研究方法决裂的宣言，也是任继愈先生要

用马克思主义为指导研究宗教问题的开始。可惜的是，汤用彤先生由于健康原因，未能完成向马克思主义指导的转变。这个转变，是由他的学生——任继愈先生完成的。

1956年，任继愈先生发表《南朝晋宋间佛教"般若""涅槃"学说的政治作用》，此后又连续发表《禅宗哲学思想略论》（1957）、《天台宗哲学思想略论》（1960）、《华严宗哲学思想略论》（1961年）、《法相宗哲学思想略论》（1962）、《汉唐时期佛教哲学思想在中国的传播和发展》（1963）。这些文章于1962年开始结为《汉—唐中国佛教思想论集》，并于1963年出版。这年年底，毛泽东主席在《加强宗教问题的研究》批示中，一面指出像先生那样研究佛教的文章太少，如同凤毛麟角；一面批评某些关于宗教的刊物水平太低，并且提出要建立"由马克思主义者领导的研究机构"。

毛泽东主席的批示和任继愈先生《汉—唐中国佛教思想论集》的出版，是中国宗教学发展史上的重大事件，是中国马克思主义宗教学诞生的标志。从此以后，中国的宗教学就开了一个新生面。

因此，任继愈先生开创的，不是中国一般的宗教学，而是中国马克思主义宗教学。

中国马克思主义宗教学诞生以后，非马克思主义的宗教学依然存在。比如，华东师范大学徐怀启教授，他是一个牧师，其所著《古代基督教史》曾受到任继愈先生的高度评价。

二、研究宗教，批判神学——中国马克思主义宗教学的特征

中国马克思主义宗教学的指导思想，奠基于两个文件之上。第一个文件，自然是毛泽东主席 1963 年底的批示：《加强宗教问题的研究》。批示说道：

> 这个文件很好。但未提及宗教研究。对世界三大宗教（耶稣教、回教、佛教），至今影响着广大人口，我们却没有知识，国内没有一个由马克思主义者领导的研究机构，没有一本可看的这方面的刊物。《现代佛学》不是由马克思主义者领导的，文章的水平也很低。其他刊物上，用历史唯物主义的观点写的文章也很少，例如任继愈发表的几篇谈佛学的文章，已如凤毛麟角，谈耶稣教、回教的没有见过。不批判神学就不能写好哲学史，也不能写好文学史或世界史。这点请宣传部同志们考虑一下。
>
> 毛泽东
>
> 十二月三十日[①]

第二个文件，是根据毛泽东主席的批示，建立由马克思主义者领导的宗教研究机构筹备小组，给即将诞生的世界宗教研究所下达

① 载《毛泽东文集》第八卷，人民出版社，1999年6月第1版。

的任务，规定的研究方向：

> 以马克思列宁主义、毛泽东思想为指导，对影响着世界广大人口的三大宗教（耶稣教、佛教、回教）的现状、理论和历史进行系统的研究（包括起源、发展、经典、教派、教义等），批判宗教神学，宣传无神论思想。研究工作必须面向广大群众，与国内外现实的政治斗争紧密结合，为社会主义革命和社会主义建设事业服务。待将来有条件时，再对世界三大宗教以外的其他宗教逐步开展研究。[1]

毛泽东主席批示的基本精神，任继愈先生概括为八个字："研究宗教，批判神学。"关于"研究宗教"、筹备小组的指示，则具体指出了研究哪些宗教，研究宗教问题中的哪些内容。前者属于学科体系问题，后者属于学术体系问题。关于"批判神学"，筹备小组的指示中又特意加上"宣传无神论思想"，这是对批判神学的补充说明。几十年之后再来看这个补充说明，更加觉得是非常必要。

毛泽东主席的批示，筹备小组下达的任务，都明确指出了中国马克思主义宗教学的基本特征，那就是：

> 研究宗教，批判神学。

任继愈先生开创的中国宗教学，是在这个方向上行进的宗教学，

① 引自卓新平等：《对话当代中国宗教学50年暨中国社会科学院世界宗教研究所建所50周年历程回顾》，《世界宗教文化》，2014年第6期。

即马克思主义的宗教学，而不是一般的、或者在其他方向上行进的宗教学。

马克思主义有没有宗教学？学术界曾经有过不同意见。对这个问题展开论述，不是这篇文章的任务。这里要说的只是，任继愈先生认为，马克思主义有自己的宗教学，而不仅仅只有“宗教观”。他给自己、也是给世界宗教研究所规定的任务，就是“为发展马克思主义宗教学而奋斗”。其基本表现，就是1979年他在《哲学研究》杂志发表的《为发展马克思主义的宗教学而奋斗》[①]。

三、用历史说明宗教——中国马克思主义宗教学学术体系（一）

研究宗教，有个如何研究的问题。任继愈先生将马克思主义的宗教研究概括为一句话：用历史说明宗教。

宗教，首先是一种意识形态。马克思主义创始人当时说的“宗教”，基本上就是指宗教的观念。作为一种意识形态，宗教观念是宗教诸问题中的核心问题。其他相关问题，都是伴随这个核心问题而来。

宗教观念作为一种意识形态，服从物质和精神关系的一般规律，即人们常说的“存在决定意识”。宗教观念的发展演变，不是它自己要发展演变，而是在社会存在不断演变的推动下，才发生的演变。因此，宗教观念和道德等其他意识形态一样，“它们没有历史，没

① 载《哲学研究》，1979年第4期。

有发展”，是“发展着自己的物质生产和物质交换的人们，在改变自己的这个现实的同时也改变着自己的思维和思维的产物”。[①]

因此，要研究宗教的理论、教义、经典等的起源和演变，就必须研究当时的社会生活状况，研究现实的社会生活发展演变的历史。也就是说，要弄清宗教理论或教义为什么是这样而不是那样，为什么演变和发展，就不是到人们的头脑里去寻找，而必须到历史中，也就是当时人们的社会生活中去寻找。

用历史去说明宗教和不用历史去说明宗教，其具体区别就是先生和他的导师汤用彤先生在将要告别旧的研究方法的时候，曾经提到的三个方面：

第一，是否顾及宗教观念的发展和社会条件的关系。

第二，是否指出宗教观念对当时社会的消极作用。

第三，是否夸大了个人的作用，忽略了历史条件的制约。

2000年，南京大学宗教学系成立，先生在成立大会上发表讲话。数年后，这篇讲话被先生定名为《用历史说明宗教》，收入《竹影集》。次年，上海辞书出版社将《宗教大辞典》拆分为《宗教小辞典》丛书，其序言收入《竹影集》时，亦定名《用历史说明宗教》。可知“用历史说明宗教”这个命题，是先生在多年深思熟虑以后对于中国马克思主义宗教学研究方法的概括性说明，也是对当年“三个方面”缺点的改正。

先生指出，一切社会现象，当然包括宗教现象，只有放在“一

① 马克思、恩格斯《德意志意识形态》(1846年)，《马克思恩格斯选集》第2版第1卷，人民出版社，1995年，第73页。

定的社会历史条件之下来分析、观察，才可以透过种种迷雾看到它的本质。”因此，“我们不是用宗教说明历史，而是用历史说明宗教”。从中国汉代的黄巾起义，到清代的太平天国运动；从西方世界的宗教战争，到现在世界各地与宗教相关的“动乱”，特别是中东的乱局，“没有一次是单纯为争教义的是非而大动干戈的”。宗教教义的演变，新教派的诞生，都是“现实社会政治、经济现状的一面镜子”，是“现实生活曲折的反映”。不是神意，也不是神学家们的心血来潮。

四、批判神学——中国马克思主义宗教学学术体系（二）

在马克思主义创始人的文献里，“批判宗教”是一个常见的词汇。这里要批判的“宗教”，其内容是指作为意识形态的宗教观念，也就是宗教有神论。毛泽东主席说是“批判神学”，是对马克思主义批判宗教的更加准确的说明。

“不批判神学就不能写好哲学史，也不能写好文学史或世界史。”作为共产党的理论工作者，谁都不会把这句话理解为毛泽东主席仅仅是为了让学者们写好历史书。所以，在筹备小组给即将诞生的世界宗教研究所规定的任务中，就进一步明确指出，要“批判宗教神学”。因为我们的研究工作，“必须面向广大群众，与国内外现实的政治斗争紧密结合，为社会主义革命和社会主义建设事业服务”。

批判，从来就是学术活动的基本内容。孔子主张仁义，批判无礼、不仁；墨子主张天志、明鬼，批判儒者信天命："以天为不明，以鬼为不神。"（《墨子·公孟篇》）后来孟子"辟杨墨"，韩愈辟佛老。宋儒批评汉唐儒学都是"架漏过时，牵补度日"；清儒则批评沿袭宋学的明代儒学"经学非汉唐之精专，性理袭宋元之糟粕"。（《明史·儒林传序》）理论主张的批判甚至波及史学和国家制度。司马迁作《史记》，每篇之后的"太史公曰"，就是对所记人事的批判。班固作《汉书》，则批判司马迁"论大道则先黄老而后六经"，"是非颇谬于圣人"。（《汉书·司马迁传》）。清人修史，甚至批评科举制度，以为是"科举盛而儒术微"。（《明史·儒林传序》）可以说，古今中外，凡是涉及理论主张的学术活动，就一定要对自己所不赞成的理论主张进行批判。马克思主义是无神论的主义，这是公开的事实，不是什么秘密。因此，马克思主义的宗教学，在涉及宗教神学的时候，不加以批判，是不可能的。

由于种种原因，一个时期以来，"批判"一词在汉语的体系中，成为仅仅是反对、抨击甚至打击的同义语。这是特殊的历史环境造成的，不是马克思主义批判的本义。

批判的汉语本义，不仅有反对和抨击的意义，还有分开、区别的意义。也就是说，反对、抨击，要加以分析，讲出道理。不加分析，不讲道理的批判，没有理论根基。不仅不能服人，自身也无法立足。

马克思主义理论批判的最高表现或典型代表，自然是马克思《资本论》对资本主义的批判。那里不仅是对资本主义的否定，更重要的是讲出了否定资本主义的一系列道理。这些道理，今天仍然发挥着作用。

先生对神学的批判，就是这种马克思主义的、讲道理的否定。比如《禅宗哲学思想略论》，先生批判禅宗哲学，一面“深刻地揭示了哲学上的根本问题”，一面又否认通过逻辑和语言认识世界的可能性。禅宗教人只要认识到心性本来清净，就可以没有烦恼，立即成佛，不仅教人不要与不合理的现实抗争，而且教人把苦难当成欢乐。然而，这样的思想又是现实的产物。是由于敌人过于强大，民众无力抗争，这是民众的不幸。《华严宗哲学思想略论》肯定华严宗看到了存在的相对性和关联性，接触了辩证法的边缘；同时，又否认差别的真实性，回避了辩证法的核心问题。这将导致不分是非，不问善恶，无视现实的一切矛盾苦难。自己可能获得了“解脱”，现实的种种苦难仍然存在。

先生的宗教学论文里，处处可以见到这种马克思主义的、对宗教神学的批判。这也是马克思主义宗教学与非马克思主义区别的基本标志。

神学，是有神论的学问。批判神学的另一面，就是宣传无神论。

五、宣传无神论——中国马克思主义宗教学学术体系（三）

当年筹备小组给即将建立的世界宗教研究所规定的任务，在“批判宗教神学”之后，紧接着就是“宣传无神论思想”。先生于 1979 年发表的《为发展马克思主义的宗教学而奋斗》的文章中，也明确指出：“马克思主义宗教学本质上是一种科学无神论。”因此，宣传无神论，不仅是世界宗教研究所的任务，也是一般马克思主义宗教学的题中应有之义。

然而，要不要宣传无神论，在我们这个中国共产党领导的、马克思列宁主义指引的社会主义国家，竟发生了严重的争论。反对宣传无神论者认为，宣传无神论会伤害信教群众的宗教感情，妨碍公民的宗教信仰自由。争论的结果和造成的社会影响，这里难以详述。2003年，鉴于多年来有神论泛滥的严重状况，先生和中国无神论学会的几位负责同志向中央上书，要求加强科学无神论的宣传。信于8月19日由当时的中国社会科学院院长陈奎元同志转送党中央，胡锦涛同志当天批示：

> 关于无神论研究和宣传教育是一项长期任务，需纳入科学研究规划和宣传思想工作的总体部署，锲而不舍地进行。尤其是共产党员应牢固地确立唯物主义世界观。这与贯彻党的宗教信仰自由政策并不矛盾。①

胡锦涛同志的批示，算是给当年要不要宣传无神论的学术争论做了一个结论。

反对宣传无神论的第二个理由，是说宣传了科学知识，就是宣传了无神论。比如，讲清楚天为什么下雨等等，就是宣传了无神论。先生指出，当年恩格斯曾经建议，在工人中间广泛传播18世纪法国唯物主义者的文献，破除有神论观念。后来，列宁又重申恩格斯

① 李申：《建议和进言》，《任继愈传》，河北人民出版社，2016年，第五章第十一节。

的主张，并且要求俄国共产党在自己的有关刊物上，向广大人民群众“提供各种无神论的宣传材料，告诉他们实际生活各个方面的事实，用各种办法接近他们，以引起他们的兴趣，唤醒他们的宗教迷梦，用种种方法从各方面使他们振作起来”。列宁还指出，如果认为，要使人民群众摆脱愚昧状态，仅仅“通过纯粹马克思主义的教育这条直路”就可以做到，“那就是最大的而且是最坏的错误”。[①] 那么，把宣传科学知识等同于宣传无神论，就是更坏的错误。

也有人认为，信仰有神论有必然性，宣传无神论不起作用。先生回答说，如果有人想通过无神论宣传就能消灭有神论，就像医生想通过医疗消灭所有疾病，那是妄想。但是，发挥医学的作用，办好现有的医院，提高医护质量，使许多患者消除疾病，恢复健康，则是完全可能的。无神论宣传使那些动摇于有神、无神之间的人们树立科学世界观，遏制有神论的增长，扩大无神论的队伍，是完全可能的。特别是对于青少年：

> 我们不与“上帝”争选民，绝不到宗教场所宣传无神论，也反对在信教群众中发动有神还是无神的辩论。但是我们对广大青少年，对尚未信教的群众进行无神论教育，在社会主义社会是十分必要的。青少年正在成长发育中，易于接受外界的影响，可塑性很大。科学固然会引起他们的兴趣，宗教也会使他们感到新鲜好奇。当他们在生活苦闷时，头脑里多一点无神论思想，将会增强他们对有神论的免疫力，有利于他们的健康成长。为

① 列宁：《论战斗唯物主义的意义》,《列宁选集》第4卷，人民出版社，1995年，第648~649页。

了巩固马列主义的思想阵地，无神论宣传不能放松。[①]

当前，我们正面临着世界的一个大变局。无神论和有神论的斗争，不仅是一个学术问题，也是关乎国家安全的大问题。如果愿意在马克思主义宗教学的旗帜下开展自己的宗教研究，不仅自己应该坚持科学无神论的立场，而且应该“守土有责”，为发展马克思主义的宗教学，积极开展无神论的宣传工作。

六、中国马克思主义宗教学学科体系

任继愈先生开创的马克思主义宗教学，是中国的马克思主义宗教学，其学科设置，也带有明显的中国特点。

按照筹备小组的指示，世界宗教研究所要研究“三大宗教”，即佛教、基督教和伊斯兰教的“现状、理论和历史”，并指明，这些研究包括“起源、发展、经典、教派、教义等”。当纸面上的指示变为现实，具体该如何落实呢？

我国古代的学术，也是分科的。有些分法，和现在也大体类似。比如医学、算学、明法（法律）等，史学、文学，和今天也有许多类似和重合的地方。但是一般说来，我国近代的学科体系，其基础不是传统的分科，而是以西方传入的学术分科为基础。但是宗教学却多少有些例外。

① 《任继愈文集》（第1卷），国家图书馆出版社，2014年，第242页。

现在已知的国外宗教研究称为“学”的，有什么比较宗教学、宗教心理学、宗教现象学、宗教社会学、宗教人类学等，还有宗教地理学、宗教生态学等等。说得出和说不出的，至少有十几、甚至二十几个。这些被称为“学”的，有些是某一学科关涉到宗教问题的分支，如宗教心理学、宗教现象学等，不过是一般心理学、现象学的分支；还有一些不过是宗教与社会生活某一方面的关系，比如宗教伦理学、宗教经济学等。由于宗教曾经是传统社会生活的“总的理论”（马克思语），所以宗教问题和一切社会现象都有所关联，似乎每一关联都可以做成一门学科。然而，实际上有的可能成为一个学科，有的不过是某人研究某一宗教现象的初步成果，甚至是为引人注意而自我标榜。更为重要的是，这些被称为学的，所说的“宗教”，往往主要指基督教，甚至完全是指基督教。比如，宗教心理学，现有的几本经典著作，其基本内容，不仅与伊斯兰教几乎无关，也与佛教很少关联，更与中国传统的儒教、道教无关，基本上就是基督教的心理。所以，中国马克思主义宗教学的学科，不能根据这样的分类来设置，而只能根据中国的实际来设置。

由于各个宗教的教义、历史都有很大差别，所依据的哲学，所形成的宗教心理、宗教感情，与社会生活各个方面的关联等等，也有很大差别。要了解相关的知识，首先必须对它们做分别的研究。由于世界三大宗教“至今影响着广大人口，我们却没有知识”，所以，世界宗教研究所首先设置了三大学科，建立了基督教、佛教和伊斯兰教研究室，分别研究各自的“现状、理论和历史”，包括“起源、发展、经典、教派、教义”等等。“待将来有条件时，再对世界三大宗教以外的其他宗教逐步开展研究。”所以，宗教研究所后来又成立了道教、儒教研究室，这是原先学科设置的延伸。犹太教、印度教、日本神道教等其他宗教，也都有人研究，其基本思路也是以教门或教派分类。将来能否独立成为学科，要看需要和可能。

根据实际情况，先生还培养过佛教文献学的学生，提出过“儒教现象学”的概念。按教门分类，根据实际情况设置学科，是任继愈先生开创的中国马克思主义宗教学学科设置的基本思路。

马克思主义宗教学，有自己的理论基础和独立的思路。“马克思主义宗教学本质上就是科学无神论”，所以世界宗教研究所成立之初，就设置了“无神论研究室”，后来改称“宗教原理研究室”。但这个学科的根子，设置的初衷，就是要研究以科学无神论为思想核心和立足点的马克思主义宗教学的基础理论。

以科学无神论为基础的马克思主义宗教学理论，加上以教门或教派为基础的分别研究，就是任继愈开创的中国马克思主义宗教学学科分类的基本思路。

七、中国马克思主义宗教学的话语体系

任继愈先生开创的中国马克思主义宗教学话语体系，可分五个层次说明。

首先，是马克思主义宗教学中具有普遍意义的话语。诸如辩

证唯物主义、历史唯物主义、无神论、科学无神论、经济基础、上层建筑、社会存在、社会意识等等，就是马克思主义宗教学最基础的范畴、概念。诚如任继愈先生所言："马克思主义的奠基人用辩证唯物主义和历史唯物主义的科学世界观对宗教问题进行了大量的研究，总结了前人关于宗教研究的成果，批判地继承了历史上各种无神论的遗产，奠定了马克思主义宗教学的基础，从此宗教学成为一门科学。马克思主义宗教学是马克思主义整个科学体系的一个重要方面。"①

第二层，是与宗教问题相关的范畴、概念。比如世界宗教、国家宗教、人为宗教、自发宗教或原始宗教、新兴宗教、宗教感情、宗教信仰、宗教神学、宗教狂热等等，都是任继愈先生采纳和使用的概念。

第三层，是研究中根据实际情况提出的、仅仅与某一宗教现象相关的概念。如"藏传佛教""佛教经学"等概念。笔者曾建议使用"道教经学"概念，先生没有同意。

第四层，是作为被研究对象的各个宗教独有的概念，研究时必然要提到的。比如因缘、涅槃、原罪、救赎、自由意志等等。这些概念必然使用，但不可移花接木。比如，基督教讲"救赎""原罪"，就认为别的宗教也都得是以救赎为目的、有什么自由意志等等。

第五层，是非马克思主义宗教学提出的概念。如"潜意识""普

---

① 任继愈：《为发展马克思主义的宗教学而奋斗》，《任继愈文集》（第1卷），国家图书馆出版社，2014年，第1页。

世价值”“终极关怀”等。这些概念，要认真审查，符合实际就采用，不符合实际就不用。不能因为赶时髦而盲目使用。任继愈先生从事学术研究，没有想通的话，绝对不说。同样，他认为不符合实际、或者尚有存疑的概念，决不随便采用。

——原载《世界宗教文化》，2019年第4期

挖掘与开拓　理解与发展

——纪念毛泽东主席批示五十周年

杜继文

在毛泽东主席关于《加强宗教问题的研究》批示五十周年之际，举办这次任继愈研究会学术研讨会，具有特殊意义。毛泽东主席是缔造中华人民共和国的领袖。中华人民共和国的成立从根本上改变了中华民族的命运和世界的格局，经过历届党中央的正确领导，用六十多年的时间，就已拥有十三亿人口，且经济名列世界第二、国防空前强大、社会稳定、人民安乐，建设了难得的太平盛世。任继愈先生从事的教学和研究工作，是与共和国的历史同行的，并为她的强盛和进步做出了不可替代的贡献，成为一代知识分子的典范、文化人学习的榜样，所以出了许多纪念性的书和研究的文章，而他开辟的事业仍在继续进行中。最近，十八大报告又规划了我们国家发展的宏伟目标，习近平同志更提出民族伟大复兴的中国梦，全国人民都在为它的实现而奋斗。站在这样的高度，重新审视先生的为人和为学，是否可以把“挖掘与开拓，理解与发展”作为下一步研究的思路，提出来供同志们参考教正。

所谓“挖掘”，是指先生已经提出的蕴含着一些重大命题、但并没有得到充分发挥的思想，需要挖掘出来、突出出来，作为我们后人重点研究的课题；所谓“开拓”，指依据先生求真创新的精神，适应国家和时代的需要，开拓一些新的视域和探索一些新的问题；所谓“理解”，狭义是指对先生自身生平和事迹的总结，理解先生思想品格的特性及其形成的根源，广义指通过先生考察他们一代所处的社会历史环境和文化思想背景，梳理一下中国文化人的一些共性；所谓“发展”，指的是我们的国家、民族需要什么样的文化人，培养和打造什么样的知识分子，以适应民族复兴的时代课题。如此一来，也可以使我们的研究更具现实性和普遍性。

一

这次我想说的主要是与哲学和传统文化有关的问题，这两个问题既有区别也有关联。

任继愈先生是以主编四卷本《中国哲学史》首先影响文化思想界的，因而回忆和研究先生这部书的评论比较多，基本上是持肯定的态度。其中有两种意见，我个人感到很值得进一步探讨，一是认为先生的哲学史仅限于持马克思主义观点的研究，意谓不具普遍的学术价值；二是此书有历史局限，即以阶级分析和两个对子作为方法论。对于后一种意见，我在《好学求真实，为人有特操》一文中有所回应。即以冯友兰先生“文化大革命”后已近十年的1986

年开始重写的《中国哲学史新编》，也仍然离不开阶级分析和两个对子，不过更强调了哲学作为“时代思潮”的存在，而非单纯“人物”的名录；认为从“时代”的角度分析“思潮”，“如果能把这个时代的经济政治情况说清楚，那就更好了”。就是说，像冯先生这样早已完成了自己的哲学体系，但在中华人民共和国成立后重新学习唯物史观，虽经多重波折，最终仍然坚持了他的新学。这可以旁证，马克思主义并非因为什么高压才为当时知识分子接受的。其次，先生不仅在《中国哲学史》的主编中运用的是唯物史观，在佛教研究中贯彻得也很成功，以至毛泽东主席因此评其为“凤毛麟角”，而日本佛学界泰斗级人物对先生的敬佩亦由于此；日本学者翻译三卷《中国佛教史》的后记中还特别说明，这种唯物史观不是死搬硬套，而是与中国社会的历史紧密关联的。早在台海两岸开通之前，台湾就重版翻印了《佛教史》，出版社《在台出版说明》中特别提及此书，是“以共产主义之‘历史唯物论为理论基础’”的。尽管与台湾当局“现行政治思想意识有所扞格”，但照样保留了“统治阶级”“资产阶级”等词汇，“用以维持此书原有之学术价值”。无须多说，当时的台湾出版社当然不会与马克思主义有什么关联，它却因为此书的出版而建议读者对历史唯物论应该有个了解——为什么先生运用唯物史观会产生这么大的魅力？因为可以有新的发现，可以有新的观点，可以把孤立的人物和事件联系起来，与社会物质生产和精神生产联系起来，而且能够观察到他们的变化发展，从而令人耳目一新，提高认识能力，启迪思维创新。以先生对老子的研究为例，老子把“无”确立为独立的哲学范畴是中国哲学史上的大事，由此形成“无为而无不为”的辩证法，任先生称之为“柔弱辩证法”，同《周易》“天行健，君子以自强不息”所代表的刚强辩证法互补，大大丰富了辩证法的含义。这不仅是哲学思想史上的创举，而且为考察我们民族的思维方式特性以及生存和发展的方式，都提供了全新的视域。先生的这类新发现，值得我们再学习，认真挖掘。[①]

然而什么是哲学，现在也莫衷一是了，至于马克思主义哲学，特别是唯物史观，处境也不大好。最近，科学与无神论研究室对北京大学做了一点很粗糙的调查，涉及哲学系，勾起了我的一段回忆。我是在 1954 年入学的。那时的哲学系是按毛泽东主席所言“哲学是关于自然知识和社会知识的概括和总结”做指导思想安排教学的。关于社会知识，其一是有关马克思列宁主义知识。依学年次序，是马列主义基础，辩证唯物主义、辩证唯物论和历史唯物论，政治经济学；其二是关于历史的知识，包括中国通史、中国革命史、世界近代现代史、世界现代史。有关自然知识，设有科学发展史（科学概论）、高等数学、生物学，以及可选修的物理学等。有关哲学的知识则有外国哲学史、中国哲学史、马列哲学史、逻辑学、心理学、美学等。因此，哲学给我们的视野，是天地古今，树立的是科学的世界观和方法论，思考的是如何正确思维，少犯错误或避免错误。这样，解决如何正确思维和提高正确思维能力的问题，就成了当时

① 按马克思的原话是：“不是人们的意识决定人们的存在，相反，是人们的存在决定人们的意识。”此话见他的《政治经济学批判·序言》；恩格斯在《卡尔·马克思〈政治经济学批判〉》中重复了这句话。显然，这并不限于反映论。

理解的哲学任务。

为什么这么说？按西方传统，哲学可以归结为“爱智”和“求真”两大特质。“智”是正确的思维；“真”是客观的真实，总起来就是探索如何把握客观真实，正确思维，指导实践，求证实践。恩格斯关于“思维对存在的关系问题”是“哲学最重大的基本问题”的提法，实际上也是对“爱智、求真”这一传统的继承与发展，它剥去其原有的抽象深奥，联结了二者的分离，成了“智”对“真”的关系问题。因此，否定哲学基本问题是轻浮的，使哲学研究失去了意义和方向。北大哲学系挂上宗教学系的牌子，全国效仿，不知是依据什么教育方针做的决定。“自然知识”是没有了，但增添了科学史和科学哲学，也很不错。那么效果呢？其中一位著名的教授发表讲演，说西方科学起源于基督教，基督教神学是近现代科学之所以在西方而不是在中国产生——这算是教学的内容还是学术思想，或者是传教的平台？具体情况如何，教育主管单位是否应该给出一个说法，或许实行“无为”政治，任其壮大？科教兴国的战略需要一个回应，一切关心我国高教发展的平头百姓也期望了解一点信息，而哲学系这个关系培养理论思维人才的专业应该怎么办，有没有一个客观标准？更令人深思。

在继承马克思主义思维对存在关系问题上，毛泽东主席提出了人的正确思想从哪里来的；刘少奇曾经提出人为什么会犯错误；习近平同志最近要求学哲学、用哲学，提高“理论思维”能力的任务，这也可以看作是党期望于哲学工作，哲学教学和哲学研究能够负起来的职责。恩格斯认为学习和研究哲学史可以提高人的思维能力，列宁做了大量哲学笔记，主要就是哲学史类。先生强调了恩格斯的主张，并安排过对列宁《哲学笔记》的集体学习，而他把主编《中国哲学史》也当作学哲学、用哲学的过程。这个传统对于当代来说，也有特殊意义，需要坚持，需要发扬。

现今对马克思主义哲学的解释就千奇百怪。以唯物史观来说，一般把它抽象为“社会存在决定社会意识”。那么，什么是社会存在决定社会意识？最近就有一种很霸气的解释：“社会不好”产生“不好”的宗教；“不好”的宗教反映“社会不好”。马克思主义从“不好的”宗教看到了当时欧洲“不好的”社会，是“正确的”“客观的”。宗教在今天的中国有“好的”方面，从“好的宗教”可知我们是“好的社会”。于是，我们揭露文化传教，反对在教育科研单位“弘扬”和“构建”基督教神学，就变成了反对我们的“好社会”。仅就对唯物史观本身的理解来看，此说即荒唐透顶。马克思主义的反映论不是照镜子，“象忧亦忧，象喜亦喜”；“社会存在决定社会意识”有特定的含义，是个严肃的命题，不是用“好”“不好”这类幼儿话语可以表达的。这说明，即使作为起码知识，历史唯物主义也需要普及。

最近，习近平同志的讲话特别指出，“物质生产是社会历史发展的决定性因素，但上层建筑也可以反作用于经济基础，生产力和生产关系、经济基础和上层建筑之间有着作用和反作用的现实过程，并不是单线式的简单决定和被决定逻辑。”并再次强调了“人民群众是历史的创造者”，要“紧紧依靠人民”，服务人民等与党的性质和目的密切相关的问题。传统文化、中国哲学，属于上层建筑，而且还是上层建筑的顶端，它们怎样产生于我国历史上的经济基础并作用于这个基础，从而形成我们有别于其他国家例如西方的独特的哲学思维，就成了个很大的议题。任继愈先生等老一辈优秀的学者已经做出成果丰富和影响巨大的贡献，我们要站在前辈的肩上，根据时代的实际要求，做出我们的新努力。

二

唯物辩证法还告诉我们，事物若孤立地观察是难以完全理解的。因此，从中外哲学的比较中把握中国哲学的特色，提高我们自我认识的深度，也是一个重要的问题。早在百年前，就有学者留心到这一点，例如说我们的传统思维特点与西方相比是主“静”，是“内向”，重“精神文明”，西方是主“动”，是“外向”，重“物质文明”等，而后发展成对国民性，特别是国民劣根性的讨论。近些年更有东方是整体性、综合性思维，西方是解剖的、分析性思维，以及归结为中国的“天人合一”与西方的“天人对立”等的比较。但我感到，这既不系统，也缺乏说服力。当前又有一种颇为风行的论调，说西方文明乃源于希腊和希伯来，形成基督教，而基督教促成了近现代资本主义和科学的产生。历史是否如此，此处不论。如果将欧美文化当真归结为基督教文化，而且认为迄今依然如此的话，那么用来重新比照中国哲学、中国人的思维方式和生活方式，则可以发现，我们的传统文化大有优越性可说，可坚持，可发展，不仅在中华民族的形成和发展中功勋赫赫，即使在实现民族伟大复兴的中国梦中，也可以大有作为。

简单的比照可以用一句话概括：基督教承载的是“神本主义”文化，离开“神”就没有了西方的文化特色；中国始终是“人本主义”文化，离开“人”也就没有了中国文化的底色。西方从文艺复兴才开始吹起人文主义之风，在其向启蒙运动的转变中，中国人本主义文化的传入起了重要的启迪作用。这个“神”本和“人”本的根本性差别在哪里？

第一，关于世界与人的起源问题。基督教属于亚伯拉罕三大一神教中规模最大也最具张力的一个。圣经说，世界和人都是“上帝”的所造物，从哲学本体论和宇宙发生论上，可称之为“‘上帝’创世造人”说。这是基督教文化的第一块基石。‘上帝’是唯一的神灵，其他神灵都属偶像崇拜或异教信仰，一律在消灭之列；无神论等于邪恶，只有死路一条，直到洛克提倡“宗教宽恕”，无神论者也不在其列。它的所有信徒都负有传播基督福音的使命，否则就进不了“天堂”。因此，扩张、排他、攻击，就成了这一宗教文化体系的固有本性。反观中国文化传统关于世界和人的起源问题，比较普遍的说法是归因于“气”或“道”以及“阴阳”和“五行”的关系，在传说中有开天辟地的“盘古”和用泥土造人的“女娲”，而他们都是我们的祖先，更没有形成群体性的信仰。中国从来没有一神独存和一神独大的情形，尤其是没有创世造人的神祇存在。相反，中国却有着长期造神和毁神的传统。中国文化起源于巫觋，巫觋的职能是窥探天命，而不屈于天命，驱使鬼神，而不为鬼神所挠，是“人定胜天”的原始形态。《周易》确定“神道设教”，更肯定了人造神与人毁神的合理性。因此，尽管我国制造的鬼神多如牛毛，但始终不能上升为支配我们民族发展的主流。相反，人本主义也深入在宗教观念里。佛教之所以能够在中国落户扎根，最重要的原因，就在它蕴含的人本主义因素。佛教的基础教义是“因果报应”，基本命题是“自作自受”，鲜明地抨击能够创世造人的任何神祇的真实存在，一般称之为“业力决定论”。至于土生土长的道教，简直就可以名之为“人”的自我崇拜：只要是人，都可以成神成仙，而神与仙也都是“人”；即使极普通的道士，都有召神驱鬼捉妖的能力，世界上没有任何一种宗教可以与中国的道教做比较。

第二，对于人自身的认识问题，我国传统文化与基督教文化的差别，尤其显著。人为万物之灵、之主、之尊，没有人怀疑过。道教从道家的贵生、重生、养生发展到以长生为终极目的，是建立在对人身、人生的无限珍爱基础上的；大乘佛教也以“人身难值”（遇）为其信仰的出发点，因为在三界六道中唯有人才具有成佛的条件，才有成佛的资格，所以说“一切众生皆有佛性”。而儒家关于“人性”的讨论，则成了中国哲学史上最重要的论题，不论持性善论、性恶论或性非善恶，都与神无关，最后的结论是人人皆可成圣贤。反观基督教，人是“上帝”的所造物，“上帝”是人的唯一主宰，而人的天性就是服从和服侍“上帝”，绝对不许独立思考。只因为亚当、夏娃吃了智慧之果，有了分别善恶是非的能力，“原罪”就成了人之为人的唯一属性。“原罪”决定人的未来是必定下地狱，要不下地狱，唯一的途径就是求得“上帝”的“救赎”。所以，祈求救赎免罪也就成了人生的唯一目的。而救赎之道，只有无条件地信仰基督教，把一切奉献给基督。中国的“人性”论与西方这一普世宗教的“原罪”说的对立，在当前的文化传教中，被认为是中西文化的基础性区别，中国的所有问题——像他们所说的那样，都出在中国人不知道或不承认自己有罪上。

第三，政教关系问题。基督宗教将其教会及其神职人员定为上帝在地上的代表和“上帝”意志之所在，也是因严密制度化而具有强大组织和动员能力的社会势力，神职人员曰神父，是标志摧毁家庭本位的；曰牧师，是以群羊视其信徒并承担放牧职责的。它力图高踞世俗国家之上，与国家力量相抗衡，导致西方长期存在政教合一和政教冲突的双重问题。同时，它也是超民族、跨国界，不受国家领土与主权限制的庞大社团，尽管它经历过两次重大的分裂，特别是派系林立和新教，但在对待其他异质文化上，依然有强大的凝聚力和攻击力，它的“普世运动”更强化了它的力量。相比之下，中国的宗教，基本上缺乏独立而严密的组织系统。儒家宗教依附的是社会宗法关系，一旦宗法制度溃塌，它就失去了存在的基础。佛、道二教，都是以寺、观立足，与世俗社会保持相当的距离，它们在寺、观之间，甚至各自教派之内，联系都很松散，不具有组成统一性社会势力的机制，不得不依靠国家以维护其生存发展。因此，儒、释、道三教从其形成开始，就不具有西方宗教的那种独立性和排他性，依靠和顺从国家、三教合流则是大趋势。这样，在中国既不存在西方那类的政教关系，也不存在宗教信仰自由问题。所以，在中国革命过程中，宗教从来不是个突出的问题。宗教问题之所以成为我们国家的一个重要问题，实始于基督教伴同鸦片战争和不平等条约的出现，以及由此造成的系列教案、英法联军火烧圆明园与八国联军侵入中国，此后则是开展了上百年的“基督教占领中国运动”。

总之，是人本主义还是神本主义，是中国文化传统区别于西方传统的根基所在，中国哲学史理应反映也可以反映出这一特质来。例如，天人之际的人为本、君民之际的民为贵，就是异常优秀的精神财富，值得大书特书；非神的“人性论”，衣食足而知荣辱的“道德观”，重民生的“政治观”，日新与革命的“历史观”，“不患贫而患不均”与“均贫富，等贵贱”的“平等观”，“和而不同”与“大一统”的“社会观”，以及“天下为公”和“世界大同”的社会理想，如此等等，体现和贯彻于我们民族的全部历史，也反映着我们民族的基本性格和潜质。这对于我们理解基督教为什么自7世纪即初传中国，历经元、明、清三朝而又一传再传，始终不能在中国落户；到了近现代掀起向西方学习的一浪高似一浪的潮流，为什么排斥西方基督教而接受西方的科学理性；以及马克思主义为什么能够在中国取得胜利并且实现中国化等问题都有启示意义。如果以此为线索，重新认识我们的传统哲学，对任继愈先生他们这一代的中国哲学史研究，或许会有更新的发展。

三

任继愈先生留下两个没有完成的任务，仍待我们去完成。一个是科学无神论的学科建设，一个是汉文《中华大藏经(汉文部分)续编》的编纂和标点。

科学无神论的学科建设，与中国特色社会主义核心价值观和国家的精神文明建设有关，与提高民族素质和实现民族复兴的中国梦有关，任重道远，阻力重重，但毕竟处境越来越好，新组成的中国无神学会富有生气，活动能力强，特别在发现、调动和组织学术力量方面在设计和争取学术研究项目方面有显著的改善，加上中国社科院和马研院的支持和扶植，有了更多的发言权和影响力。无神论研究室的工作正在走向正轨，《科学与无神论》取得学界的肯定。总体上发展的潜力很大，前途无量，需要我们坚定不移，有耐力，有韧力，按胡锦涛同志嘱咐的："锲而不舍。"

《中华大藏经（汉文部分）续编》的编纂和标点进展顺利，运转正常有力，已经有了一支比较稳定的点校队伍，可以说已经进入正轨。其中，调换底本和搜集散佚佛典的工程量较大，但也在缓慢而不懈地做着，效果相对令人满意。这对先生一直希望能有我们中国自己的《大藏经》，也是一种交代。

这两个问题，我们在下次研讨会上，将会另做专题汇报。

一份谈话记录和半个世纪的演绎

任 远 任 重

2019 年是父亲一百周年诞辰，也是父亲去世的第七个年头。国家图书馆征文，我们迟迟没有写。一方面，他的经历及所做的工作大家都了解，还有《任继愈文集》和不少有关他的传记、回忆文章，再说什么显得重复；另一方面，父亲在家里习惯上不谈自己工作上的事情，他手头的事情又多，问到他什么，他经常是一边想着自己的事情，一边所答非所问地应付一下。我们从他那里知道的事情非常有限，谈不上有更多的了解。有些很重要的事情还是在他去世后，他的一些老同事、老朋友专门约我们谈，我们才知道其中的原委。

人渐行渐远，凡事早该尘埃落定，时间，改变着一切。但是有时候正相反，过去不注意，没有深入考虑的事情，随着时间的推移，在回忆过程中，倒是觉得线索明晰了。消失已久的 1959 年在毛泽东主席家谈话记录最近被发现，让我们联想起很多过去的事情，也对这几十年父亲的思想和为人有了更深入的了解。

一、发现谈话记录

我们整理父母遗存的文稿、书籍时，无意间发现一个很旧的硬纸夹子，里面放着几个牛皮纸信封。打开其中一个，里边有两叠发黄的稿纸。一份留有我母亲字迹，绿格四百字稿纸，共八页，其中父亲做过个别的修改；另一份留有我父亲字迹，红格五百字稿纸，共七页，没有修改痕迹，应该是整理完最后抄写的版本。两份内容比较，主体部分完全一致，绿色稿纸内容稍多一些。这是两份手抄“毛主席接见任继愈谈话经过”记录，记录的内容是父亲1959年10月13日和毛泽东主席谈话要点，是事后根据回忆整理的。

绿格稿纸最后还注明，1967 年 4 月让任远抄过一次。那时“文化大革命”正是运动高潮，造反派全面夺权已经开始，社会非常不稳定，家里也多次被各种“红色组织”抄过。也许父亲是为可能出现的复杂情况做个准备。但是抄的那份文稿至今未再见到。

父亲一辈子学哲学，教哲学，研究哲学，对个人荣辱之类的事物看得比较透，比较淡。他看不上有的人借着领袖的威望树立自己形象。所以这次谈话，他完全是按照一项非常重要的工作任务来看待的，不但没有大肆张扬，甚至从未自己主动提及。他的同事、学生也都不太清楚谈话的过程，即便是我们问起来，他也是只言片语，从不多说。他去世后这几年，我们完全遵循他的一贯态度，他自己不说的，我们也不多讲。

二、旧事重提，只因“旧事不旧”

现在想根据这份记录多说几句，简单说，是因为半个世纪后，这件事还受到各方关注。

谈话之后的1964年，按照毛泽东主席批示，成立了中国科学院哲学社会科学部（简称“学部”）世界宗教研究所。父亲是第一任所长。一开始，这个单位和学部另外几个同时建立的研究所，都处于保密状态，叫作北京××××信箱。从筹建到1966年5月“文化大革命”开始，主要是做聚集和培养人才、系统了解和掌握宗教动态几项工作。后来，研究所在马克思主义指导下做开创性的理论研究，研究所分成佛教、基督教和伊斯兰教三个研究室，首先进行了各国宗教概况的调查，并且出版了自己的期刊《世界宗教动态》。

“文化大革命”运动中，学部是众矢之的，整体下放河南“五七干校”。“文化大革命”结束，宗教所得以恢复工作。随着解放思想，各种思潮空前活跃，各种针对父亲的说法也就随之纷至沓来。

从这个时候开始，社会上对这次谈话也有截然不同的解读和评论。

肯定的说法和《毛泽东文集》说法差不多，最常见的是“凤毛麟角”“首创运用马克思主义研究宗教学，毛泽东主席肯定了他开辟的哲学史、宗教学研究的新途径”。

否定的评论不一而足，都很少涉及学理上的争论，似乎父亲的学术成就是靠着毛泽东主席才做出来的。

这些不同的说法，除去个人或团体的因素（立场、利益）决定外，人们对事实本身和产生谈话的情况背景不了解也是个原因。于是，就想在这里抄录一些记录中的内容，以便让更多的人了解当时谈话的情况。

三、记录的基本内容

毛泽东主席接见谈话的时间是 1959 年 10 月 13 日凌晨 4 点半到 7 点半；地点是中南海毛泽东主席家里；当时在座者除了毛泽东主席和父亲外，还有陈伯达、胡绳和毛泽东主席的秘书林克。

谈话记录分为以下几个部分：

（1）关于研究中国哲学史。（2）关于哲学问题。（3）关于逻辑学方面的问题。（4）关于百家争鸣和学术批判问题。等等。

这份记录中第一和第二部分的内容，包含哲学和宗教问题，和《毛泽东文集》所述，他人公开发表的文章说法一致。毛泽东主席在更早的中央政治局北戴河扩大会议上，谈过差不多的意思，一直到1964年还谈到过，前后意思是完全一致的。林克同志晚年的回忆录所述也是完全一致的。看来这是毛泽东主席深思熟虑后提出的意见，并非个人兴趣爱好使然。作为党的领导人多少年来一直关注这些哲学、宗教问题，应该是出于世界、国家的实际情况，为提高理论水平，了解现实状况，树立中华人民共和国社会共识，指导国家健康发展而提出的。

任重后来问过父亲，他和毛泽东主席谈哲学、宗教问题的感觉是什么？他说也没太想到，作为政治领袖，他在哲学、宗教方面书读过很多，而且真看透了，记忆也很准确，谈话中准确引经据典来加强对观点的支持。他说毛泽东主席视角宽，掌握社会情况有自己独到的见解但并不偏颇，交流中谈话轻松而且深刻。

毛泽东主席见面就说："今天晚上不打算睡了，想找你来谈谈。你写的全部文章我都看过了。""我看梁启超的《佛学研究十八篇》，有些地方还有可取之处，但他没有讲清楚。你写的佛教禅宗的文章我也看了。对于禅宗，我没有什么特别的看法，我完全同意你的意见。禅宗是主观唯心主义，完全抹杀它，是不行的。""王阳明接近禅宗，陆象山不太纯（不十分像禅宗）。"毛泽东主席对陈伯达说："禅宗的《坛经》你们看过没有？我早就说过，要你们找来看看。继愈同志的文章你们看过没有？你们可以找来看看，很容易看。"接着他背了几段《坛经》，并做讲解。在这份记录中未详细说明毛泽东主席是如何讲解的。林克同志的书中讲到毛泽东主席"对禅宗更为关注，对禅宗六祖惠能尤其欣赏，《六祖坛经》一书，他经常带在身边"。[1]"惠能自幼辛劳勤奋，在建立南宗禅时与北宗禅对峙，历尽磨难的经历，他不屈尊于至高无上的偶像，敢于否定传统的规范教条，勇于创新精神，以及把外来的宗教中国化，使之符合中国国情，为大众所接受等特征。在这方面与毛泽东主席一生追求变革，把马克思主义原理同中国革命实践相结合的性格、思想、行

① 林克：《我所知道的毛泽东——林克谈话录》，中央文献出版社，2002年，140~141页。

为，颇多相通之处。所以为毛泽东主席称道。毛泽东主席言谈幽默诙谐，有些话含蕴颇深，值得回味，不能说与禅宗全然无涉”。[①]

记录中毛泽东主席还说：“中国哲学史，古代先秦部分研究的人比较多，近代现代的已开始注意起来了。只有中间一段似乎注意得还不够。你们有人注意这一段，很好。”

“研究哲学史，对历史、经济、政治、法律、文艺也要注意，它们的联系很密切。你对历史注意不注意？对当前的问题关心不关心？

“宗教史也要研究。佛教史你在搞，很好。道教、福音书有没有人搞？

“基督教（福音书）还是要抽个把人搞，你们是一个500人的大系嘛[②]。研究宗教非外行不行，宗教徒搞不清楚，他们对它有了迷信就不行。

“××搞阿拉伯哲学史怕不行吧，因他相信那一套。我们对旧中国没有迷信，我们就研究得透，蒋介石对旧中国有迷信，到死也没有办法。”

“‘老子的问题你们争论得怎么样了？’毛泽东主席指着陈伯达对父亲说，‘你们的意见是一致的吧？’”

“古人有很多东西我们都值得学。禅宗的独创精神，成佛不要去西天。

---

① 林克：《我所知道的毛泽东——林克谈话录》，中央文献出版社，2002年，140~141页。

② 这里是指北京大学哲学系。当时父亲是北京大学哲学系教授。

“《老子》的‘不敢为天下先’，我们是不放第一枪。现在印度骂我们，我们不动，等到一定时机，我们就狠狠地还击一下。[①]

“《礼记》的礼尚往来也学了，对敌斗争，要有理、有利、有节。《左传》的‘退避三舍’也学了，我们打仗有时一退不止三舍，一舍三十里，三舍九十里，我们有时一退几百里。”

1978年12月20日父亲发表于《文汇报》的《忆毛主席谈古为今用》说：主席屈起一个手指，说我们学《老子》的“不敢为天下先”，在对敌斗争中坚持不放第一枪；然后，又屈起一个手指，说要学《左传》的“退避三舍”，在井冈山反围剿时，解放战争时打莱芜城时，都曾经大踏步后退，甚至一退几百里，不止三舍；接着，又屈着第三个手指说，我们学《礼记》的“礼尚往来”。对敌斗争，不无辜寻衅。敌人挑衅，也不立即报复。等待时机，有理、有利、有节地反击敌人。《文汇报》讲的就是1959年10月13日凌晨毛泽东主席的谈话。

记录关于哲学部分有这样的内容：

“历史唯物主义主要是讲社会发展的四个阶段的规律。现在把革命的理论、党的建设、伦理学、法律、文艺都放在里面讲，如何包得下？像革命的理论，党的建设，从前可讲得不多，经过这几十年的革命斗争实践，经验太丰富了，是不是要独立出来单讲呢？

“一切东西都是发展的，动物是从植物发展来的，最初是先有的藻类。动物植物将来未必有一条不可改变的界限，以后若干年，植物也可能动起来。如果动植物之间没有相互转化的可能，人吃植

① 中印边界自卫反击作战从1962年10月20日开始，至11月21日基本结束，父亲手抄件在这里略去了这一句。

物就不能活下去。”

记录的最后是父亲的附注说明。他说，这份谈话过程是根据回忆整理，仅记录了毛泽东主席的话，内容分类是整理时加上的。回忆会有遗漏。陈伯达和胡绳没有讲更多的话，毛泽东主席鼓励个人的话觉得没有必要写在这里，未记录在其中。

“这次在毛主席家的谈话是大家围着一个方桌，交谈很随便，中间吃了一顿饭，边吃边谈。胡绳和我到毛主席家比较早，陈伯达因司机不在，晚到了一个小时。离开时林克同志还留了电话。”

记录还涉及其他问题，不在此一一赘述。

四、宗教学研究与宗教信仰者的不同角度

毛泽东主席对父亲的佛学研究给予了充分的肯定，并且指出：“研究宗教非外行不行，宗教徒搞不清楚”，“因为他们对它有了迷信。”

不“迷信”而研究宗教的，不仅在国外，在国内，在父亲之前也已经有了许多成果。父亲的导师汤用彤先生，就是一位“不迷信”而研究佛教并且取得了卓越成就的学者。汤先生几十年前的研究著作，至今仍然是研究佛教的必读之物，成了经典著作。这与他以严谨的、科学的、客观态度和方法有着直接关系，也正是“圈外之人”的优势所在。毛泽东主席说的不“迷信”才能看到事物的本质的表述，信仰者听来也许不舒服，不过从研究取得的成果和对社会的贡献看，这种研究不能被替代，也是无法替代的。

父亲的佛教研究，是上一代学者传统的继承。他以马克思主义为指导的佛教研究，也是上一代学者传统的进一步发展。被毛泽东主席称赞的那几篇文章结集出版以后，也得到了国际佛教研究界的高度评价。日本研究中国佛教史的权威学者、日中友好佛教协会会长冢本善隆，曾带着父亲的《汉唐佛教思想论集》，登门和父亲商讨佛教研究问题，并以此为契机，建立了中日佛教研究互相交流的长期机制。

1982 年，父亲在古籍整理规划会上提出，佛教典籍作为千百年流传下来的文化遗产，极需要通过整理进行保护。后经批准成立大藏经编辑局。他主编的《中华大藏经（汉文部分）》，以《赵城金藏》为基础，用其他各种现存的大藏经进行比照，编成《中华大藏经（汉文部分）》上编一百零七卷，先后有一百六十多人参与工作，历时十余年，当时尽可能地集中了大量人力物力。这是他的努力，也是全体编辑人员的成就。编纂过程中，不仅得到学术界的大力支持，也得到国际佛教界有识之士的大力支持。

《中华大藏经（汉文部分）》正编，是中华人民共和国成立以后学术界整理佛教文献的重大成果，也是我国学术界在传统文化领域的一项重大研究成果。这套书先后获得全国古籍整理成果一等奖、全国图书奖荣誉奖、中国社会科学院优秀科研成果荣誉奖，被列入国家领导人赠送外国的国礼之一。国际佛学界对《中华大藏经（汉文部分）》也给予了充分肯定。

《中华大藏经（汉文部分）》上编完成以后，父亲即着手筹备续编的编纂工作。非常遗憾的是，续编尚未完成，父亲就去世了。

五、在宗教研究中坚持无神论，被批判成为生活的一部分

实事求是地对待宗教问题，包括尊重信仰者的信仰，是父亲一贯的学者的立场。这种立场在我们国家本来是非常正常的事情，这种立场给父亲带来的却是许许多多的烦恼和精神上的痛苦。

“文化大革命”前的1964年，父亲离开北大哲学系到了中国科学院哲学社会科学部。在学部各个研究所，特别是一些老的，研究传统学科的，比如哲学、文学、经济、历史等研究所，聚集着众多高级干部和著名学术权威，所以1966年“文化大革命”开始，重点批判的是那些院、研究所一级的“党内走资本主义道路当权派”和“反动学术权威”。学部的“红卫兵”也有着高涨的“革命激情”，也在“捍卫毛主席的革命路线”，抄家、批斗、劳改等各种方式样样俱全，我家也被学部和宗教所的“革命小将”抄过好几次，父亲也被挂牌批斗，每天劳动改造。不过和“文化大革命”策源地北京大学比，中科院的“红卫兵”不但人数少得多，组成也都是各所的研究人员和机关干部，他们行为的激烈程度比起大、中学“革命小将”要温和不少。父亲和在北大的同事们比较，因为工作单位不同了，是要幸运一些。这个“地利”，对他就是最好的保护了。

“文化大革命”中期，整个学部去河南息县“五七干校”，运动相对稳定，政治压力依然很大。在干校没劳动多久就被集中起来，住在河南明港空置的部队营房里，以抓“516反党集团”成为主业。

父亲是在这里接到任务，要集中几个人编一本新的《中国哲学史》。能重新开展业务活动，对于科研人员来说是个好消息。但是书刚刚编成，就是轰轰烈烈的“评法批儒”运动。《中国哲学史》被要求按照“儒法斗争”的观点进行改写。即必须贯彻法家是革命的，进步的；儒家是反动的，倒退的，要打倒的。在这样的政治重压下，出于一个知识分子的良知，父亲没有照办。由于父亲主编的《中国哲学史简编》不合当时斗争的需要，刚刚出版就受到党刊《红旗杂志》的批判。①

批判文章来势汹汹，很像是为了引导一个大规模的批判运动做舆论准备。父亲也做了最坏的打算。幸好这场高规格批判虎头蛇尾，过了一阵子似乎风头就过去了。多少年以后，为了解真相，我们问了可能知道些情况的人，结果都不甚了了。这位在党刊上批父亲的撰稿人，他自己从未涉猎中国哲学史，却写出了所谓的批判中国哲学史的文章。事过这么多年，一直不曾听到这位仍然健在的教授对这次批判的起因、背后策划、目的做过任何解释或说明。

“文化大革命”结束，改革开放，意识形态领域打破了禁锢，思想文化的春天真的到来了，让压抑了十年之久的人们欢欣鼓舞，心潮澎湃。

而对于父亲而言，“文化大革命”对他的批判结束了，新的一轮批判又才开始。不同的是，原来说他是“黑帮”“右派”“反动权威”

① 《中国哲学史简编》成书于1973年10月。当年9月，“评法批儒”运动才刚开始。这个运动当年5月开始酝酿，但都是在政治局内部，9月才公开。杨荣国那本《中国哲学史》，起初也没有按照儒法斗争的这条要求来写，是后来修改的。

等，是批他的“右”，改革开放后，思想解放，一时真的无禁区了，某些代表人物又把父亲当成了他们集中攻击的对象，说他“教条主义”“思想僵化”等，不过这次批他是“极左”。“文化大革命”中批判他，以政治内容为主，并未认真涉及学术研究内容和水平；而这次批判除了政治，还有很大不同，批判的主导者个个都如“学术大师”一般，除了批他以无神论的立场和方法研究宗教，还有“世界上最没学问就是任继愈”等诸如此类的评价。

父亲一辈子爱惜、欣赏人才，识别一个人的才能，他有过人之处。但是，对于突显的个人能力是因何驱动而来，他辨别力是很不够的。这次在改革开放的春风里对他的各种批判指责，像突如其来的一阵刺骨寒风，让他有些猝不及防。试图改变办所方针，反对无神论，关键的几个人几乎都是研究所骨干，其中有他自己的学生，也有他办所初期费尽周折才调进来的研究人员。按说他们完全清楚这些问题的历史由来和是非曲直，为什么这个时候如此积极“倒任”呢？

据我们所知，反无神论、批“极左”最有积极性的几个，其中就有货真价实“极左”出身的“文革”造反派领袖。有的人在“文化大革命”中引人注目，后来被迁离京城。父亲一直很看重他的业务能力，一次任重出差，父亲让任重借这个机会去看他，除了带去的信，还捎去瓶酒。记得此人当时非常感激地说：“任公对我真好。”在聊天中他还说了一句：“任公的政治敏感度还不如一个高中生。”后来费了极大力气和周折，把他再调回北京进宗教所。开始还好，可到了批无神论、批判办所方针，政治敏感度高，调门一下就变成了高音。另一位业务骨干，在“反右运动”时受到冲击，一直在基层工作，父亲费了很大的力气，把他从外地调进所里后不久，在一段时间里也是揣摩出上面的意思，营造自己的地盘，即使这样，大概还感觉憋屈，去了 ×× 大学。他的这种做派，在那里别人慢慢也看出来了，自然不会姑息。没有达到自己预期，于是又要求回到宗教所来。父亲不计前嫌，还继续支持了他。还记得这个大学老校长这样说我父亲："这样的人你怎么能容忍他十几年！"

"文化大革命"以及以前，父亲挨批，是因为所谓的"右"；"文化大革命"以后，父亲又挨批，是因为所谓的"左"。其实"右"也好，"左"也好，都是标志政治倾向的概念，不是学术是非的标准。参与这种批判的人物，也多是政治风浪中的弄潮儿，在他们看来，父亲的政治敏感，甚至还"不如一个高中生"。实际上，父亲作为一个把"气节"看得很重的知识分子，根本是不愿意跟着政治风向行事，不愿随波逐流而已。

六、注意历史，关心当前

在谈话记录中，毛泽东主席强调，研究哲学史、研究宗教就要注意历史，关心当前，这是研究者的基本素质。

父亲喜欢京剧，年轻时在北大上学，为了省车钱，有时间就找几个同学一路从沙滩红楼走到南城听京戏，戏散场再走回来。他说在民众几乎都是文盲的社会里，戏曲等民间艺术对传承中国传统文化起到了重大作用。在清朝，京剧和各种民间文艺中，岳飞、杨家将的形象塑造越来越多，中国尽管民族众多，但是大家共同接受了儒家的忠、孝思想，形成民族之间的共识。

按照当今的说法，为塑造社会共识，建立讲忠孝、有气节的戏曲艺术形象也可算作是意识形态范畴中的吧。社会进步到今天，培育社会共识仍然是必要的。父亲说过："要做一个健全的学者，我认为，首先要爱国，这是个基础。"

"文化大革命"前我们住北大中关园，傅鹰教授家和我们是一墙之隔。傅先生是1955年的中国科学院学部委员，政协常委，北大副校长，中国胶体化学奠基人。他放弃在美国研究所的重要位置，回到中国。他回国后的几十年里，国内一直以阶级斗争为主导，作为当时为数不多的"海归"，他的日子并不好过。他虽然有副校长头衔，回到系里还得受总支书记组织的批判。他所在的化学系"划右派"用他当参照，科研上控制使用，教学受到限制，很多项目不许参加。"文化大革命"期间"打砸抢"最厉害的时候，他家除了房子没倒，房子内外都被砸得和地震后差不多。当他挨了一天的批斗回到这么个家，家人问他是否后悔当初决定回国时，他仍然说："不！中国是我的祖国，我回来不后悔！"冯友兰先生当年从美国回来也是下定为国服务的决心。人家提醒说，绿卡留着，随时回来都可以。他说："不要了，我不会回来。"有个学问很好的先生，抗战期间没有随学校南迁，而是留在了日本占领区，人是正直有良心的人，并没有去做过"伪"差。即使这样，冯友兰先生始终认为他这个做法不对，不应该留下。

这些都是父亲熟悉的同辈或长辈，他们对国家的态度，是父亲所欣赏、赞同的。学术观点可以有不同，专业也有不同，但底线是爱国，这就是气节。

有次聊起这些年来一些人的表现，父亲忽然问："你知道《贰臣传》吗？"任重说："听说过，乾隆编的。"大概这些"贰臣"永远想不到，帮助清朝入关，坐稳天下一百年之后，乾隆皇帝会有这么一手。也有人说，乾隆的意思是褒贬都有，但不管褒贬各有多少，贰臣身份永远不能改变。

七、父亲与毛泽东

有人说任继愈的诸多经历中，最受人们关注的还不是哲学史、宗教学研究，而是他与毛泽东主席的交往。

他对这个谈话三缄其口，原因是他做人的准则。他特别喜欢竹子"未出土时先有节，到凌云处尚虚心"的风格，大概这是长期受中国传统文化熏陶的结果。以前住平房，后来住楼房一层，他都会在自己窗前种上竹子，长到最茂盛的时候有几百棵，俨然是个小竹林，晚上群鸟栖息，白天阳光透过竹林照进窗户，室内一片淡绿。父亲去世后，竹子就开花、枯萎，一片竹林现在活着的竹子已寥寥无几，这是个巧合吗？

他在研究哲学史、宗教方面和毛泽东主席的想法有共鸣。

毛泽东主席说："研究宗教非外行不行，宗教徒搞不清楚，他们对它有了迷信就不行。"父亲的观点是，国家要研究宗教，是继承发扬中华传统文化、促进民族团结、参与国际交流和构建新的社会共识、促进社会各方面发展的大事；信徒可以研究宗教，但承担不起此重任。研究宗教讲无神论，避免先入为主、人为造成局限，使研究丧失科学性。学者和信徒的研究，如果要比喻一下，那就是：人站在神像前，能看到神像雕塑整体的完美；跪在神像前，只能看到神像脚的一个部分。

他和毛泽东主席谈话之前和之后多年的探索和实践也清晰地证明了这一点。他到国外去访问，很关心外国大学的神学院宗教研究和一般大学宗教学系有什么不同，其实这一字之差就是两个领域的差别，答案他心里早就清楚。

研究哲学史、研究中国传统文化就不能不研究宗教，尤其是儒、佛、道三家。毛泽东主席认为不错的文章，主要就是研究佛教问题的。20世纪60年代父亲主编了那部影响很大的四卷本教科书《中国哲学史》[①]，他对其中以阶级分析为主线的原则是有自己的看法的。听他自己说过，作为大学教科书的写法只能是采用现阶段大家能接受的说法，不能借此只讲自己的观点；同时把能用的材料尽量搞准确，重要的观点不能遗漏。这部受欢迎的教科书在20世纪80年代虽然出版社有兴趣再版，他却不满意了。他认为二十年前编书时的许多看法，或者已经过时，或者当时就不是他所同意的思想，现在必须根据新的发现和新的认识，重新写成一家之言的《中国哲学史》。这就是他主编的《中国哲学发展史》。多少年父亲一直在考虑按照自己的思考，写一部具有最新材料最新见解的哲学史。他

① 《中国哲学史》（四卷本）直到20世纪90年代，仍然在出版。90年代初，父亲就组织修改，未及完成，暂时搁置。1997年，李申教授参加修改，约2003年修改版出版。

认为，要写就要充分表达自己研究的成果，当没有条件时可以不做，省下的时间为后来做些资料的准备工作，相信后来人的学识和眼界会比我们好，能做出更好的成果。到了晚年，父亲又计划要写完全属于自己的一部哲学史。但由于主编《中华大典》《中华大藏经（汉文部分）续编》等繁重的组织和资料工作，占据了他太多的精力，没有来得及写成，非常遗憾。

“文化大革命”开始后，父亲看到这场瞬间让人们变得近乎疯狂的“革命”，丑恶灵魂的拙劣表演，思想、文化、经济的极大破坏，出于对国家和民族的担忧，他心情非常沉重，非常苦闷。当时学校停了课，任重无学可上，就学着做半导体收音机，后来给一个简易电唱机装了放大线路和喇叭，能直接播放唱片。父亲买了一张《国际歌》的唱片，是红色塑料膜的那种，在我们记忆中，这台唱机也就只放过这一张唱片。他就经常一个人反复听，并说，《东方红》多了，《国际歌》少了。当时我们并不明白他说的是什么。

“文化大革命”给人们留下噩梦般的回忆，粉碎“四人帮”，“文化大革命”结束，不少人写了回忆文章，父亲也说，他应该写一部“文化大革命”史，还着手收集了不少素材。大多数人写“文化大革命”是记录遭受的磨难、非人待遇，他则考虑中国哪里出了问题。他认为：“‘十年动乱’期间的造神运动之所以得逞，千百万群众如痴如醉的心态，它的宗教根源不是佛教，不是道教，而是中国儒教的幽灵在游荡。”“中国宗教势力太大，又和政治结合在一起。从朱熹以后，教皇和皇帝就是一个人，政权可以转移，但宗教没法消灭，随着皇权的颠覆，儒教也就垮掉了。但它的影响还在，我们的困难也就在这里。”[①]

父亲认为儒教不只是哲学学说而更是宗教，也正是因为如此，“文化大革命”中把封建主义当成社会主义推广，摧毁民主，实行家长制，大兴造神运动，毛泽东主席负有重要责任。神都是人造出来的，没有希望造神的人就不会有神，所以把毛泽东主席当成神，儒教影响之下，出现了全民族和党政干部中的群体性愚昧。以儒学为核心的中国传统文化对中国几千年的发展起到过至关重要的作用，虽然其中很多东西值得我们今天去继承、去研究甚至发扬，但另一方面，儒家思想符合的是封建社会小农经济的基础和封建帝王的要求。早在1979年他就指出，“宋明以后的儒教，提倡忠君效亲、尊孔读经、复古守旧，都是文化遗产中的糟粕，是民族的精神赘疣。”[②]还说，“如果我们的广大群众和海外侨胞都照儒教的规范行事，那就要脱离生产，轻视劳动，‘畏天命，畏大人，畏圣人之言’，他们神龛里供奉着‘天地君亲师’的神位，虔诚礼拜，终日静坐，‘如泥塑人’，天天在‘存天理，去人欲’，将是什么样的精神面貌，又怎能立足于世界呢”？[③]

父亲病重期间还对“儒学治国”的类似说法颇感忧虑。在这以前他就说过，“历史事实已经告诉人们，儒教带给我们的是灾难，是桎梏，是毒瘤，而不是优良传统。它是封建宗法专制主义的精神支柱，它是使中国人民长期愚昧落后、思想僵化的总根源”。在他

① 访谈记录，见《南方周末》，2009年7月16日。

② 任继愈主编：《儒教问题争论集》，宗教文化出版社，2000年，第20页。

③ 任继愈主编：《儒教问题争论集》，宗教文化出版社，第21页。

看来，因为现在工作做得好，经济发展快，有人就归结为传统文化发挥了优势，但这就像赢了球，你高调入云都没关系，话可以随便说，可要输了球，你说什么也没人听。

父亲从熟悉的哲学、历史角度观察，认为中国五千年里第一件大事是建立了多民族大一统的封建国家；第二件大事是摆脱帝国主义侵略势力和封建势力，建立现代化的人民民主国家。正在进行中的第二件大事毛泽东主席是参与者，也是推动者和领导者，毛泽东主席的功绩是因为他参与和领导的中华民族的伟大事业。他认为，毛泽东主席的错误和他从事的事业要区分开。

从1959年的那次谈话到现在，半个世纪过去了，哲学史主线变化，宗教研究的指导思想摆动、研究队伍的组合分化、“文化大革命”中人们扭曲的行动、改革开放后的大浪淘沙、消灭传统文化和崇拜传统文化等等，发生了如此多的变化。我们的父亲一生也经历过了军阀混战、抗日战争、国共内战，经历了诸多政治运动。他这一辈子，不畏疾病，不畏逆境，尽自己最大的努力，为中国文化做出了一份贡献。各种磨炼使他的意志更加坚强，思维更加敏捷、锐利，看问题更加深刻、有远见；无论做人，做学问，都是我们学习的榜样。

任继愈与毛泽东

李 申

毛泽东主席接见任继愈这件事，当时的学术界可说是家喻户晓，今天仍为不少人所关注。其来龙去脉以及此事的影响，先生哲嗣任远、任重发表的《一份谈话记录和半个世纪的演绎》已有详尽说明。这篇文章，只是以一个学生的角度谈谈老师对于这件事，包括对毛泽东主席本人的态度。

一、对于接见处之泰然、淡然

1978年，我考上研究生不久，先生接见我们。一位女同学就提出，请先生讲讲毛泽东主席接见的情形。先生没有接腔，用别的话岔开了。从此以后，我，还有我研究生同班的同学们，也就再没有回到这个题目上来。先生去世以后，有人说先生曾经和他们大谈毛泽东主席接见的情形，那种情况是不可能发生的。

为什么不可能发生？

一位师兄曾说，先生有一次在党小组会上检讨自己的缺点，说是有点士大夫的清高，对于钱财不怎么看重。

士大夫是古代读书人的通称，其中主要是儒者。士大夫清高的缺点，近代以来论述者不少。然而，这种清高也会转化为新时代的清正廉洁。所谓清正廉洁，不仅是不重钱财，也包括淡泊名利，不屑于借名人和权威以自重。古代那些持身清高的士大夫是如此，这种品质流传到今天也是如此。

表现先生这种品质的，可由以下几件事佐证。

第一件是先生写的纪念他最尊敬的教语文的小学级任老师曹景黄的文章。其中讲到，曹老师讲课风趣幽默。讲到《论语》中的“臧文仲居蔡”，说蔡就是乌龟。古人把乌龟当神物，现在成为骂人话。他们村叫蔡家庄，就是乌龟庄。同学们都笑了。对于什么是“居蔡”，也就印象深刻。

曹老师讲到《论语》中“巧言令色足恭，左丘明耻之，丘亦耻之”的时候，又引用曾子说的“胁肩谄笑，病于夏畦”并解释说，那些耸起肩膀、赔着笑脸的谄媚作态，比夏天在农田里干活还要劳累。然后列举社会上巴结上司、拍权势者马屁的事例加以说明，常常引得哄堂大笑。

还有一件事，是先生1939年在中央政治学校做助教。一次吃饭时，一位高级职员在饭桌上大讲蒋委员长曾亲自骂过他，并且原封不动、绘声绘色地加以描述。自己不以为耻，听者也都面露欣羡之色。此事使先生进一步感到国民党的前途无望。

先生在几十年后还能想起这些事情，足见这样的事情对他影响之深，从这里也足以见到先生为人的态度，也很容易理解先生为什么不大谈论毛泽东主席接见的事情。

有一次，我和先生谈起某个已经有些成就、但为人处世却令人难以恭维的学者。先生说，当年他曾想考先生的研究生。但是一见面，他就先拿出某某权威写给他的赞扬信。先生说，您还是考别人的研究生吧！

先生去世以后，北大陈来教授的纪念文章讲到了一件事：

> 作研究生和博士生期间，都拜访过任先生。这一期间，我对任先生识人的高明，特别推崇。事情是这样的，在我们1978年入学北大作研究生时，有位南方某大学的青年教师来北大进修，也在我们的课上听课。但此君极善交际，堪称奇才。不但校内文科老先生们皆被他哄得高兴，对他表示欣赏，校外北京中国哲学史学界的领导人物也都被他的忽悠所迷糊，跟他的关系相当密切。但是老先生之中只有一位不为所动，那就是任先生。这位青年教师还善为奇诡之事，后来事发自尽，也不必说了。那时我跟任先生谈起。任先生说，这个人来，谈的都不是学问的事，只是说一些吹捧的话。这一点，使我对任先生非常敬佩。[①]

这件事，我们也都是知道的。当时我们也都去听张岱年先生讲“中国哲学史史料学”和“中国哲学史方法论”，经常和这位青年教师见面。他总在我们面前讲点先生的坏话，远不像他在先生面前尽讲

① 陈来：《纪念任继愈先生》，国家图书馆编《哲人其萎　风范永存：任继愈先生追思录》，国家图书馆出版社，2009年，第87页。

吹捧的话，所以听课一年之久，和他几乎没有什么交谈。后来听说，他因为不止一次嫖娼被拘，羞愧自杀，这就是陈文说的“奇诡之事”。嫖娼罪不至死，自杀也不必，但总算未失廉耻之心。当时听说，他正在做一件与科学史和哲学史都相关的工作，也因此中断，至今尚无人接续，我为此感到惋惜。

先生不喜欢听奉承话，也不会说奉承话。冯友兰先生曾经评论说，任继愈这人不会向人献殷勤。冯友兰先生的侄女冯钟芸教授是先生的夫人，很可能，先生即使对于女友，也不会献殷勤。这样的为人处世态度，要他大谈毛泽东主席的接见，是不可能的。

二、记录不记“鼓励个人的话”

据任远、任重最近发现的、先生关于毛泽东主席接见的回忆记录，一共七、八页。据先生的胞弟、中国工程院院士任继周先生回忆，先生向北京大学领导写的报告，仅仅两三页纸，还没写满，像一篇新闻报道。如果这个回忆准确，则先生去世以后发现的这份记录，仅仅是为保存事实真相所留的，至少是生前并不准备公布的历史资料。

据任远、任重的文章，记录的内容，都是毛泽东主席的谈话。当时在场的还有胡绳和陈伯达。但是他们两个没有更多的讲话，所以没有记录。此外，还有一项没有记录的，就是“毛主席鼓励个人的话”。

这是一份资料性质的文件，一般说来，那些鼓励个人的话，可以不向别人炫耀，作为一份历史资料，还是应该记下来的。因为这是历史。而在中华人民共和国历史上，至少在中华人民共和国文化史上，是一个重要事件。那些“鼓励个人的话”，也是谈话的重要内容，应该记录。但是先生没有。也就是说，就连仅仅为留资料而保存的记录中，先生也不记那些“鼓励个人的话”。所以，迄今为止，除了后来毛泽东主席的一份批示中明确说到的“凤毛麟角”四个字以外，主席还有哪些“鼓励”的话，我们永远无法知道了。

作为学生，我不大同意先生不记录那些鼓励个人的话。在这件事上，先生对自己的严格，达到了苛刻的程度。

三、著文只谈古为今用

先生自己撰写的关于这次接见的文字，只有 1978 年 12 月 20 日发表于《文汇报》的《忆毛主席谈古为今用》。不过文中没有讲宗教研究问题，讲的是毛泽东主席如何古为今用的三个事例。毛泽东主席屈起一个手指，说我们学《老子》的“不敢为天下先”，在对敌斗争中坚持不放第一枪；然后，又屈起一个手指，说要学《左传》的“退避三舍”，在井冈山反围剿时，解放战争时打莱芜城，都曾经大踏步后退，甚至一退几百里，不止三舍；接着又屈着第三个手指说，我们学《礼记》的“礼尚往来”，对敌斗争，不无辜寻衅，敌人挑衅，也不立即报复，等待时机，有理、有利、有节地反击敌人。

1978 年，是“文化大革命”刚刚结束不久的年代。我的同学想请先生讲讲毛泽东主席接见的情形，也就是这个时候。可以想见，那时候关心这个问题的，不仅是我们这些学生，所以先生写了这篇文章。

我们知道，毛泽东主席接见先生，谈的主要是宗教研究问题。然而在这篇文章中，先生却偏偏没谈宗教研究问题，讲的只是如何古为今用的问题。因为如果谈到宗教研究，就免不了那些“鼓励个人的话”。先生不愿谈这些，只讲了古为今用，也算是对社会有个交代。

四、晚年才公布谈话过程

今天所能看到的关于毛泽东主席接见先生的情况，大约有以下几篇文章。

第一篇是署名“晓飞”的《任继愈与毛泽东的一次会见》，发表于《中华英才》1991 年 11 月。后被收入王霄鹏主编的《名人名家新闻内幕》，中共党史出版社 1994 年出版。

第二篇：《任继愈 · 坐阅千载荣枯》，作者姜苏鹏，发表于《中华英才》1997 年第 3 期（总第 159 期）。

第三篇：《任继愈 · 高扬科学和无神论之剑》，作者何海清，发表于《中华英才》1999 年第 16 期（总第 220 期）。

第四篇：是 2004 年 8 月 23 日《时代人物周报》发表的《毛主席让他研究宗教》一文，署名韩雨亭。

第五篇：《一部大书与一座图书馆》，署名“余果”，2007年发表于《老同志之友》第2期。同名的一篇于第二年，即2008年发表在《中国人才》第13期，署名“余玮”。

第六篇是2008年《人民论坛》第6期（总第222期）发表的《觉悟了的群体才能推动社会》，署名记者蒋荣华。其他有关毛泽东主席接见先生的报道，基本都没有超出上述几篇文字的内容。

综合上述几篇文字内容，可以对毛泽东主席接见先生的情况做如下描述：

> 1959年10月14日凌晨2点半（习惯说是13日深夜），毛泽东主席派车把先生接到中南海。先生不知道是什么事，心情有点不安。见面时，主席开门见山地说：“你写的文章我都看过了，今天想请你来谈谈。”谈话首先涉及先生写的几篇研究佛教的文章，说梁启超没有讲清的问题，先生讲清楚了。主席说，过去我们搞革命，搞无神论，没有顾得上宗教问题。宗教问题很重要，要开展研究。主席问到北京大学有没有人研究道教和福音书，先生回答说没有。又问北大哲学系有多少人？先生说师生加起来有500人。主席说，500多人的哲学系怎能没人研究宗教呢！谈话还谈到中国哲学问题。主席赞成先生对孔子的评价，认为孔子是重要的思想家，政治上是保守派；但不赞成先生说老子哲学是唯物主义的，并亲自背诵《老子》中“道常无名”以及“视之不见”等语句，说明老子是唯心主义者。

此外是先生去世以后，2009年7月26日《新京报》一篇署名张媛的《任继愈受毛泽东钦点研究宗教》的文章，其中讲到先生曾向乐峰教授说过，他见主席之前的心情有点“惴惴不安”，并说当时先生的职称是“副教授”。

迄今为止，主席和先生四五个小时的谈话，所能查到的，也就这么一点。其中，哪些是先生讲的，哪些是记者们从别处得来的，已经弄不清楚了。

先生为什么会在20世纪90年代初公布这些材料？

引起我们注意的，有两个因素：一是先生出生于1916年，1991的时候，先生七十五岁。我上研究生的时候，先生刚刚六十出头。我硕士毕业后，随即参加了先生的《中国哲学发展史》写作班子。当时，所谓知识分子“英年早逝”的事情不断见于报端。先生不止一次指着当时《光明日报》上定期刊载的知识分子逝世名单说：这一半是该死的，这一半是不该死的。先生也不止一次在写作班子内讲：“我老了，现在只能做五年计划了。”直到有一次，我说我都听您说了好几次了，先生才不再对我们讲这样的话。

也就是说，先生六十多岁以后，常常有一种危机感，希望在他生前，把要做的事情做完。“人生七十古来稀”，七十岁以后，先生更加感觉自己已到垂暮之年，毛泽东主席接见的情况，应该告诉人们了。这毕竟是一个重要事件。

20世纪90年代讲的内容，主要是宗教研究方面的。因为这时候，正是所谓“有神论有人讲，无神论无人讲”的时期，特别是特异功能大师们正得势兴时的时期。公布这些内容，也是对当时社会上有神论泛滥状况的一种回应。所以，其中有一篇报道，题目就是《高扬科学和无神论之剑》。

五、在学术问题上，就是毛主席说的，也不盲从

毛泽东主席接见任继愈先生，主要是谈宗教研究问题，同时也谈了中国哲学史的研究问题。因为学术界的人都知道，任继愈先生主编的《中国哲学史》（四卷本），从20世纪60年代以来，在几十年的时间里，就是我国高等院校中国哲学史课程的教材，培养了一代又一代新中国的哲学工作者。因而，在这次谈话中，谈到中国哲学史研究，是十分自然的事情。

谈话中，毛泽东主席认为老子是唯心主义的，和先生的观点完全相反。

这次谈话是1959年。1961年，任继愈先生受教育部委托，主编《中国哲学史》教材，1963年，书编成出版。书中关于老子哲学，仍然坚持是唯物主义的。1964年，该书出第二版；1966年，该书第五次印刷，先生仍然坚持，老子哲学是唯物主义的。直到十几年后，也就是20世纪70年代，先生才改变了看法。觉得说老子哲学是唯心主义也说得通。80年代以后，先生仍然十分关注老子哲学的研究。先生的最后结论是，对于老子哲学，用唯物主义和唯心主义的分界来评说，是不合适的。

这段事实的考察表明，尽管任继愈先生对于毛泽东主席非常尊重，并且认为毛泽东主席在哲学和宗教方面读的书很多，而且是真

正看透了。但是对于毛泽东主席的某些观点，并不盲目跟进。学术界某些人说，先生和毛泽东主席谈话后，就改变了自己对于老子哲学的观点，是不正确的。

关于老子哲学的性质，仅仅是一个小问题，更大的问题发生在“文化大革命”中。

1966年，“文化大革命”开始，先生和其他许多大学教授一样，被批斗，被抄家，被下放在“五七干校”劳动。1970年，在庐山会议上，林彪提出了“天才”问题。陈伯达选编了一些马克思、恩格斯的语录加以支持，成为当时重大的政治事件。庐山会议之后，全国范围内开展了对陈伯达“天才论”的批判运动。

为了批判天才论，毛泽东主席提出要学点哲学。先生被从“五七干校”召回，主持编撰《中国哲学史简编》。同时在编的，还有一部《简明中国哲学史》。

第二年，也就是1971年9月13日，林彪出逃。不久，对陈伯达的批判公开转为对林彪的批判。后来，林彪政变纲领公布。由于纲领中有颂扬孔子的内容，传统儒家思想被认为是林彪政变纲领的指导之一，于是批判林彪的运动逐渐加进对以孔子为代表的儒家思想的批判，成为所谓“批林批孔运动”。

1973年3月，江青传达毛泽东主席的指示说，历史上，法家主张中央集权，一般是进步的；儒家厚古薄今，开历史倒车。由此开始，儒家和法家的分歧，逐渐被认为是中国历史上最重要的思想斗争。这年9月，一场以“批林批孔”为正题、“评法批儒”为副标题的思想运动，就在全国轰轰烈烈地开展起来。

为了配合“批林批孔”或称“评法批儒”运动，《简明中国哲学史》按照儒法斗争的线索做了修改。所谓“儒法斗争”或者“评法批儒”，直接涉及中国哲学史的基本线索、指导思想问题。先生主编的《中国哲学史简编》，要不要也按儒法斗争的线索进行修改呢？先生的答案只有一条：不改。尽管这是毛泽东主席提出的。

然而，不按儒法斗争写中国哲学史，在当时，并不仅仅是学术问题，而是严重的政治问题。

就在先生主编的《中国哲学史简编》出版当月，即1973年10月，党中央机关刊物《红旗》杂志发表北京某教授的《读者来信》，来信中批评某些哲学史著作不讲政治，是典型的“资产阶级哲学史”。当时哲学圈内的人们都知道，这几乎是点名批评任继愈的哲学史。而遭到《红旗》杂志的直接批判，其后果将严重到什么程度？今天的读者是难以想象的。

在这种情况下，先生和写作组的同志们一起，每天都过着担惊受怕的日子。

如果说以前的一些分歧，比如老子哲学的性质，仅仅是局部问题，而且是学术观点，可以讨论。那么，儒法斗争不仅是严重的政治问题，而且涉及哲学史的核心和指导思想问题。先生非常苦闷，觉得这哲学史没法研究了。但是作为一个学者，国家、社会培养几十年，总要为社会做点事情，于是先生想到了编写《佛教辞典》，觉得这样的工作涉及不到一般理论和政治问题。现在出版的、由先生主编的《佛教大辞典》，其基础就是先生在“文化大革命”中开始奠定的。

六、“凤毛麟角”仅仅是“很少”的意思，还是高度称赞？

1963年12月30日，毛泽东主席在中央外事小组和中宣部联合撰写的关于加强研究外国工作的报告上，有这样一段批示：

> 这个文件很好。但未提及宗教研究。对世界三大宗教（耶稣教、回教、佛教），至今影响着广大人口，我们却没有知识，国内没有一个由马克思主义者领导的研究机构，没有一本可看的这方面的刊物。《现代佛学》不是由马克思主义者领导的，文章的水平也很低。其他刊物上，用历史唯物主义的观点写的文章也很少，例如任继愈发表的几篇谈佛学的文章，已如凤毛麟角，谈耶稣教、回教的没有见过。不批判神学就不能写好哲学史，也不能写好文学史或世界史。这点请宣传部同志们考虑一下。

批示被收入《毛泽东文集》第八卷，定名为《加强宗教问题的研究》。

毛泽东主席一生做过很多批示，但是这个批示，却具有特殊重要的意义。可以说，当时我们全党，几乎只有毛泽东主席一个人意识到宗教问题的重要。也就是从这个批示开始，以马克思列宁主义为指导的中国宗教学，或者说，中国马克思主义宗教学才正式被提上了党的议事日程。研究宗教，被提高为党和国家在思想文化战略方面的重要部署。而任继愈先生，也成为中国马克思主义宗教学的开创者和奠基人。

这篇批示中，毛泽东主席用了“凤毛麟角”这个词，被认为是毛泽东主席对任继愈先生宗教研究的高度赞扬。不过，互联网上有文章指出，“凤毛麟角”仅仅是“很少”的意思，并不含有对作者赞扬的意思。

单从字面意义上说，互联网上这篇文章的作者是正确的。“凤毛麟角”确实只是“很少”的意思。然而，批示中也提到了《现代佛学》杂志。佛学杂志在当时也很少，为什么不用“凤毛麟角”来形容呢？因为这个杂志不仅不是马克思主义者领导的，而且“文章的水平也很低”。

其实，毛泽东主席接见任继愈先生谈论宗教研究问题本身，就说明，毛泽东主席对于任继愈先生写的关于佛教研究的文章，是充分肯定和赞扬的。并且在接见的时候明确指出，同意先生关于禅宗问题的见解，认为先生讲清了梁启超未能讲清的问题。所以，在这次接见四年多以后批示的“凤毛麟角”四字，毫无疑问就是对先生用马克思主义研究佛教的高度赞扬和充分肯定。

2006年年初，《光明日报》将发表一篇关于先生的访谈，希望我写一个关于先生学术成就的短文，和这个访谈配发。我的短文中，自然提到了“凤毛麟角”，并且后面还有“人才难得”四个字。我把文稿拿给先生看，先生指着“凤毛麟角”四个字淡淡地说：“这不过是说‘很少’”；指着后面那个“人才难得”说：“这是说邓小平的，不是我。”

根据毛泽东主席的这个批示，成立了世界宗教研究所，任继愈先生任所长。有的文章说，他是毛泽东主席“钦点”的所长，也可以说有根据。因为批示中提到了他的名字。但有的文章说，是毛泽东主席让他研究宗教，这就不正确了。不是毛泽东主席让他研究宗教，因为在毛泽东主席批示的二十年前，任继愈先生的研究生论文中，就对中国古代的儒、佛、道三教有独到的研究。说毛泽东主席肯定和赞扬他的宗教研究，是正确的；说是毛泽东主席让他研究宗教，是不正确的。

七、儒教问题和对毛泽东的批评

任继愈先生对于毛泽东主席也有所批评，主要是批评毛泽东主席晚年没有很好地执行党的民主集中制，言行中有封建主义的影响。其批评集中在“儒教问题”的提出。

“文化大革命”中对毛泽东主席的狂热崇拜和盲目跟从，促使任继愈先生去反思这种现象的原因。他的结论是，这是中国古代封建主义的残余。而中国古代的封建主义在思想上的表现，又集中体现在儒教中。依照儒教的教义，国家的君主，也就是皇帝，同时也是人民的思想导师，这叫作“君师集于一身”。孔子被称为“至圣先师”，就是说，他是以前的、已经去世的导师。那么，现世的导师，应该是继承孔子事业的优秀儒者。但是，孟子以后的儒者们都不敢这样说。受唐太宗李世民委托、由当时最优秀的儒者孔颖达领导完成的《五经正义》就说道，上天为民众任命了君主，也任命了导师。

不过这不是两个人，而是一个人，因为君主就是导师。

“文化大革命”中，林彪说毛泽东主席是“伟大的领袖，伟大的舵手，伟大的统帅，伟大的导师”。毛泽东主席公开表示过反对意见，认为“四个伟大”“讨嫌”。他说其他几个伟大都不要，只要一个导师，说自己本来就是一个小学教员。但在任继愈先生看来，自己要不要是一回事，事实又是一回事。毛泽东主席，多年来就是党和国家的最高领导人，这是事实。又要兼作导师，这就是中国古代“君师集于一身”在新条件下的表现，是儒教的思想残余。由于最高领导又兼作导师，所以在中国就形成这样一种情况：只有党和国家的最高领导人才能发展马克思列宁主义。这种情况，对于马克思列宁主义在新条件下的进一步发展，是不利的；对我们国家的进一步发展，也是不利的。在一定条件下，还可能酿成灾难。“文化大革命”就是这种灾难的一次表演，是中国共产党人，也是我们国家在前进道路上所出的一次“麻疹”，所必然要付出的代价。因为我们对于封建主义的批判不彻底，人们甚至还往往把封建主义当成社会主义的东西。

任继愈先生在批评毛泽东主席的错误同时，也指出，类似“文化大革命”那样的错误，不是一个人的责任。没有盼望神的群众，神就不会被创造出来。“文化大革命”中，把毛泽东主席当作神明的造神运动，毛泽东主席负有责任，但是整个中华民族的封建余毒太深，也是重要原因：

> “文化大革命”就是把封建主义当作社会主义去推广。早请示，晚汇报，喊万岁，以语录定罪，弄得几乎亡国。毛泽东同志负有责任，但这和全民族的民主意识太差、全民族的封建

余毒太深、整个党和干部的认识水平的局限，都有关系。[①]

所以，任继愈先生晚年提出“群体哲学”的概念。所谓群体哲学，就是希望哲学思维能被更加广大的人民群众所掌握，摆脱愚昧，避免一些盲从。

任继愈先生对“文化大革命”的反思，包括他对毛泽东主席的批评是否正确，毛泽东主席和整个党、甚至全民族，在促成“文化大革命”这样的事件中，各自应负什么样的责任，都是可以讨论的问题。但是有一条，现在就可以说是正确的。那就是，中国古代也有个全民信仰的宗教。这个宗教就是儒教。儒教的影响今天仍然可以处处看到。从民间的看风水、信算命，到20世纪末延续二十多年的特异功能运动，最后闹出个“法轮功”。在这些事件中，许多人，甚至包括受过高等教育、在国家政治和文化事业中担任重要职务、有重要成就的人士，都像“文化大革命”中一样，狂热地信奉那些不该信奉的东西，可说都是儒教余毒的表现。

八、毛泽东是中国五千年来第二件大事的参与者、推动者和领导者

任继愈先生对于毛泽东主席的正式评价，首先是在毛泽东主席接见之后。先生当时的感受是，毛泽东主席读书很多，而且真的看

① 任继愈：《要提高全民族的民主意识》，《任继愈文集》（第10卷），国家图书馆出版社，2015年，第87页。

透了。还说，毛泽东主席的见解独到但不偏颇。[①]而最集中的评价，则见于先生1993年发表于《中国社会科学院研究生院院报》第6期纪念毛泽东一百周年诞辰的文章，题目是《实现中华民族历史使命的巨人——毛泽东》。文章以历史学家和哲学家的眼光，认为中华民族五千年来做了两件大事：第一件是“建成多民族的大一统封建国家”，这个使命已经完成了。第二件是“摆脱帝国主义侵略势力和封建势力，建立现代化的人民民主国家”。这件大事已经开始，并正在进行。毛泽东主席是第二件大事的“参与者、推动者和领导者”。他完成了洪秀全、孙中山，也包括康有为、梁启超等想要完成但未能完成的大事，宣布“中国人民从此站起来了”，并且在几十年的时间里，领导中国人民探索着通常要数百年才能完成的自然经济向商品经济转变的道路。文章最后，先生写道：

> 毛泽东之所以不朽，因为他参与并领导了中华民族的这一不朽事业。中华民族五千年间做的第二件大事，为了建立新中国，既要除旧，又要布新。新兴事业正开始进行中，中华民族的历史使命不朽，毛泽东的业绩同样不朽。

唐代诗人杜牧说过，称赞孔子德行的，无人比得了孟子；称赞孔子尊贵的，没人比得了韩愈。现在可以说，从历史发展的角度正确评价毛泽东主席功绩的，没有人比得了先生。再看看这些年来那些只喜欢把眼光盯住我们探索中的失误，或夸大其词，或恶语相向，甚至无中生有的文字，不由人立刻想起韩愈那著名的诗句：“蚍蜉

---

① 见任远、任重：《一份谈话记录和半个世纪的演绎》。

撼大树”。而毛泽东主席的事业，比起李杜的诗文，其光芒又不知要长过多少。

毛泽东主席的事业，是中国人民五千年来第二件伟大的事业。和这件伟大事业无法分开的第一个名字，是毛泽东。毛泽东主席的伟大，不仅是个人的伟大，也是中国人民建设人民民主国家事业的伟大，中国人民的伟大。作为一个中国人，贬低毛泽东主席，也是贬低中国人民，贬低自己。这类损害中华民族形象，也损害自己形象的言论，是最不明智的“非愚则诬”一类文字。先生曾受过毛泽东主席的接见，但在“文化大革命”中，并没有“高举紧跟”，而是和许多同仁一样，遭受着这场风暴的煎熬。不一样的，是他从来没有从个人恩怨出发，怨天尤人，而总是把自己的苦难看得“云淡风轻”。他常常称赞中国的知识分子不计个人的委屈，从民族大义出发，从国家大计出发，正确评价历史，评价历史人物。从司马迁开始，到近代许多优秀的历史学家，都是如此。这也是中国知识分子最可宝贵的爱国主义品格。中国过去需要这样的品格，现在同样需要这样的品格。因为，正如先生所说，我们的第二件大事，正在“开始进行”中。帝国主义的、封建主义的势力，还没有彻底摆脱，我们需要团结一心，需要放下个人的恩怨，努力奋斗。在这个队伍中，先生是学术界优秀的代表。

——本文原为在国家图书馆一次讲演的底稿，后经整理，前半篇以《毛泽东接见任继愈的前前后后》为题发表于《南方周末》，2016 年 10 月 13 日，现全文发表

毛泽东关于《加强宗教问题的研究》的批示的当代价值[①]

习五一

1963年底，毛泽东主席做出关于《加强宗教问题的研究》的重要批示。根据毛泽东主席的批示，任继愈先生创建了世界宗教研究所，成为当代中国马克思主义宗教学的奠基者。毛泽东主席的批示言简意赅，高屋建瓴。在当前复杂的形势下，研究践行毛泽东主席关于加强宗教问题研究的批示具有重要的现实意义。

一、《加强宗教问题的研究》的批示的战略意义

1963年12月30日，毛泽东主席在中共中央转发中央外事小组、中央宣传部关于加强研究外国工作的报告上写下批语：

> ……对世界三大宗教（耶稣教、回教、佛教），至今影响着广大人口，我们却没有知识，国内没有一个由马克思主义者领

① 本文系国家社会科学基金项目“马克思主义无神论中国化研究”（14BKS115）的阶段性成果。

导的研究机构，没有一本可看的这方面的刊物。《现代佛学》不是由马克思主义者领导的，文章的水平也很低。其他刊物上，用历史唯物主义的观点写的文章也很少，例如任继愈发表的几篇谈佛学的文章，已如凤毛麟角，谈耶稣教、回教的没有见过。不批判神学就不能写好哲学史，也不能写好文学史或世界史。[①]

毛泽东主席批示的精神，从国际战略角度提出研究宗教问题的重要性，对于创立当代中国马克思主义宗教学，具有战略性的指导意义。我们认真分析这一批示，有三个要点：一是宗教研究要掌握在马克思主义者手中；二是要坚持用历史唯物主义的观点研究宗教；三是要批判宗教神学。

第一，宗教研究要掌握在马克思主义者手中。1959 年 10 月，毛泽东主席请任继愈先生到中南海菊香书屋面谈。毛泽东主席对任继愈先生说："你写的那些研究佛教史的文章我都读了。我们过去都是搞无神论，搞革命的，没有顾得上这个问题。宗教问题很重要，要开展研究。"毛泽东主席第一次对学者提出研究宗教的重要性。他说："研究宗教需要外行来搞，宗教徒有迷信，不行，研究宗教也不能迷信。"他强调科学世界观对宗教研究的重要性。所谓"《现代佛学》不是由马克思主义者领导的，文章的水平也很低"。这就是说马克思主义学者与宗教信徒不同，研究宗教，要坚持唯物论和无神论，而不能坚持唯心论和有神论。

毛泽东主席在延安讲授辩证法唯物论时，就明确指出宗教有神

① 毛泽东：《加强宗教问题的研究》，《毛泽东文集》第八卷，人民出版社，1999年，第353页。

论是唯心主义。他说：“哲学的唯心论是将认识的一个片段或一个方面，片面地夸张为一种脱离物质、脱离自然的神化的绝对体。唯心论就是宗教的教义，这是很对的。”[①]

第二，要坚持用历史唯物主义为指导研究宗教。实事求是，是马克思主义的根本观点。习近平同志将其视为“毛泽东思想活的灵魂”[②]。马克思主义学者研究宗教必须从客观实际出发，用历史来说明宗教，而不能用宗教来说明历史；坚持社会存在决定社会意识，从一定历史时期的物质生活中寻找精神生活的秘密；坚持一分为二的辩证态度，既肯定宗教积极的一面，也批评其消极的一面。

从政策策略上分析，高明的马克思主义者认为，宣传科学无神论与贯彻宗教信仰自由的政策并不矛盾。1927 年 3 月，毛泽东主席在《湖南农民运动考察报告》中说：“菩萨是农民立起来的，到了一定时期农民会用他们自己的双手丢开这些菩萨，无须旁人过早地代庖丢菩萨。共产党对于这些东西的宣传政策应当是：‘引而不发，跃如也。’菩萨要农民自己去丢，烈女祠、节孝坊要农民自己去摧毁，别人代庖是不对的。”[③]

共产党人既要坚持历史唯物主义和辩证唯物主义的科学世界观，又要团结爱国进步的宗教界人士，建立统一战线。1940 年 1 月，毛

① 毛泽东：《辩证法唯物论（讲授提纲）》，《毛泽东著作专题摘编》上册，中央文献出版社，2003年，第19页。

② 习近平：《在纪念毛泽东同志诞辰120周年座谈会上的讲话》，《人民日报》，2013年12月27日。

③ 毛泽东：《湖南农民运动考察报告》，《毛泽东选集》第一卷，人民出版社，1991年，第33页。

泽东主席在《新民主主义论》中指出："这种新民主主义的文化是科学的。它是反对一切封建思想和迷信思想，主张实事求是，主张客观真理，主张理论和实践一致的。在这点上，中国无产阶级的科学思想能够和中国还有进步性的资产阶级的唯物论者和自然科学家，建立反帝反封建反迷信的统一战线；但是决不能和任何反动的唯心论建立统一战线。共产党员可以和某些唯心论者甚至宗教徒建立在政治行动上的反帝反封建的统一战线，但是决不能赞同他们的唯心论或宗教教义。"[①]

第三，研究宗教要批判宗教神学。毛泽东主席要求我们的研究机构和刊物是"由马克思主义者领导"的，研究文章是"用历史唯物主义的观点写的"。这种马克思主义的宗教研究，必须坚持无神论立场。批示中明确地要求"批判神学"。

马克思主义经典作家指出，神灵观念是宗教教义的哲学核心，是宗教区别于其他意识形态的关键要素。宗教神学属于唯心主义哲学范畴。毛泽东主席在延安讲授辩证法唯物论时，指出："一切哲学的唯心论及宗教的神道主义的本质，在于它们从否认世界的物质统一性出发，设想世界的运动及发展是没有物质的，或在最初是没有物质的，而是精神作用或"上帝"神力的结果。"[②]比如，基督教说"上帝"创造世界，佛教将宇宙万物运动发展归之于神力。有神论观点本身

① 毛泽东：《新民主主义论》，《毛泽东选集》第二卷，人民出版社，1991年，第707页。

② 毛泽东：《辩证法唯物论（讲授提纲）》，《毛泽东著作专题摘编》上册，中央文献出版社，2003年，第21页。

虽然完全不能支撑起宗教的大厦，然而，它是走向宗教的坚硬桥梁。研究宗教问题如果不坚持无神论，不批判神学，就离开了马克思主义，就不是马克思主义的宗教研究。

根据毛泽东主席的批示，任继愈先生创办了当代中国第一个宗教学研究机构——世界宗教研究所。先生坚持以马克思主义为指南，领导全所科研人员开展研究宗教。他指出："只有马克思主义宗教学应用辩证唯物主义和历史唯物主义的科学世界观来分析和研究宗教问题，才是最彻底、最科学的无神论。"[①]科学无神论就是马克思主义宗教学的哲学基础，"它既要揭示宗教发生、发展和走向消亡的规律，就必须具体研究各种宗教产生的根源和发展的历史；它既要说明宗教的本质及其在社会历史中的作用，就必须具体研究各种宗教的历史、教义、教派、经典、理论及其社会意义，具体研究宗教与社会上的阶级斗争和其他意识形态（哲学、伦理、法律、文化、艺术、科学）的关系。"[②]

任继愈先生说："自然科学认识自然，为创作物质财富提供知识；社会科学认识社会，认识人类自身，说明人类社会发展的规律。人类的前途，国家的命运，事业的成败，人文科学、社会科学有时起着决定性的作用。"[③]科学是反映自然、社会和思维发展客观规律的科学知识与方法体系，主要包括自然科学和社会科学。自然科学

① 任继愈：《代自序》，《宗教学讲义》，国家图书馆出版社，2013年，第2页。

② 同上。

③ 任继愈：《无神论教育与科教兴国》，《中华五千年的历史经验：任继愈讲演集》，人民日报出版社，2010年，第252页。

主要是研究自然和揭示自然界规律，社会科学主要研究人类社会和揭示社会产生、存在和发展的规律。科学的本质在于创新，科学的特性在于讲实话和揭示真相，“只有在讲实话、揭示真相的基础上，人类才能获得真正的自由。人类获得自由绝不是建立在对鬼神的畏惧、谄媚、贿买和奉献财物的基础上”。[①] 马克思主义宗教学者始终坚持马克思主义科学真理，始终坚持树立科学世界观、人生观和价值观，始终坚持科学无神论宣传和批判宗教有神论。

在任继愈的领导下，当代中国的马克思主义宗教学健康发展，成绩斐然。任继愈总主编的大学教材《宗教学原理》（出版时更名《宗教学通论》）、《佛教史》《基督教史》《伊斯兰教史》等，成为我国宗教学各主要领域的奠基性著作。任继愈主编的《道藏提要》《中国道教史》《宗教大辞典》《佛教大辞典》《中华大藏经》影响深远，其“持论之严谨，学术立场之公正”，获得海内外学术界的高度评价。

“研究宗教，批判神学”，是任继愈先生为纪念毛泽东主席逝世一周年撰写文章的主标题。这一主题精确概括了毛泽东主席批示的精神，对于创立当代中国马克思主义宗教学具有战略性的指导意义。

① 任继愈：《弘扬科学精神，提高民族素质》，《任继愈宗教论集》，中国社会科学出版社，2010年，第223页。

二、“研究宗教、批判神学”的困境

近些年来，随着宗教热的升温，在各种宗教出巨资资助宗教研究的背景下，在宗教研究领域，宣扬宗教的积极作用成为主流话语，而分析宗教消极作用的声音被边缘化。在宗教研究领域，科学无神论的声音微弱，几乎成为“绝学”。从“宗教学的角度”研究宗教，成为主导话语。某些学者极力推崇某种宗教文化，将其诠释为“道德的源泉”“民主的根基”，甚至是“科学的前提”。海内外神学家联手推动“汉语基督教神学运动”进入中国大陆思想文化教育领域，已经形成影响当代中国主流话语权的态势。

这种“学术神学”思潮在某些学术权威的倡导下，已经成为影响学术研究方向和制定政策的因素。一位著名学术权威认为，“长期以来中国内地语境及其人们的观念中有着‘批判神学’的影响”，“学术神学”需要“正名”。[①]关于如何界定“学术神学”，他赞同汉语基督教运动发起者的论述，即“学术神学”也是“关于基督‘上帝’的理性化言说，‘上帝’、‘神’或终极之在是神学的主词”，而当其“关于‘神’的言说”已经“形成一套理性化的知识系统”时，理所当然可以“成其为神学”。[②]这位权威人士高

① 金泽、邱永辉主编：《中国宗教报告（2008）》，社会科学文献出版社，2008年，第151页。

② 刘小枫：《汉语神学与历史哲学》，（香港）汉语基督教文化研究所，2000年，第86~87页。

度评价“学术神学”对当代中国人文社会科学领域的影响。他认为“‘学术神学’是中国内地‘学界’对基督教的重新认知和对‘神学’的重新定义，它对两者在当今中国的定位既造成挑战，亦带来机遇。这也是中国当代人文知识分子对其宗教认知，尤其是对基督教的认知的一次重新梳理和鉴别。其思想启蒙乃空前”。[①]在这些宗教研究领域权威人士的大力推动下，“学术神学”学术范式的确形成对“批判神学”学术范式的挑战。

随着“宗教热”的兴起，宗教在高等院校的传教活动逐渐由秘密转向公开，特别是“汉语基督教神学运动”，进入大学讲堂和国家研究机构。北京一所著名高校，聘请外国神学家长期开课，讲授《圣经》。一些境外传教士以教授的身份登上大学讲台，组织出版传教著作。北京某著名大学翻译丛书，出版美国威廉·邓勃斯基的《理智设计论》，作者在提要中明确宣布，“本书从考察用圣经迹象指导人类决策开始。”[②]大力推销现代版的神创论——智能设计论。在当代中国大学校园里，海外基督教教会成为传播福音的主要力量。某些著名高校为传教士向大学渗透自觉不自觉地开启绿灯放行，高校与神学家联姻，成为西方基督教界向中国高等教育领域渗透的重要手段。

校园基督教传播的组织形式是不断建立发展校园团契。而网络传教成为其重要的虚拟形式。校园基督教传播的隐性方式是进入教学领

① 金泽、邱永辉主编：《中国宗教报告（2008）》，社会科学文献出版社，2008年，第156页。

② ［美］威廉·邓勃斯基著，卢风译：《理智设计论——科学与神学之桥》，清华哲学翻译系列，中央编译出版社，2005年，第1页。

域，进行文化宣教。这样扩张态势的传教中，大学生基督教徒出现比较快的增长趋势。很多调查研究表明，大学生的信教人数占学生总数的比例高于全国教徒占全国总人口的比例，而且呈逐年上升之势。

2011年至2012年，我们承担中国社科院国情调研重点项目《当代大学生信教群体状况调查——以北京大学为重点》。课题组调查时发现，在当代中国大学校园里，宗教现象逐渐升温。浮出水面的标志之一，是大学生宗教信徒持续增长。根据此次国情调研的样本，大学校园传教的现象比较普遍，遇到校园传教学生的比率高达到百分之六十，基督教势力最为活跃。大学生信徒不断增长，其中基督教徒比例最高。田野考察表明，非注册类型的大学生基督教团契增长迅速，其神学倾向认为，政府依法管理宗教事务是干涉宗教信仰自由，只有参加家庭教会，才能获得“纯正的信仰”。这类基督教团契与现实社会之间的张力较大。①

校园基督教传播隐性方式是进入教学领域，进行文化宣教。根据我们的调查，在大学讲坛上，有些教师罔顾宗教赖以产生的社会历史基础、宗教的有神论本质及其消极性，片面强调科学的局限与宗教的优长，忽视马克思主义与科学无神论思想的教育，不利于培养学生客观理性认识宗教问题。宗教类课程任课教师在授课过程中往往带有某种宗教倾向性。例如，在一门关于基督教概论的通选课中，教师将“圣弗兰西斯的祈祷词”作为重要参考材料下发，强调“宗教不仅是一种信仰、一种价值观、一种生活方式本身，宗教更是一种文化、

① 习五一:《应当重视当代中国大学生信教不断升温的现象》,《科学与无神论》，2013年第6期。

一种人类对世界乃至自身的理解和解说方式”，甚至是“一种人类内在的精神特质”，将基督教鼓吹为“西方世界社会群体的美善之源和精神之基”。[①] 站在国立大学的讲坛上，利用公共教育资源传播宗教，属于违法行为。坚持“教育与宗教相分离”，是国家三令五申的重要法规。1995 年颁布的《中华人民共和国教育法》明确规定：“国家实行教育与宗教相分离。”我们反对宗教信仰向教育领域渗透，是贯彻“政教分离”的国家法律，是顺应历史发展的趋势，不是对宗教信仰者的敌意。信不信教，应当完全成为个人的私事，信仰是公民的权利，应当得到尊重，但是在国家的决策上，没有“上帝”和神灵的位置。

我们课题组调查时发现，近些年来，境外基督教势力的大力资助，是著名高等院校中宗教因素日益增多的重要因素之一。其中，邓普顿基金会（The John Templeton Foundation）最为活跃。邓普顿基金会成立于 1987 年，具有基督教背景，其创办人约翰·邓普顿（1912—2008）是一位投资家，也是一位基督徒。目前，全世界奖金最高的个人年度奖——邓普顿奖，由该基金会颁发。2012 年度邓普顿奖颁发给达赖喇嘛，其政治意图十分明显。该基金会资金雄厚。据称，2011 年捐赠的金额已达二十三亿美元。该基金会资助的研究项目具有明显宗教倾向。就全球范围而言，它资助的研究项目涉及自然科学、医学和心理学等学科。而在中国，其主要资助对象是人文社会科学领域的学者，尤其是哲学和宗教研究者，目标是改变中国知识分子的思想和价值观念。[②]

---

① 习五一：《宗教神学应当进入大学校园吗？》，《科学与无神论》，2013年第4期。

② 习五一等：《当代大学生信教群体状况调查——以北京大学为重点》，调查报告，未刊稿。

以邓普顿基金会资助的“科学、哲学和信仰：中国学者计划”项目为例。这个项目于2005年启动，由美国加尔文学院获得，项目经费为二百万美元。该项目的目标是“在中国产生一个成熟的有关‘哲学、科学和信仰’的交流体制，用以训练学者，强化对中国大学生的教育，并维持和深化在中国的调研”。具体方案包括：（1）邀请二十四位中国研究生和九位博士后到贝勒大学、圣母大学和加尔文学院等教会大学和神学院访问学习。（2）提供一万册的有关图书。（3）召开系列讲座和研讨会，由基督教哲学家协会选派十二位学者轮流执教。（4）选二十四位中国学者到西方国家开密集研讨会。（5）在北京大学召开重要会议，请基督教哲学家协会成员到场。（6）由北京大学出版社出版论文集，并作为教科书广泛采用。该项目负责人还表示，期望中国的知识分子会在今后做出“独特而有力的贡献”。这个方案和目标鲜明地指向推动中国知识分子的基督教化。

邓普顿基金会资助的项目在高等院校产生的影响值得深入调查研究。北京大学、武汉大学已有多位毕业生到美国教会大学或神学院学习。其中，有些人士成为基督教职业传教者，在北京大学等高等院校开展传教活动，组织大学生基督教团契，拒绝中国基督教三自爱国运动委员会的领导，这成为政府依法管理宗教事务的难题。

从国际战略格局和国家安全战略上考察，宗教不只是一种文化，而且也是一种非常有效的政治手段。从当前世界看，凡发生血腥冲突的地方，几乎没有不与宗教相联系的；对大多数地区和国家而言，不了解战争的宗教背景，就不可能了解战争的文化原因。打着宗教旗号制造事端。而对我国潜在威胁最大的，乃是美国基督教新基要主义的全球扩张战略。

美国称霸世界的意识形态基础之一，是“美利坚民族是‘上帝’选中来拯救人类的”。美国当局“人权高于主权”的理念，深深根植于美国意识形态传统。虽然美国宪法规定政教分离，宗教势力不能干预政治，但在现实生活中，宗教对政治的影响无所不在。攻击中国缺乏宗教自由，就是美国基督教保守势力干涉中国内政的表现。

美国基督教新保守主义势力向全球推行扩张性传教战略。他们向世界各地，特别是中国大陆派遣英语教师、文化机构、志愿人员、政治经济顾问等等，其中相当大的比例具有基督教福音派背景。“这种传教扩张态势是全球化时代美国意识形态向外扩张的主要形式之一。他们通过各种手段和途径，不遗余力地在我国培植和扶植宗教势力，抵制政府依法管理，抗衡爱国宗教组织，使他们培植的宗教势力成为改变中国社会制度最重要的民间“民主”力量。他们认为，这是改变中国意识形态和政治制度，最终把崛起的中国纳入西方文明体系的最有效的途径。”①

西方宗教右翼势力特别善于利用合法渠道，深入我国文化教育和学术研究阵地，培植力量，宣传他们的世界观、价值观和政治观，与我国主流意识形态对立。他们有强大的政治背景，雄厚的资金，长远的战略，以及为扶植和培训宣教骨干的教育体系。与这种强大的宗教文化传播阵势相比，我们科学无神论的声音过于微弱。这种

① 习五一：《警惕国际基督教右翼势力的文化渗透》，《马克思主义研究》，2013年第3期。

形势若不及时改变，后患无穷。

三、“研究宗教、批判神学”的当代价值

在中华民族历史上，人文主义思想丰富多彩，儒、释、道多元兼容，宗教处于亚文化地带。在当今社会，社会主义核心价值体系日渐深入人心，但同时又受到国际、国内各种极端宗教势力和思潮的严重挑战，迫使我们在思想文化领域必须挺身应对。在改革开放进入深水区的新形势下，研究践行毛泽东主席关于加强宗教研究工作的批示具有重要的现实意义。

在境外宗教渗透日益增强的影响下，当前学术界各种新“有神论”相当活跃，力图割裂马克思主义同无神论的关系，贬低科学无神论的地位。一位当代马克思主义哲学家精辟地指出：“当前，在宗教研究领域中，一面以奉行马克思主义宗教观相标榜，一面拒绝和反对无神论的研究宣传教育，是一种相当普遍的现象。有些声称坚持马克思主义宗教观的学者，不仅自己离开无神论立场和对神学的批判研究宗教问题，而且反对无神论的研究和宣传，并将其斥之为破坏宗教和谐、社会和谐。无神论研究被排斥在宗教研究之外。宗教学成为显学，而无神论成为濒危学科。”①

在目前的学科分类体制下，无神论被划归在宗教学中，作为一

---

① 田心铭：《马克思主义的宗教研究必须坚持无神论立场——纪念毛泽东关于加强宗教问题研究的批示50周年》，《马克思主义研究》，2014年第3期。

个分支学科。然而，在全国高等院校和科研机构中几乎没有无神论研究机构，自然也没有培养无神论专业的研究生机制。国家社科基金指南中有关科学无神论的项目，往往空有其名。即使有坚持科学无神论立场的学者申报，在宗教学权威的评审中也难以通过。在中国社科院马克思主义理论学科建设工程中，将科学无神论列为濒危学科大力扶持，是有远见的战略性举措。

2009 年 12 月 24 日，中国社科院批准成立“马克思主义无神论研究室”。这是自 20 世纪任继愈先生创建的“科学无神论研究室”被更名后，目前中国再次出现的实体性无神论研究机构。这是具有转折性的重要举措。此举不但组建了一个专业的科学无神论研究机构，有利于社会主义核心价值体系的建设，而且必将影响全国有关领域的思想趋势和学术结构向良性转变，对先进文化的建设和民族素质的提高，都能产生积极的作用。

2010 年 4 月 20 日，中国社科院批准成立“科学与无神论研究中心”。这是当代中国第一个“科学与无神论研究”的社会平台。该中心的发展目标，不仅要成为马克思主义无神论的学术研究中心，开展科学无神论宣传、教育的基地，而且要成为针对宗教意识形态化、境外敌对势力利用宗教渗透的应对战略研究中心。

近年来，随着马克思主义理论建设工程的不断推进，科学无神论重新出现在学术研究领域，不仅在宗教研究领域浮出水面，而且更多地出现在马克思主义研究的领域中。虽然科学无神论已经成为中国社科院马工程重点建设学科，但力量仍然十分薄弱。从学术研究领域来看，国内专业从事科学无神论研究的学者寥寥无几，声音十分微弱。

当前，在宗教研究领域中，某些号称马克思主义宗教观的学者，绝口不谈无神论，力图将科学无神论从马克思主义宗教理论和社会主义意识形态中剔除出去。马克思主义的宗教研究要不要坚持无神论，“研究宗教”是否要“批判神学”，至今是一个存在着严重分歧的问题。在纪念毛泽东主席关于加强宗教研究工作的批示五十周年之际，宗教研究学术界各抒己见，反映着不同的价值取向。

一种声音是坚持“研究宗教，批判神学”的学术范式。《科学与无神论》杂志的主编杜继文教授在接受《马克思主义研究》编辑部采访时指出，我国对宗教的真正研究，实际就开端于毛泽东主席1963年12月30日的批示，当前宗教研究繁荣的局面当然与此有关。但也不可否认的是，今天的宗教研究有许多人和机构走入了歧途，宗教研究的知识性传播变异成了信仰性传播。随着市场经济的开放和扩大，相当一部分人把宗教知识也当成了赚钱的工具，“创收”与“吃教”的价值法则日益支配着宗教研究的性质和倾向。本应客观独立、力求把握宗教面貌的科学研究，不同程度地蜕变成了为宗教树碑立传，讴歌鬼神信仰的传教活动；有关宗教的科学知识，蜕变成为一些人的信仰对象。在响应毛泽东主席“研究宗教”方面，虽然取得一定的成就，但“批判神学”方面存在失误。“神学布道”进入社会公共领域，特别是国家高校和科研单位，在某种意义上甚至把持着所谓“宗教学”领域的主导权和话语权。①

一种声音是质疑“研究宗教，批判神学”的学术范式。一位研

① 本刊记者：《“宗教研究”亟须拨乱反正，“批判神学”必须开展补课——访中国社会科学院宗教研究所原所长杜继文》，《马克思主义研究》，2013年5期。

究当代宗教的学者在《中国民族报》发表文章认为："客观地说，50年来的宗教研究，在研究目的上的确存在着重大转向。""从批判宗教到理解宗教，堪称当代中国宗教研究最大的范式转换。""由说宗教的坏话到说宗教的好话，宗教研究团队的性质也有了变化，逐渐产生了几种类型。一是对宗教持厌恶态度的"批判神学"学者；二是对宗教价值持肯定态度，但本身并不曾皈信宗教的学者，其中有些人因对宗教的好话说得太多而被称为"文化宗教徒"；三是本身是宗教信仰者的宗教学者。在大学和研究机构中，占主流的是第二种，也就是本身没有宗教身份认同，但认同宗教的现代价值的学者。"这位学者认为，当代中国"宗教供给的严重短缺，荒漠化了当代中国人的精神生活，加剧了人心的浮躁与社会的动荡，桎梏了中国社会的现代化。这一背景，或许就是以理解宗教、同情宗教为基本特征的"文化宗教徒"出现的社会基础。"①

"文化宗教徒"出现的社会基础的确值得深入研究。这是当代中国社会在改革和转型时期复杂的国内外因素决定的。然而，当代中国社会是否存在"宗教供给的严重短缺"？当代中国人民的精神生活是需要加强"以人为本"的社会主义核心价值体系建设，还是需要呼唤宗教道德拯救所谓的"社会精神危机"？这的确是研究当代中国宗教的学者需要面对的实际问题。

我们应当深入分析宗教伦理体系的历史地位和作用。一方面，它利用神圣的戒律规范人类的行为，超越人类社会早期的野蛮状态，推动了人类社会的文明；另一方面，历史上的宗教迫害赤裸裸地践

① 《中国民族报》，2013年8月13日。

踏了人类社会的基本道德原则。随着人类社会的不断发展，道德伦理体系将走向更高的阶段，即人文主义道德规范。它能够建立道德准则、道德责任和整个人类社会的幸福安康。我认为，人文主义道德是人类社会发展的必然趋势，当前社会主义核心价值体系的建设，是人文主义道德发展的高级阶段。

“研究宗教”是否要“批判神学”，应当百家争鸣，可以见仁见智。我认为，离开科学无神论立场，必然会曲解马克思主义宗教观。虽然讲无神论未必是马克思主义，但不坚持无神论一定不是马克思主义。正如一位马克思主义哲学家所指出的：“无神论是马克思主义理论大厦最底层的基石，是马克思主义其他一切理论的前提。否定马克思主义的无神论，就从根本上否定了马克思主义。”①

宗教研究不只是对宗教观念的研究，它还要研究各个有影响的宗教的历史和现状，研究宗教与道德、科学及其他社会意识的关系，宗教与国家、社会的关系，宗教的历史作用，以及对宗教的政策和管理等等。揭示宗教观念的实质，不能代替其他方面的研究。然而，由于有神论的宗教观念在一切宗教中都居于基础地位，是宗教之为宗教的根本特征，所以站在无神论的立场科学地揭示一切宗教观念的实质，对于研究宗教的其他方面具有基础性的地位。无神论立场对于全部宗教研究来说，都是追求真理、成为科学所不可缺少的条件。毛泽东主席的批示中说：“不批判神学就不能写好哲学

① 田心铭：《“无神”是马克思主义一切理论的前提》，《科学与无神论》，2013年第5期。

史，也不能写好文学史或世界史。”[①]不站在无神论的立场“批判神学”，就不能正确认识宗教在其中所起的作用，因而不能不影响对哲学史、文学史、世界史的科学认识。

党的十八大以来，以习近平同志为核心的党中央对加强意识形态工作，保持党的先进性、纯洁性做出进一步战略部署。习近平同志从理想信念是否坚定、政治上是否可靠的高度，对有的干部不信马列信鬼神，从封建迷信中寻找精神寄托，热衷于算命看相、烧香拜佛，遇事“问计于神”等提出尖锐批评；并要求强化和落实意识形态工作的领导责任，确保主流思想和舆论占领意识形态阵地。

中央有关部门高度重视做好抵御境外利用宗教对高校进行渗透和防范校园传教工作，要求“把马克思主义无神论教育作为抵御渗透和防范校园传教的基础性工作，在思想政治理论课和有关专业课程中充实内容，通过多种形式强化宣传教育”。“加强宗教学教学科研机构管理，把马克思主义无神论贯穿到学科建设和人才培养之中，坚持以马克思主义为指导深入开展宗教学研究工作。”可见，加强科学无神论学科建设，是抵御境外宗教渗透和防范校园传教工作的重要组成部分。

中国社会的历史文化背景是马克思主义无神论中国化的出发点。我认为，中国化的马克思主义无神论形成两条基本原则：

第一，政教分离和宗教信仰自由的原则。在社会政治和经济层面，宗教必须适应中国人民的总体利益，适应社会发展的历史进程，

① 毛泽东：《加强宗教问题的研究》，《毛泽东文集》第八卷，人民出版社，1999年版，第353页。

不允许利用宗教威胁国家安全与民族团结，不允许利用宗教颠覆社会主义制度。保障宗教在信仰层面完全自由，从而把信仰问题与政治问题严格区分开来。

第二，思想教育要“春风化雨”，意识形态建设要“针锋相对”。宗教有神论的观念是与科学和唯物论相对立的，但它属于世界观思想问题，不能动用行政手段解决，只能采取说服教育的方法，而且主要通过社会的实际变革，由信仰者自觉决定。正如毛泽东主席所说的“引而不发，跃如也”，[①]这是对人民群众讲的；作为布道手段的文化神学，跨越信徒的私人信仰空间，与主流社会叫板，争夺思想文化阵地，争夺青少年一代，就需要分辨是非，理论批判，即所谓“研究宗教，批判神学”。[②]

在社会主义核心价值体系中，科学无神论的唯物主义世界观和积极的人生观，占有重要地位。以习近平同志为核心的党中央一再强调，要巩固马克思主义的指导地位，要增加社会主义意识形态的吸引力和凝聚力。科学无神论的作用不容忽视。一个时期以来，有种舆论，力图将科学无神论从马克思主义宗教理论和社会主义意识形态中剔除出去，这是危险的，既不符合人类社会历史的发展趋势和当代社会的世俗化潮流，也与中华民族的人本主义传统相悖。

---

① 毛泽东：《湖南农民运动考察报告》，《毛泽东选集》第一卷，人民出版社，1991年，第33页。

② 龚育之、逄先知、石仲泉：《毛泽东的读书生活》，生活·读书·新知三联书店，1986年，第4页。

任继愈在宗教学方面的贡献
——关于《任继愈宗教论集》

李　申

《任继愈宗教论集》包括了任继愈先生宗教学方面的重要论文。其中有些是没有发表过的，比如他在北京大学讲授宗教学原理时的讲义。以前只发表过很少一部分，这次发表的比较多。不过也不全，还有些录音，尚待整理。

这部论集涉及宗教学一般原理，科学无神论问题，以及佛教、道教、儒教等专门的宗教问题，反映了作者在宗教学方面的深厚修养和主要理论建树。

我国宗教学的研究，在任继愈先生之前已经开展。比如，梁启超和任继愈先生的导师汤用彤先生，对于中国宗教学研究都做出了重要贡献。

任继愈先生在宗教学方面的贡献，首先就是他那几篇被毛泽东主席称为“凤毛麟角”的研究佛教的文章。这些文章后来结集为《汉—唐中国佛教思想论集》，由人民出版社出版。这些文章用马克思主义的立场、观点和方法，开辟了中国宗教学研究的新方向。他自己也成为中国马克思主义宗教学的开创者和奠基人。

依照任继愈先生的概括，马克思主义宗教学的基本原则之一就是“用历史说明宗教”。马克思曾经讲过，宗教本身没有自己的历史，宗教的历史依附于社会物质生产和生活的历史。这是马克思主义存在决定意识的历史唯物主义在宗教学研究领域的体现。从这个原则出发，可以弄清许多非马克思主义宗教学家长期搅扰不清的问题。

毛泽东主席1959年接见任继愈先生时说：梁启超没有讲清的问题，您讲清楚了。那么，梁启超没讲清的是哪些问题？任继愈先生又是如何讲清楚了呢？

比如，佛法的重要标志之一是“诸法无我”，是所谓“三法印”之一。梁启超信仰佛教的“无我”论，认为“无我”论可以给人以积极意志。然而，中国历史上早就有许多人批评“无我”论，恰恰认为这是使人消极的说法。在这个问题上，梁启超难以自圆其说。

梁启超考证《楞严经》是伪经。然而，这部伪经流传甚广。此外，还有《法华经》《维摩经》等，也在中国广泛流传。梁启超认为，原因在于这些经的译文优美。然而，玄奘的译文几乎可说是译文中最优美的，但法相宗却很快衰落。在这个问题上，梁启超也说不清楚，或者说，说不正确。如果要更进一步追问，那些根本不在三次结集之内、释迦牟尼去世数百年以后才出现的大乘经典，其“非佛语”的性质非常明显，为什么在中国却能得到更加广泛的流传呢？如果不用马克思主义，这个问题比起上一个问题就更加难以说清。

梁启超二十来岁就和康有为一起鼓吹变法，康、梁并称，不仅名动中国，而且名扬海外，是少有的不世之才。在佛教问题上，梁所缺乏的，不是才能，而是正确的指导思想和方法。

依据用历史说明宗教的立场，先生指出，佛教从它的产生到派别的分化，从小乘发展为大乘，都不是佛教教义自身在发展，而是社会生活本身在推动着佛教教义的发展。大乘佛教，特别是禅宗，在中国广泛传播，而南亚一带却主要是小乘佛教。至于藏传佛教，则又是一种面貌。这些的演变，都不能从佛教教义本身找到答案，而只能求助于当时当地的社会生活条件。因此，不是佛教观念改变了印度或中国的历史，而是印度和中国的历史推动了佛教观念的诞生和传播，演变和发展。

载入佛教丛书“大藏经”的佛经，连同它的注本，近三千部。真正流行的，很少几部。这也只能用它适应社会需要的程度来解释。

用历史说明宗教，是马克思主义宗教学的基本原则。先生自觉而准确地把这个原则应用于宗教学研究，使他成为中国马克思主义宗教学的开创者和奠基人。

任继愈先生在宗教学上的另一重大贡献，是指出了儒家就是宗教，或者说儒教是宗教。虽然这个结论目前还不能被研究中国传统文化的学者广泛接受，但赞同的声音也是越来越多。先生指出：

> 宗教、迷信、神权是人类历史上不可避免的现象。迄今为止还没有发现过哪一个民族、国家有过对宗教的免疫能力。不过在不同国家和不同地区，宗教具有不同的表现形式罢了。[①]

因此，儒教是否为宗教的结论，不仅仅是对于一个具体研究对象性质的认定问题，而是关系着历史唯物主义一般原理的问题，即

① 任继愈：《论儒教的形成》，《中国社会科学》，1980年1期。

一个历史悠久、幅员辽阔的大国，其思想发展能否脱离人类思想发展的普遍规律？同时，儒教是宗教的论断还提出了宗教学上一个重要问题，即是否只有像基督教那个样子的宗教才是宗教？因此，儒教问题的提出，在一般宗教学原理上也具有重要的理论意义。

宗教的核心，是他的教义，神学的世界观。如何对待这个世界观，是马克思主义宗教学区别于其他宗教学的根本所在。

马克思著作中所说的“批判宗教”，主要指的是宗教的观念，即作为意识形态而存在的宗教。马克思说的宗教没有历史，也是说宗教作为一种意识形态，和道德等意识形态一样，没有自己的历史。毛泽东主席则更准确地表达为“批判神学”。批判神学，是马克思主义宗教学的基本任务。

那么，先生是如何贯彻这一原则的呢？1957年，先生在《南朝晋宋间佛教“般若”“涅槃”学说的政治作用》一文中说道：

> 宗教问题，不是别的，只是世间的力量采取了超世间的形态。“成佛”是假的，我们用不着回答可能，或不可能。但是摆脱苦难，向往幸福，这是人民的愿望，这个真切的愿望却不是假的。[1]

因此，竺道生的“顿悟成佛”不要累世修行，“对于过着地狱般生活的被压迫阶级来说”“他们是乐于接受的”。但是，这样的学说，在政治上则被统治阶级利用来“从思想上销毁人们反抗压迫、不满现实的意志”。

同年，先生在《哲学研究》第4期发表《禅宗哲学思想略论》。

① 任继愈：《汉唐佛教思想论集》，人民出版社，1981年，第40页。

文中批评禅宗“否认正面语言的表述能够说明禅宗的基本原理”，批评他们“否认人类有通过逻辑思维认识客观真理的可能”。认为，禅宗所相信的真理“是超现实的，在现实中是不存在的”。但同时也指出，禅宗“以主观吞没客观，以心代替了物”的哲学，“使中国哲学史上的认识论比过去更加深刻、丰富了”，“深刻地揭示了哲学上的根本问题”，“比过去的哲学学派更深刻、更集中地对待思维对存在的问题，在中国哲学史上，它引起了人们对认识论问题的重视”。

这就是先生对于佛教的批判，也是马克思主义宗教学者批判神学的典型案例。在这样的批判中，我们看到的是那实事求是的严谨学风，认真平实的分析态度。

1962 年国庆节，先生为即将出版的《汉—唐中国佛教思想论集》写下了《后记》。其中援引马克思的话共有三条：

> 宗教的苦难既是现实苦难的表现，又是对这种苦难的抗议。
>
> 废除作为人民幻想的宗教，也就是要求实现人民现实的幸福。
>
> 彼岸世界的真理消逝以后，历史的任务就是确立此岸世界的真理。

“马克思的指示，是我们研究宗教史的原则。”（《汉—唐中国佛教思想论集・后记》）也是先生批判神学所遵循的基本原则。

马克思主义世界观的基础，是科学无神论。科学无神论也是马克思主义宗教观的理论基础。1979 年，先生在《为发展马克思主义的宗教学而奋斗》中指出，“马克思主义宗教学本质上是一种科学无神论”。因此，谈论马克思主义的宗教观而不讲无神论，所谓“马克思主义宗教观”只是一个旗号而已。所谓“彼岸世界的真理消逝”，就是要破除有神论的世界观。而“确立此岸世界的真理”，也就是要确立科学的、无神论的世界观。因此，坚持以科学无神论的立场研究宗教，坚持宣传无神论，是马克思主义宗教学的重要内容。

任继愈先生指出，我们宣传科学无神论，不是面向已经信教的群众，而是面向尚未信教的群众和广大青少年。我们也不指望通过无神论的宣传就可以彻底破除有神论，就像没有任何一个医生奢望通过医疗和保健就能消除所有疾病一样，因为有神论的产生的存在有它深厚的社会根源。但是，治好一个个具体的疾病，提高人们的免疫力，是完全可能的。帮助广大人民群众树立科学世界观，提高对有神论的免疫力，无神论的宣传教育不仅是必要的，也是可能的。在这个问题上，夸大无神论宣传的极“左”倾向和否定无神论宣传的作用，同样是错误的。1988 年，当特异功能泛滥、“无神论无人讲”的状况日趋严重的时候，先生指出：“为了巩固马列主义的思想阵地，无神论宣传不能放松。”“如果把落实宗教政策仅仅理解为保护有神论，只有造神殿、塑佛像才算落实宗教政策，这是片面的。它本来也包括宣传无神论的自由在内。”（《关于宗教与无神论问题》，载 1988 年宁夏人民出版社《宗教、道德、文化》一书）可惜先生的意见在当时少有人响应。

1999 年，当“法轮功”事件震动了整个社会的时候，科学无神论的宣传才引起了较多的注意。多年的宗教学研究使先生得出结论：中华民族，不仅要脱贫，而且要脱愚。贫穷不是社会主义，愚昧也不是社会主义。

无论国内外，信仰有神论的，不仅是一般群众，甚至许多是知名的教授、科学家。那么，难道能够说他们是愚昧的吗？

先生解释说，所谓“专家”，就是在自己专业领域懂得很多、而在其他领域往往懂得很少的人物。他的智商可能是很高的，但是他的知识结构又是偏重的。知道自己偏重而慎重从事，那么，在自己所不知或者知之甚少的领域的愚昧就不会表现出来，就像生物的隐性基因也不会表现出来一样。对自己，对社会，不仅无害，而且有益。如果自视甚高，相信神灵，并且相信神灵可以解决自己无力解决的问题，不论这些问题是物质生活方面的还是精神生活方面的，都是一种愚昧的表现。原因很简单，因为神是不存在的。相信一个不存在的东西存在，并且认为它具有超自然的力量，当然是一种愚昧。

先生认为，有神论思想束缚我们头脑，限制我们的创造能力。中华民族要成为经济发达、文化先进的民族，就要不断地破除形形色色有神论思想的影响。他盼望我们这个民族，摆脱愚昧，摆脱有神论世界观的束缚，昂首做人，充分发挥创造能力，不仅政治独立、经济发达，而且文化先进、素质优良。他深知这个目标的远大、实现的不易，教导我们要坚守阵地，要锲而不舍。这是先生对于我们民族的期望，也是他从事宗教学研究的目的。

——《任继愈论宗教》（中国社会科学出版社，2010年）后记

开辟中国宗教学发展的新方向

李　申

我国宗教学的研究，在任继愈先生之前就已经开展。比如，梁启超和任继愈先生的导师汤用彤先生，对于中国宗教学研究都做出了重要贡献。任继愈先生在宗教学方面的贡献，首先就是他那几篇被毛泽东同志称为“凤毛麟角”的研究佛教的文章。这些文章后来结集为《汉—唐中国佛教思想论集》，由人民出版社出版。这些文章用马克思主义的立场、观点和方法研究宗教问题，开辟了中国宗教学研究的新方向。任继愈先生也成为中国马克思主义宗教学的开创者和奠基人。

一、用历史说明宗教

依照任继愈先生的概括，马克思主义宗教学的基本原则之一就是“用历史说明宗教”。马克思曾经讲过，宗教本身没有自己的历史，宗教的历史依附于社会物质生产和生活的历史。这是马克思主义存在决定意识的历史唯物主义在宗教学研究领域的体现。从这个原则出发，可以弄清许多非马克思主义宗教学家长期搅扰不清的问题。

毛泽东同志1959年接见任继愈先生时说：梁启超没有讲清的问题，您讲清楚了。那么，梁启超没讲清的是哪些问题？任继愈先生又是如何讲清楚了呢？

比如，佛法的重要标志之一是“诸法无我”，是所谓“三法印”之一。梁启超信仰佛教的“无我”论，认为“无我”论可以给人以积极意志。然而，中国历史上早就有许多人批评“无我”论，认为这恰恰是使人消极的说法。在这个问题上，梁启超难以自圆其说。再比如，梁启超考证《楞严经》是伪经。然而，这部伪经流传甚广。此外，还有《法华经》《维摩经》等，也在中国广泛流传。梁启超认为，原因在于这些经的译文优美。可是，玄奘的译文几乎可以说是译文中最优美的，但法相宗却很快衰落。在这个问题上，梁启超也说不清楚，或者说，说不正确。如果要进一步追问，那些根本不在三次结集之内，释迦牟尼去世数百年以后才出现的大乘经典，其“非佛语”的性质非常明显，为什么在中国却能得到更加广泛的流传呢？

梁启超二十几岁时就和康有为一起鼓吹变法，康梁并称，不仅名动中国，而且名扬海外，是少有的不世之才。在佛教问题上，梁启超所缺乏的不是才能，而是正确的指导思想和方法。

依据用历史说明宗教的立场，任继愈先生指出，佛教从它的产生到派别的分化，从小乘发展为大乘，都不是佛教教义自身在发展，而是社会生活本身在推动着佛教教义的发展。大乘佛教特别是禅宗，在中国广泛传播，而南亚一带却主要是小乘佛教。至于藏传佛教，则又是一种面貌。这些演变，都不能从佛教教义本身找到答案，而只能求助于当时当地的社会生活条件。因此，不是佛教观念改变了印度或中国的历史，而是印度和中国的历史推动了佛教观念的诞生和传播、演变和发展。载入佛教丛书“大藏经”的佛经连同它的注本近三千部，但真正流行的只是很少几部。这也只能用它适应社会需要的程度来解释。

用历史说明宗教，是马克思主义宗教学的基本原则。任继愈先生自觉而准确地把这个原则应用于宗教学研究，这使他成为中国马克思主义宗教学的开创者和奠基人。

二、儒教是宗教

任继愈先生在宗教学上的另一重大贡献，是指出了儒家就是宗教，或者说，儒教是宗教。虽然这个结论目前还不能被研究中国传统文化的学者广泛接受，但赞同的声音越来越多。任继愈先生指出：宗教、迷信、神权是人类历史上不可避免的现象。迄今为止，还没有发现哪一个民族、国家有过对宗教的免疫能力，只不过在不同国家和不同地区宗教具有不同的表现形式罢了。

因此， 儒教是宗教的结论，不仅是对于一个具体研究对象性质的认定问题，而是关系着历史唯物主义一般原理的问题，即一个历史悠久、幅员辽阔的大国，其思想发展能否脱离人类思想发展的普遍规律？同时，儒教是宗教的论断还提出了宗教学上一个重要问题，即是否只有像基督教那样的宗教才是宗教？可以说，儒教问题的提出，在一般宗教学原理上也具有重要的理论意义。

三、批判神学是马克思主义宗教学的基本任务

宗教的核心，是神学的世界观。如何对待这个世界观，是马克思主义宗教学区别于其他宗教学的根本所在。

马克思著作中所说的“批判宗教”，主要指的是宗教的观念，即作为意识形态而存在的宗教。马克思所说的宗教没有历史，也是说宗教作为一种意识形态，和道德等意识形态一样没有自己的历史。毛泽东同志则更准确地表达为“批判神学”。批判神学，是马克思主义宗教学的基本任务。那么，任继愈先生是如何贯彻这一原则的呢？

1957年，任继愈先生在《南朝晋宋间佛教“般若”“涅槃”学说的政治作用》一文中说道：宗教问题，不是别的，只是世间的力量采取了超世间的形态。“成佛”是假的，我们用不着回答可能，或不可能。但是摆脱苦难，向往幸福，这是人民的愿望，这个真切的愿望却不是假的。因此，竺道生的“顿悟成佛”不要累世修行，“对于过着地狱般生活的被压迫阶级来说”“他们是乐于接受的”。但是，这样的学说在政治上则被统治阶级利用来“从思想上销毁人们反抗压迫、不满现实的意志”。同年，任继愈先生在《哲学研究》第4期发表《禅宗哲学思想略论》。文中批评禅宗“否认正

面语言的表述能够说明禅宗的基本原理”，批评他们“否认人类有通过逻辑思维认识客观真理的可能”；指出禅宗所相信的真理“是超现实的，在现实中是不存在的”。但同时也指出，禅宗“以主观吞没客观，以心代替了物”的哲学，“使中国哲学史上的认识论比过去更加深刻、丰富了”；禅宗“深刻地揭示了哲学上的根本问题”，“比过去的哲学学派更深刻、更集中地对待思维对存在的问题。在中国哲学史上，它引起了人们对认识论问题的重视”。

这就是任继愈先生对于佛教的批判，也是马克思主义宗教学者批判神学的典型案例。在这样的批判中，我们看到的是实事求是的严谨学风、认真平实的分析态度。

四、不仅要脱贫，而且要脱愚

马克思主义世界观的基础，是科学无神论。科学无神论也是马克思主义宗教观的理论基础。1979 年，任继愈先生在《为发展马克思主义的宗教学而奋斗》中指出，“马克思主义宗教学本质上是一种科学无神论”。因此，如果谈论马克思主义宗教观而不讲无神论，那么，“马克思主义宗教观”只是一个旗号而已。坚持以科学无神论的立场研究宗教，坚持宣传无神论，是马克思主义宗教学的重要内容。

多年的宗教学研究使任继愈先生得出结论：中华民族，不仅要脱贫，而且要脱愚。贫穷不是社会主义，愚昧也不是社会主义。无论国内外，信仰有神论的不仅是一般群众，甚至许多是知名的教授、科学家。那么，难道能说他们是愚昧的吗？

任继愈先生解释说：所谓“专家”，就是在自己专业领域懂得很多而在其他领域往往懂得很少的人物。他的智商可能是很高的，但是他的知识结构又是有偏重的。知道自己偏重而慎重从事，那么，在自己所不知或者知之甚少的领域的愚昧就不会表现出来，就像生物的隐性基因也不会表现出来一样，对自己、对社会不仅无害，而且有益。如果自视甚高，相信神灵，并且相信神灵可以解决自己无力解决的问题，不论这些问题是物质生活方面的还是精神生活方面的，都是一种愚昧的表现，因为神是不存在的。相信一个不存在的东西存在，并且认为它具有超自然的力量，当然是一种愚昧。

任继愈先生认为，有神论思想束缚我们的头脑，限制我们的创造能力。中华民族要成为经济发达、文化先进的民族，就要不断地破除形形色色有神论思想的影响。他盼望我们这个民族摆脱愚昧，摆脱有神论世界观的束缚，昂首做人，充分发挥创造能力，不仅政治独立、经济发达，而且文化先进、素质优良。这是任继愈先生对我们民族的期望，也是他从事宗教学研究的目的。

——原载《人民日报》，2010 年 9 月 17 日

坚持和发展中国特色宗教学
——纪念毛泽东主席《加强宗教问题的研究》批示五十周年

加润国

2013年是毛泽东同志诞辰一百二十周年，也是他做出《加强宗教问题的研究》批示五十周年。根据毛泽东同志1963年12月30日《加强宗教问题的研究》的批示，中国成立了“由马克思主义者领导的”宗教研究机构，创立了“用历史唯物主义的观点”研究宗教的中国特色宗教学，开启了通过“宗教研究”来“批判神学”，进而“写好哲学史”“写好文学史或世界史”的新时代，结束了我们党对“至今影响着广大人口”的宗教“没有知识”的历史。新中国宗教学研究取得的巨大成就，为我们党正确认识和处理宗教问题做出了重要贡献，今天的宗教学界有理由为此而感到自豪。同时，在新的历史条件下，我国的宗教学研究中也出现了自由主义泛滥、马克思主义指导地位动摇的新情况、新问题，引起了有识之士的警觉。2013年以来，我国宗教学界出现了回顾历史、反思现状和展望未来的新动向，预示着我国的宗教学研究已到了一个重要的历史节点上。在这种情况下，不对中国的宗教学研究说几句话，就对不起伟大历史，对不起党和人民，也对不起宗教工作。要我说，中国宗教学的正确道路，只能是坚持和发展中国特色宗教学。

一、反思和展望中国宗教学需要有历史眼光和世界眼光

“一个民族要想站在科学的最高峰，就一刻也不能没有理论思维。”[①] 而理论思维的集中体现是哲学。从历史上看，中华民族的哲学思想经过几千年发展，在明末清初达到了古代理论思维的最高峰，那就是与唯心主义的程朱理学和陆王心学相对立的顾黄方王颜唯物主义气学，其杰出代表是王夫之的朴素辩证唯物论。王夫之的哲学思想，以“六经责我开生面，七尺向天乞活埋”的理论勇气，批判继承了中国传统文化特别是儒、释、道哲学思想之精华，达到了古代辩证唯物主义的最高峰。由于清人入主中原，重新祭起唯心主义的程朱理学，使气学唯物主义被埋没了三百年之久，中华民族也由世界上的先进民族衰落为遭受列强侵略掠夺的落后民族。近代以降，国门大开，气学复兴，并与西学结合，形成了独具特色的近代进化论唯物主义。在此基础上，中国的先进分子顺理成章地接受了马克思列宁主义，使中华民族的理论思维重新站到了人类理论思维的最高峰——辩证唯物主义和历史唯物主义，指引中华民族逐步走上了

① 恩格斯：《自然辩证法》，见《马克思恩格斯文集》第九卷，人民出版社，2009年，第437页。

通过新民主主义革命和社会主义革命、建设、改革来实现伟大复兴的中国特色社会主义道路。

从世界上看，与当今世界各国相比，当代中国最大的文化软实力是什么？正是马克思列宁主义及其中国化成果毛泽东思想和中国特色社会主义理论体系，而贯穿其中的指导思想就是马克思主义的科学世界观和方法论。在当代中国，从事哲学社会科学研究而不坚持马克思主义，跟在西方自由主义思想的屁股后面跑，亦步亦趋，拾人牙慧，还自以为新鲜，无异于邯郸学步，舍本逐末。

二、中国宗教学的最大特色是坚持了马克思主义的指导

同西方宗教学相比，中国宗教学的最大特色是主流学者不信仰宗教，坚持以马克思主义为指导，用历史唯物主义观点研究宗教、批判神学。

20世纪50年代中期，由信奉儒学转而信奉马克思主义的任继愈先生率先开始用历史唯物主义观点研究佛教，陆续发表了《南朝晋宋间佛教“般若”“涅槃”学说的政治作用》《禅宗哲学思想略论》《天台宗哲学思想略论》《华严宗哲学思想略论》《法相宗哲学思想略论》《汉唐时期佛教哲学思想在中国的传播和发展》等论文，1963年结集为《汉—唐中国佛教思想论集》出版。当时的任继愈先生还很年轻，但他掌握了马克思主义这一锐利武器，讲清了梁启超等大学问家们没有讲清楚的问题，引起了毛泽东同志的关注。1959

年10月12日夜（实际上已到13日凌晨），毛泽东同志把任继愈先生叫到中南海菊香书屋，对他说："你写的那些研究佛教史的文章我都读了。我们过去都是搞无神论，搞革命的，没有顾得上这个问题。宗教问题很重要，要开展研究。"第一次提出了研究宗教的重要性。毛泽东同志还说："研究宗教需要外行来搞，宗教徒有迷信，不行，研究宗教也不能迷信。"[①]强调了科学世界观对宗教研究的重要性。

1961年1月23日，毛泽东同志又在同班禅额尔德尼的谈话中说：

> 世界上有那么多的人信教，我们不懂得宗教。我赞成有一些共产主义者研究各种宗教的经典，研究佛教、回教、耶稣教等等的经典。因为这是个群众问题，群众中有那样多人信教，我们要做群众工作，我们却不懂得宗教，只红不专，是不行的。[②]

进一步强调了共产主义者研究宗教、懂得宗教、又红又专的重要性。

1963年12月30日，毛泽东同志在阅中共中央外事小组、中央宣传部12月25日关于加强研究外国工作给中央的报告时批示：

> 这个文件很好。但未提及宗教研究。对世界三大宗教（耶稣教、回教、佛教），至今影响着广大人口，我们却没有知识，国内没有一个由马克思主义者领导的研究机构，没有一本可看的这方面的刊物。《现代佛学》不是由马克思主义者领导的，

---

① 《毛泽东年谱1949—1976》第四卷，人民出版社，2013年，第209页。

② 《毛泽东年谱1949—1976》第四卷，人民出版社，2013年，第528页。

> 文章的水平也很低。其他刊物上，用历史唯物主义的观点写的文章也很少，例如任继愈发表的几篇谈佛学的文章，已如凤毛麟角，谈耶稣教、回教的没有见过。不批判神学就不能写好哲学史，也不能写好文学史或世界史。这点请宣传部同志们考虑一下。[①]

根据这个批示，任继愈先生同国务院宗教事务局等部门的几位同志筹建创办了中华人民共和国成立后第一个宗教学研究机构——由马克思主义者领导、用历史唯物主义观点研究宗教、批判神学的世界宗教研究所，开启了中国宗教学研究的新时代。

在任继愈先生领导下，中国宗教学健康发展，成绩斐然。首先，《汉—唐中国佛教思想论集》在国内外产生了广泛影响。该书 1972 年再版时改名为《汉唐佛教思想论集》，改革开放后又多次出版。该书很早就受到日本宗教学界重视，20 世纪 70 年代被译为日文，成为中日佛教学术交流的重要媒介。其次，任继愈先生主编的《宗教词典》于 1981 年出版后多次重印，出版不久就被台湾盗版，而其中的佛教教义词条竟然被台湾宗教团体编纂的《佛教大辞典》全部照录。第三，任继愈先生主编的八卷本《中国佛教史》虽然只出了三卷，却产生了巨大影响，全部被翻译为日文，译者认为该书是一部有特色的佛教史著作，最大特色是运用了历史唯物主义，而且不是机械地运用。第四，任继愈先生受国家教委委托总主编的大学教材《宗教学原理》（出版时更名《宗教学通论》）、《佛教史》《基督教史》《伊

① 《毛泽东年谱1949—1976》第五卷，人民出版社，2013年，第298~299页。

斯兰教史》等(《道教史》委托四川大学分主编，先生没有具体指导)，成为我国宗教学各主要领域的奠基性著作，改变了我们党对宗教“没有知识”的局面。其中，《佛教史》出版不久就在台湾出版，持有自由主义意识形态的台湾学界认为，该书的价值在于“观察历史有其特殊的角度”。第五，任继愈先生提出的“儒教是教”说震动了中国哲学史界，逐渐被后来的宗教学界接受，显示了以历史唯物主义指导中国传统宗教研究的强大威力。此外，任继愈先生主编的《道藏提要》《中国道教史》《宗教大辞典》《佛教大辞典》《中华大藏经（汉文部分）》同样影响深远，其“持论之严谨，学术立场之公正”受到中外学界肯定。

总之，在马克思主义指导下编撰的上述宗教学著作集中体现了宗教学研究的中国气派、中国风格、中国话语、中国特色，不仅经受了历史的考验，而且得到了境外坚持非马克思主义甚至反马克思主义意识形态学者的肯定。即便在今天，我们把这些宗教学著作拿到国际上去，也是响当当的中国货，其学术水平绝不亚于绝大多数西方宗教学著作，只会给中国宗教学长脸而不会丢脸。

三、坚持和发展中国特色宗教学离不开马克思主义指导

用历史眼光和世界眼光反思和展望中国宗教学，只能得出一个结论，那就是坚持马克思列宁主义及其中国化成果在宗教学研究中的指导地位，坚持和发展中国特色宗教学。否则，中国宗教学不仅

不能为坚持和发展中国特色社会主义、实现中华民族伟大复兴的中国梦做出应有贡献，而且无法对世界宗教学的发展和创新做出与中华民族的地位相称的贡献。在当前形势下，坚持马克思主义在宗教学研究中的指导地位、发展中国特色宗教学，至少应坚持以下三点。

（一）在世界观和宗教观上，坚持唯物论和无神论

开展宗教学研究，离不开一定的世界观和宗教观做指导。毛泽东同志所谓“研究宗教需要外行来搞，宗教徒有迷信，不行，研究宗教也不能迷信”，所谓“《现代佛学》不是由马克思主义者领导的，文章的水平也很低”，就是说宗教学者要有科学立场，不能信教。说得再明白点，就是研究宗教要坚持唯物论和无神论，而不能坚持唯心论和有神论。唯物论和无神论既是世界观也是宗教观，正如唯心论和有神论既是世界观也是宗教观一样。在自然界和人类社会之外是否存在着某种不受自然规律和社会规律支配却支配着自然和社会的超自然力量和境界，是任何一种世界观和宗教观都必须回答的问题。肯定超自然力量和境界存在的是唯心论、有神论，否定超自然力量和境界存在的是唯物论、无神论。在宗教学研究中是否坚持唯物论、无神论，是判断真假马克思主义的试金石。

（二）在方法论上，坚持历史、唯物、辩证的观点

马克思主义唯物论、无神论既是世界观、宗教观，也是方法论、指南针。坚持以马克思主义为指导研究宗教，必须从客观实际出发，用历史来说明宗教，而不能从主观臆想出发，用宗教来说明历史；

必须坚持社会存在决定社会意识，从一定历史时期的物质生活中寻找精神生活的秘密，而不是坚持社会意识决定社会存在，从一定历史时期的精神生活中寻找物质生活的秘密；必须坚持一分为二的辩证态度，既肯定宗教积极的一面，也批评其消极的一面，而不是坚持形而上学的片面态度，只说坏不说好，或者只说好不说坏。在宗教学研究中是否坚持历史、唯物、辩证的观点，同样是判断真假马克思主义的试金石。

（三）在政治和政策上，既团结信教者又宣传无神论

只要研究宗教，就有一个如何对待宗教信仰的问题。1927年3月，毛泽东同志在《湖南农民运动考察报告》中说："菩萨是农民立起来的，到了一定时期农民会用他们自己的双手丢开这些菩萨，无须旁人过早地代庖丢菩萨。共产党对于这些东西的宣传政策应当是：'引而不发，跃如也。'菩萨要农民自己去丢，烈女祠、节孝坊要农民自己去摧毁，别人代庖是不对的。""我在乡里也曾向农民宣传破除迷信……说的农民都笑起来了。"[①]就是说，要尊重群众的宗教信仰，同时要进行无神论宣传，既不给土豪劣绅以"农民协会不孝祖宗""农民协会欺神灭道"等反革命宣传的口实，又让农民们在欢笑声中接受无神论。另一方面，对于爱国进步的宗教界人士，也要进行团结，同他们建立统一战线。1940年1月，毛泽东同志在《新民主主义论》中指出："这种新民主主义的文化是科学的。它是反对一切封建思想和迷信思想，主张实事求是，主张客观真

① 《毛泽东选集》第一卷，人民出版社，1991年，第31~34页。

理，主张理论和实践一致的。在这点上，中国无产阶级的科学思想能够和中国还有进步性的资产阶级的唯物论者和自然科学家建立反帝反封建反迷信的统一战线；但是决不能和任何反动的唯心论建立统一战线。共产党员可以和某些唯心论者甚至宗教徒建立在政治行动上的反帝反封建的统一战线，但是决不能赞同他们的唯心论或宗教教义。”[①]就是说，马克思主义者不信教，反迷信，但不排斥信教的人；不但不排斥，而且要团结；不仅团结普通的信教者，而且团结以宣传唯心论、有神论为职业的宗教界人士。是否坚持这一点，也是判断真假马克思主义的试金石。

上述三个试金石，可以说是坚持以马克思主义指导宗教研究的“三法印”。

——作者为国家宗教局研究中心研究员、副主任。本文为作者2013年12月6日和15日在北京大学和中国社科院的两个学术研讨会上发言的内容整理

① 《毛泽东选集》第一卷，人民出版社，1991年，第707页。

坚持用历史唯物主义研究宗教问题

——重温毛泽东同志关于宗教研究工作的重要批示

段启明

1963年12月30日，毛泽东同志在中共中央外事小组、中共中央宣传部“关于加强研究外国工作”给中央的报告上批示：

> 这个文件很好。但未提及宗教研究。对世界三大宗教（耶稣教、回教、佛教），至今影响着广大人口，我们却没有知识，国内没有一个由马克思主义者领导的研究机构，没有一本可看的这方面的刊物。《现代佛学》不是由马克思主义者领导的，文章的水平也很低。其他刊物上，用历史唯物主义的观点写的文章也很少，例如任继愈发表的几篇谈佛学的文章，已如凤毛麟角，谈耶稣教、回教的没有见过。不批判神学就不能写好哲学史，也不能写好文学史或世界史。这点请宣传部同志们考虑一下。

毛泽东同志的批示文字不多，但高瞻远瞩，内涵丰富，不仅对宗教研究工作有重要指导意义，对党和政府的外事工作、统战宗教工作、宣传思想工作也都有重要指导意义。批示的每一句话都指出了宗教研究工作的一个重要原则。

（1）研究宗教问题，掌握宗教问题的知识，对于中国共产党和中国政府来说具有重要意义。即毛泽东同志所说：“对世界三大宗教（耶稣教、回教、佛教），至今影响着广大人口，我们却没有知识。”也就是说，无论从国际上看还是从国内看，宗教影响着“广大人口”，是一个涉及广大群众的重要问题，党和政府必须调查研究，必须掌握所有宗教和宗教问题的基本知识，懂得如何正确对待和处理宗教问题，研究和制定正确的宗教工作理论方针政策，更好地争取和团结广大信教和不信教群众。

（2）中华人民共和国必须创办由马克思主义者领导的、以历史唯物主义观点和方法为指导研究宗教问题的机构。如毛泽东同志所指出的，在1963年“国内没有一个由马克思主义者领导的研究机构”。这是一种很不正常的现象。要正确认识宗教和宗教问题，必须建立由马克思主义者领导的宗教问题研究机构，组建以马克思主义为指导的研究宗教问题的队伍。党和政府一切从事宗教工作的人员，都必须以历史唯物主义的观点和方法认识和对待宗教问题。

（3）党和政府主管部门必须创办以历史唯物主义观点和方法为指导的研究宗教问题的刊物，在党和政府所办的其他报刊上发表涉及宗教问题的文章，也应以历史唯物主义观点和方法为指导。如毛泽东同志所说，在1963年国内“没有一本可看的这方面的刊物”。“其他刊物上，用历史唯物主义的观点写的文章也很少，例如任继愈发表的几篇谈佛学的文章，已如凤毛麟角。”这种现状不利于引导广大干部和群众正确认识和对待宗教问题，不利于马克思主义占领宗教问题的研究和宣传阵地。

（4）研究宗教问题必须坚持批判神学的正确方向。研究宗教问题是为了揭示宗教产生、发展和消亡的客观规律，正确地总结历史经验教训，为制定正确的宗教工作方针政策提供理论依据，指导现实的外事工作、统战宗教工作、宣传思想工作，推动意识形态领域里唯物论、无神论与唯心论、有神论的斗争，引导人们正确认识和对待宗教和宗教问题。"研究宗教，批判神学"才是研究宗教问题的正确方向，而不是搞经院式研究，更不是去宣扬、美化宗教有神论。宗教问题与哲学、文学、历史有着密切联系，不批判神学，也不能正确认识和总结哲学、文学、历史发展的客观规律，如毛泽东同志所说："不批判神学就不能写好哲学史，也不能写好文学史或世界史。"

毛泽东同志这一重要批示，在中华人民共和国宗教问题研究工作中具有里程碑意义。根据这一批示，周恩来总理安排，由任继愈、肖贤法（国务院宗教事务局局长）、于光远（？我记不清楚，是金宜久说的）、陆平（北京大学校长）四人组成筹备组，于1964年筹备创办了世界宗教研究所。开始设在北京大学哲学系，后划归中国科学院哲学社会科学部。1977年成立了中国社会科学院，世界宗教研究所归属该院管理。此后，宗教研究机构在一些省、自治区、直辖市也陆续建立起来，宗教研究工作队伍日益壮大，创办了一些专门的宗教研究刊物，研究工作蓬勃开展，研究成果大量涌现。与此同时，国内与海外的宗教研究学术交流也逐步开展起来。《当代中国的宗教工作》下卷第七编《宗教研究》对截至20世纪90年代中期的党和政府以及高校宗教研究机构、队伍、研究活动和成果进行了总结。

五十年来，中国的综合国力和国际地位发生了重大变化。中国共产党和中国政府在认识和处理宗教问题方面取得了重大成就，形成了正确处理宗教问题的基本方针政策，宗教信仰自由政策得到全面正确贯彻执行，从制度上实现了宗教与国家政权、教育、司法相分离，宗教信仰问题成为公民个人的私事。各级政府建立了宗教事务管理机构，实现了对宗教社会公共事务的行政管理。中国宗教团体彻底摆脱了外国势力的控制，走上独立自主、自办宗教的道路。爱国宗教团体是宗教界人士的自治组织，同时成为党和政府联系宗教界人士和信教群众的桥梁和纽带，在促进宗教与社会主义社会相适应、增进中国宗教界与世界各国宗教界的交往和友谊、促进世界和平等方面，发挥了重要作用。各教依法注册的宗教活动场所管理和活动基本正常。整体上看，中国宗教领域里基本上是稳定的。宗教问题的研究工作也取得了重大成就，为党和政府认识和处理宗教问题提供了理论支撑，为引导人们正确认识和对待宗教问题发挥了重要作用。与当年相比，宗教问题研究工作的形势和格局发生了根本性变化。

与此同时，也必须看到，在宗教方面还存在着许多突出问题，宗教问题成为意识形态斗争中一个重要方面，宗教问题研究和宣传工作仍然面临着复杂和艰巨的任务。在国际上，宗教问题成为某些地区矛盾的焦点和热点，是中国外事工作中不能不关注的一个重要问题。境外某些敌对势力极力宣扬所谓“普世价值”“宗教自由”等谬论，千方百计利用宗教对中国进行渗透和破坏活动，在一些地方形成不安定因素。国内极少数分裂主义分子、宗教极端势力与国外某些敌对势力相勾结，煽动宗教狂热，破坏民族团结，攻击中国共产党的领导和社会主义制度，从事分裂祖国的阴谋活动，甚至制造暴力恐怖事件。有的宗教地下势力在国外敌对势力的支持下，争夺宗教组织和宗教活动场所的领导权与政府对抗，建立非法组织，从事非法违法活动。互联网成了意识形态斗争的主战场，也成为国外敌对势力利用宗教对中国进行渗透，企图搞乱人们的思想，与中国共产党争取群众的一个重要渠道。各种算命看相、求神拜佛、伪气功等形形色色有神论和迷信思潮泛滥。先后出现了十多个打着“宗教”“气功”“人体特异功能”旗号的邪教组织。在党员干部队伍中，有不少人精神空虚，不问苍生问鬼神，热衷于算命看相，求神拜佛，迷信“气功大师”，有的人还利用手中权力支持发展宗教有神论和以有神论为特征的邪教组织。在宗教问题研究中，有人不是用历史唯物主义的观点和方法研究宗教问题，不是“批判神学”，而是宣扬各种披着时髦外衣的谬论，美化神学，甚至公开反对以马克思主义为指导研究宗教问题。五十年后，重温毛泽东同志关于宗教研究工作批示的精神，对认识当今世界和中国的宗教问题，对全面正确地贯彻执行党对宗教工作的基本方针政策，对肃清宗教问题研究中的乱象，争取意识形态斗争的主导权，都具有重要的现实意义。

以习近平同志为核心的党中央，对意识形态工作极为重视。习近平同志在全国宣传思想工作会议上的讲话，全面论述了意识形态工作的重要性，对牢牢掌握意识形态工作的领导权、管理权、话语权做出了全面部署。贯彻习近平同志讲话精神，是全党全国的一项重要工作，相信中央以及中央主管部门会做出具体部署。全党重视意识形态工作，重视宣传思想工作，为研究宗教问题、为科学无神论宣传教育，提供了难得的历史机遇。各级干部对待有神论和无神论的态度，其后果和影响都远远大于学者们写几篇文章。只要各级干部，特别是高级干部充分认识在意识形态斗争中所肩负的重要责任，在认识和处理宗教问题时坚持以马克思主义为指导，坚持辩证唯物主义和历史唯物主义的观点和方法，就会为正确认识和处理宗教问题，为宗教问题研究、为科学无神论宣传创造良好的社会环境。中国无神论学会以及所有热心研究宗教问题的学者、科学无神论研究和宣传者，都应该抓住这个难得的机遇，有所作为。

建议党和政府主管部门对宗教问题研究机构、队伍、刊物等情况进行一次全面深入调查，做到心中有数，并制定新的管理制度和办法。要努力办好党和政府管理的各种宗教研究机构、高校宗教学专业和宗教刊物。要对从事宗教问题研究和宣传的人员加强教育，坚持以辩证唯物主义和历史唯物主义为指导认识和对待宗教问题。只有这些机构、专业、刊物、论坛等真正掌握在马克思主义者手里，能坚持以历史唯物主义为指导认识和对待宗教问题，就会在宗教问题研究和宣传中、在意识形态斗争中产生积极作用，形成合力。如果背离甚至反对以历史唯物主义为指导，就会成为意识形态斗争中的消极力量甚至负面力量。要旗帜鲜明地批判各种形式的有神论思潮。要重视互联网上的斗争，研究应对措施，掌握互联网上斗争的主动权。要通过宗教问题研究和宣传，让广大干部和群众真正了解如何正确认识和对待形形色色有神论，如何正确认识和对待宗教的不同要素（宗教信仰、宗教感情、宗教仪式、宗教组织），如何正确认识和对待宗教与政治、文化、道德等意识形式的联系和区别，如何正确认识和对待宗教与社会、政权、教育、司法的关系，等等。让历史唯物主义占领并主导宗教问题研究和宣传阵地。让所有党和政府管理的宗教问题研究机构和宣传工具都能牢牢掌握在马克思主义者手里，把它们建成真正以历史唯物主义为指导研究和宣传宗教问题的基地，在意识形态斗争中，在宗教问题研究和宣传工作上，牢牢掌握领导权、管理权、话语权。

1982年3月，中共中央下发的《关于我国社会主义时期宗教问题的基本观点和基本政策》（19号文件），是一个贯彻毛泽东同志批示精神、以历史唯物主义观点和方法认识中国社会主义时期宗教问题的重要文件，至今仍然闪耀着真理的光辉。个人认为，多年来党和政府主管部门对这一文件宣传力度不够，很多党政干部甚至没有看到过这个文件，至于广大群众了解得就更少。要以实际行动加强对这一文件精神的学习和宣传，建议各级党校、干部学校要以19号文件为基本教材，对党政干部进行培训，让各级干部都能以文件所阐明的基本观点和基本政策以及宗教工作的基本经验来认识和处理社会主义时期的宗教问题。

由任继愈同志创办的中国无神论学会、《科学与无神论》杂志，多年来在困难条件下坚守着阵地，默默地做了大量工作，不怕别人非议，不怕被孤立，敢于揭露各种有神论、邪教的荒谬。在今后科学无神论研究和宣传中，应该继续坚持和发扬这种精神。建议中国无神论学会新一届领导集体，应重视学会自身建设和队伍建设，重视学术研究工作。要敢于亮剑，有理有利有节地开展对各种有神论的批判，增强主动性，掌握主动权，打好主动仗。我赞同杜继文同志的建议，中国无神论学会就科学无神论宣传问题，向中央写一正式报告，提出我们的意见和要求，争取得到中央和中央主管部门的大力支持。

让我们以推动全面落实毛泽东同志关于宗教研究工作批示精神的实际行动，来纪念毛泽东同志批示五十周年，纪念任继愈等同志创办世界宗教研究所、中国宗教学会、中国无神论学会的功绩！

——原载《中国民族报》，2014 年 1 月 28 日

不仅要脱贫，而且要脱愚
——论任继愈科学无神论思想

周　贇

2013年是毛泽东主席一百二十周年诞辰，也是毛泽东主席《加强宗教问题的研究》批示五十周年。这个批示中唯一提到的宗教学者就是任继愈先生，值此之际，讨论任继愈先生的学术思想，也是对先辈表达一份敬意。先生曾任中国社会科学院世界宗教研究所所长，对宗教的研究很有建树，对佛教、道教、儒教都有自己的独到见解。然而，他同样也是中国无神论学会第一任会长，并且是一位坚定的无神论者。因此，他的无神论思想也值得我们挖掘与开发。

一、宣传科学无神论的必要性

“不仅要脱贫，而且要脱愚”，这句话是任继愈先生20世纪末在《人民日报》上发表的一篇文章的标题，其内容是阐述科学无神论宣传的必要性和意义。先生认为，一个国家不仅落后要挨打，愚昧也要挨打，而且愚昧也是贫困与落后的根本原因。该文所指的“愚昧”，就是当时风靡一时的“特异功能”热。那些特异功能大师个个都认为自己能行神迹，是能超越耶稣、佛陀的大神，并且就有人相信他们的鬼话。信徒的背景还特别多样，竟有许多高级知识分子也加入信仰这些气功大师的队伍中。

不仅仅是20世纪，就是21世纪，近几年，也还是不断地有宣称自己有特异功能的气功大师活跃在社会上。比如“太极大师”闫芳、“气功大师”王林，前者在众多“弟子”的配合下，表演了一出出“神乎其神”的闹剧；而后者因为与众多的明星、高官等有着千丝万缕的联系，而被推进普通人的视野。尤其是“气功大师”王林，这个人没有办过任何实业，却全凭招摇撞骗以及极端高明的人际交往技巧获得了极其巨额的财富，令人唏嘘不已。更为令人不解的是，当年因为非法行医治死人的胡万林，出狱后继续获得一班信徒的支持，结果是又再次将人治死。我们不禁要思考，究竟是什么力量促使那些民众把王林变蛇的魔术当作神迹，又或者一厢情愿地相信闫芳的夸张到假的太极神功？

其实，归根结底，还是那些愚昧思维的毒瘤在作怪。人们对这些神迹的轻信，根本上就是对这些神迹本质的无知。

任继愈先生曾批评“文化大革命”的造神运动，说“那个‘文化大革命’，很不正常，把毛泽东主席当作神。把一个人当作神是不对的，你怎么能当神呢？可是这么些崇拜者，不是白痴，崇拜者也有很多高级干部，也有很多很有学问的人，整个社会的认识在这个水平上，你有什么办法？悲剧就在这里。”[①]

我们知道，自称有“太极神功”的闫芳与“气功大师”王林的信徒，也都不是穷人，而是有钱人，甚至是些很有社会地位的人。“随着知识量的增加，知识的分化日益细密。人们在一个领域里是智慧的，在另一个领域里则可能是愚昧的。而人类迄今最大的愚昧事件，莫过于自己造一个神，然后拜倒在它的脚下，听从神的、实际上不过是听从神职人员的指示。”[②]说明对特异功能本质的无知，并非简单的经济决定论就能说明的，相当程度上是思想文化根源上的有害物质在作祟。所以讲，不是单纯地脱贫就能解决一切问题，思想认识上的问题，还是需要脱愚。

要脱愚，就要大力发展人文科学，提高人们的认识能力。他曾对社会现状评价说：“自然科学这条腿太长，人文科学这条腿太短，以致知识结构出现了跛足现象。认识自然深入到物质内部结构，却不懂得自己如何对待生活。现在科学技术能管天管地，移山倒海，但管不住自己行为的盲目性。这已成为全世界的流行病、常见病。病因不是自然科学走得太快，而是哲学走得太慢。”[③]人文科学的发展过于滞后，导致人们的认识能力始终处于一个不高的水平，就特异功能问题而言，就常会出现误判。加强科学无神论的研究与宣传，就是为了提高全社会的认识能力，对一些基本的问题能有一个正确

① 任继愈：《世纪老人的话：任继愈卷》，人民日报出版社，2009年，第159页。

② 李申：《宗教学讲义（代序）》，国家图书馆出版社，2013年，第16页。

③ 任继愈：《关于〈道德经〉》，《中华五千年的历史经验：任继愈讲演集》，人民日报出版社，2010年，第334页。

的判断。

二、科学无神论与马克思主义宗教学的关系

不可否认的是，宗教是解释世界的重要方法之一。任继愈先生也承认，从没宗教到有宗教是一种进步。但问题是，宗教不是真的解释了世界，只是对真实世界的扭曲的认识。宗教不是科学，对世界的认识，是不正确的。任继愈先生说："人类认识水平是科学水平的反映。科学水平低下（与近代相比），哲学无力给以合理的解释，不得不借助于宗教。"[①]所以说，宗教是一种万不得已的办法，随着科学技术的进步，认识能力的逐步提高，人们是可以放弃宗教这个解释工具的。既然如此，我们为什么还要研究宗教学呢？

任继愈先生所说的宗教学，是马克思主义的宗教学，是深入剖析宗教现象的一门科学，是用来彻底认清宗教本质的有力武器。因此，马克思主义宗教学与科学无神论是有密切联系的。

无神论是历史悠久的众多思想之一，古今中外早有无数的先贤对有神论进行过前赴后继的批判。但是早期的旧唯物主义的无神论，由于其在自然观上是机械的或是形而上学的，在社会历史观上又是唯心的，因而无法真正认清宗教的本质，是故以此为指导思想的旧无神论是不彻底的，是软弱的。任继愈先生讲："只有马克思

① 任继愈：《宗教、哲学与人生》，《天人之际：任继愈学术思想精粹》，人民日报出版社，2010年，第6页。

主义宗教学应用辩证唯物主义和历史唯物主义的科学世界观来分析和研究宗教问题，才是最彻底、最科学的无神论。”[①]这里所说的历史，只能是唯物主义的历史。

所以说，科学无神论就是马克思主义宗教学。前者是后者的本质，后者是前者的形式。所以，科学无神论就是以辩证唯物主义与历史唯物主义为指导的宗教学的研究。任继愈先生讲：“千百年来，人们总是用迷信说明历史，我们则用历史说明迷信，这是我们的原则，也是我们的方法。”[②]

马克思主义宗教学在无神论问题上的彻底性，并非仅仅体现在坚决对有神论的批判，更主要的是，它揭示了宗教的本质、发生、发展及其消亡的客观规律。因此，它是一门社会科学或人文科学。社会科学或人文科学肩负着提高社会整体认识能力的重要职责，但我们的社会对它的重视程度是远远不够的。先生说：“我们所说的科学，不光是物理、化学、天文、地理、生物、数学，社会科学也是科学。自然科学认识自然，为创作物质财富提供知识；社会科学认识社会，认识人类自身，说明人类社会发展的规律。人类的前途，国家的命运，事业的成败，人文科学、社会科学有时起着决定性的作用。”[③]

---

① 任继愈：《宗教学讲义（代自序）》，国家图书馆出版社，2013年，第2页。

② 任继愈：《〈中国行业神崇拜〉一书的特点》，《天人之际：任继愈学术思想精粹》，人民日报出版社，2010年，第228页。

③ 任继愈：《无神论教育与科教兴国——在“中国无神论学会2003年学术会议”上的讲话》，《天人之际：任继愈学术思想精粹》，人民日报出版社，2010年，第252页。

所以讲，充分发展马克思主义宗教学与科学无神论，是对社会科学这个大家族的重要补充，更是对人类社会的发展都起到积极作用的。

三、科学无神论研究的内容和方法

首先，科学无神论就是马克思主义宗教学，“它既要揭示宗教发生、发展和走向消亡的规律，就必须具体研究各种宗教产生的根源和发展的历史；它既要说明宗教的本质及其在社会历史中的作用，就必须具体研究各种宗教的历史、教义、教派、经典、理论及其社会意义，具体研究宗教与社会上的阶级斗争和其他意识形态（哲学、伦理、法律、文化、艺术、科学）的关系。”①所以讲，科学无神论还是要研究具体宗教的。

任继愈先生是非常重视具体宗教研究的，他曾接受教育部委托主编过《道教史》《佛教史》《基督教史》以及《伊斯兰教史》。当然，科学无神论不是简单的对宗教的否定，因为宗教的消亡是“遥远的将来的事，甚至是国家组织消亡以后的事。现在我们关心的是对宗教现象当前的活动规律及社会作用的认识。”②所以，我们

① 任继愈：《宗教学讲义（代自序）》，国家图书馆出版社，2013年，第2页。

② 任继愈：《用历史说明宗教》，《皓首学术随笔·任继愈卷》，中华书局，2006年，第46页。

现在对宗教的研究，应该是扬弃的，辩证的。而且，在对有神论本质否定的前提下，还要对宗教的作用有客观的判断。

比如，任继愈先生对道教价值的判断，就是一种客观的、实事求是的态度。他说："道教典籍中可供发掘的东西非常丰富，人们已经看到它对医药、保健、化学、音乐、艺术等方面的有价值的内容，深入发掘，当然不止这些，像关于道教的哲学内容，研究得就很不够。道教典籍在中国文化宝库的地位决不下于佛教，甚至更为重要。"①先生是一位彻底的无神论者，但是他在批判宗教有神论的本质时，能够辩证地认识到有神论本质以外的东西，这就是科学的认识，科学的态度。

其次，科学无神论的任务还在于总结和继承历史上的无神论的优秀成果，以及中外无神论理论和历史。先生说："如果我们不研究中外无神论的理论和历史，就不能深入地把握马克思主义宗教学和科学无神论的内容。"②所以，无神论理论本身也是我们研究和发展的对象。

第三，科学无神论的研究，不仅仅是对和宗教有关的宗教学与无神论的理论研究，而是整个自然科学与社会科学的全面研究，尤其要用社会科学去觉悟大众。中国当下的自然科学发展已经算是很进步的了，但是相应的社会科学的发展却非常薄弱，这是令先生痛心疾首的。搞无神论研究应该是全面铺开的，社会科学的各个部门

① 任继愈主编：《道藏提要（原序）》，中国社会科学出版社，1991年，第3页。

② 任继愈：《宗教学讲义（代自序）》，国家图书馆出版社，2013年，第3页。

学科都要有相应发展，都要承担起提高社会群体认识能力的社会责任，他讲：“学历史学哲学永远创造不了财富，不光是现在创造不了财富，将来也创造不了财富。可你不懂民族历史的发展，就吃大亏。懂得社会科学的规律，照规律办事，可以避免不必要的损失，少走弯路。……人的素质薄弱，没有免疫力，一有风吹他就草动，‘法轮功’我初步考察了一下，搞自然科学的知识分子相信‘法轮功’比搞人文科学的还多一些。这就说明，自然科学是科学的一半，‘半身不遂’不行，一个健康的人不能偏瘫。”[①]搞社会科学就是去觉悟大众，“只有觉悟了的群体才能推动社会”[②]。

比如说，他谈到宗教与哲学的关系问题时认为，动物吃饱喝足就安静了，但人的很多问题却是吃饱喝足后产生的。人需要关心最后的结果，需要解决生死的问题，而哲学就是用来解决这个问题的。“哲学关注生存群体的解脱，关心集体，关注弱势群体，品位高尚，不自私，充满了人道主义的关怀。”[③]也就是说，能加强诸如哲学之类的社会科学的普及，真正去使社会大众得到觉悟，那么宗教的价值自然就变小了。质言之，社会科学的各个部门学科的共同进步与普及，也是科学无神论研究的重要内容与方法。

① 任继愈：《以国学对抗“法轮大法”——国学大师任继愈专访》，《任继愈对话集：觉悟了的群体才能推动社会》，人民日报出版社，2009年，第159页。

② 任继愈：《觉悟了的群体才能推动社会——国学大师任继愈专访》，《任继愈对话集：觉悟了的群体才能推动社会》，人民日报出版社，2009年，第108页。

③ 任继愈：《国学大师任继愈访谈》，《任继愈对话集：觉悟了的群体才能推动社会》，人民日报出版社，2009年，第47页。

四、马克思主义宗教学的意义和作用

第一，“批判信仰主义和蒙昧主义，为实现社会主义现代化扫除障碍。”[①]他认为，西方的社会进步，首先就是从对宗教的批判开始的。15、16世纪，西欧资产阶级为了追逐利益，为了论证资本追求的合理性，开启了对宗教禁欲主义的批判，反对中世纪神学，打开了文艺复兴的大门。17世纪英国的自然神论思潮涌现，该思潮用理性与科学来对抗宗教神学，反对“上帝”万能与君主专制。19世纪的德国，康德哲学与黑格尔哲学都是有否定宗教神学，高扬人类理性的一面。后来，费尔巴哈又对康德与黑格尔哲学中有神论的一面进行了全面的清理，直接否定了“上帝”的存在，建立了人本主义的唯物主义。因此，“欧洲各国资产阶级革命的历史事实清楚地证明，各国的资产阶级革命几乎都是通过对传统宗教神学的批判，通过无神论的宣传，通过提倡科学与民主的启蒙教育来清除前进道路上的障碍，为革命的胜利创造条件”。[②]

他认为，我们现在要搞社会主义建设也必须首先批判信仰主义和蒙昧主义，这是他从“文化大革命”的教训中总结出来的。他说：“十多年来，林彪、‘四人帮’疯狂反对实现‘四个现代化’的伟大目标。他们不是宗教徒和神学家，也没有公开宣传宗教神

① 任继愈：《宗教学讲义（代自序）》，国家图书馆出版社，2013年，第5页。

② 同上。

学，但是，他们为了篡党夺权，却继承了天命论的传统宗教观念。林彪说他们一伙是‘既受于天，且受于人’的天才；‘四人帮’则在唐山大地震时，宣传什么‘地转实为新地兆，天璇永立新天朝’，用封建帝王的‘奉天承运’的天命论，为自己鼓劲，替帮派壮胆。”[①]林彪及“四人帮”就是在用信仰主义愚弄人民，而人民之所以能为之愚弄，那就是因为社会认识水平实在有限，“在民主革命时期对封建神权和宗教迷信的批判还不够深入彻底”。[②]低水平的社会认识能力，必然阻碍社会的发展，马克思主义宗教学的意义就在这里，只有提高社会群体的认识能力，才能推动社会的进步。

第二，“正确认识宗教发生、发展和走向消亡的客观规律，为党和国家制定宗教政策提供理论依据。”[③]宗教的存在是一个事实，其消亡绝不是一朝一夕的事，走激进的消灭宗教的道路是根本错误的。所以，正确认识宗教发展的规律，对于当下社会宗教问题的处理是极有裨益的。

先生仍然是从“文化大革命”的教训中总结道，林彪、“四人帮”极“左”地全盘否定“文化大革命”前十七年宗教工作的成绩，破坏党的宗教政策，取消宗教工作机构，迫害宗教工作的干部，“大声疾呼地向宗教宣战”，禁止一切正常的合法的宗教活动，把宗教界爱国人士及信教群众统统当作牛鬼蛇神予以“横扫”，企图要在一个早晨消灭宗教。“林彪、‘四人帮’这一套做

① 任继愈：《宗教学讲义（代自序）》，国家图书馆出版社，2013年，第8页。

② 任继愈：《宗教学讲义（代自序）》，国家图书馆出版社，2013年，第9页。

③ 任继愈：《宗教学讲义（代自序）》，国家图书馆出版社，2013年，第12页。

法，伤害信教群众的感情，混淆两类不同性质的矛盾，给一小撮坏人利用宗教从事反动活动以可乘之机。”[①]其实，毛泽东主席早就讲过：“不论是基督教、天主教、回教、佛教以及其它宗教，只要教徒遵守人民政府法律，人民政府就给以保护。信教的和不信教的各有他们的自由，不许加以强迫或歧视。”[②]他还主张“根据民族平等原则，实行蒙、回民族与汉族在政治经济文化上的平等权利，建立蒙、回民族的自治区，尊重蒙、回民族的宗教信仰与风俗习惯。”[③]林彪与“四人帮”对这些正确的宗教政策置若罔闻，不顾宗教的历史发展的客观性，不但伤害了信教群众的宗教感情，甚至伤害了他们对国家的信心，对于社会安定与发展都是毁灭性的。

第三，“不批判神学，就不能写好哲学史、世界史和文学史。”这句话是1963年毛泽东主席在转发中央外事小组、中央宣传部关于加强外国工作报告的指示稿上写的批语中的一句。所谓“哲学史、世界史和文学史”，其实是泛指一切上层建筑，也就是说，一切上层建筑的发展都与宗教有密不可分的联系。比如说，历史上的种种政权更替、农民起义、群众运动，以及一些国家的民族解放运动，都无不有宗教参与其中。所以“我们必须用历史唯物主义观点作出具体的历史分析，否则，要想写出一部科学的中国史和世界史是很困难的。”[④]

① 任继愈：《宗教学讲义（代自序）》，国家图书馆出版社，2013年，第13页。

② 《毛泽东选集》第三卷，人民出版社，1991年，第1092页。

③ 《毛泽东选集》第二卷，人民出版社，1991年，第337页。

④ 任继愈：《宗教学讲义（代自序）》，国家图书馆出版社，2013年，第16页。

先生向来乐观地认为，随着现代化的发展，我国必将迎来一个文化建设的高潮，哲学社会科学必然会有很大发展。“哲学、历史学、伦理学、文学艺术的发展都面临着前所未有的深刻的变革，要求我们对宗教进行更深入的研究，对神学进行更彻底的批判。我们要估计到哲学社会科学的这种发展趋势，积极开展宗教学的研究。”①

任继愈先生是一名宗教学研究者，也是彻底的无神论者，这是不矛盾的。研究宗教就要真正弄清宗教的发生、发展到消亡的客观规律，这就是马克思主义宗教学的任务。他是站在宗教的外面，清醒地认识宗教的本质，所以才能得出科学无神论的合理结论。

任继愈先生的科学无神论是有自己的内容与方法论的，但问题是，科学无神论决不能是书斋里的事，而应该将其理论成果惠及社会大众，任继愈先生为此奋斗终身。他说：“觉悟了的群体才能推动社会。”他曾希望能写一本书，专门讨论群体认识论的问题，只有社会群体得到觉悟，社会才会进步。科学无神论与马克思主义宗教学就是为这个觉悟大众的历史使命而生的，“我觉得今后要提出群体的认识论这个问题。就是主客观，认识这个东西，要群体化才能起作用，它才有效，仅仅是我个人认识某个东西，孤明先发，不解决问题，你认识又怎么样？”②好的东西、正确的东西一定要让大

① 任继愈：《宗教学讲义（代自序）》，国家图书馆出版社，2013年，第17页。

② 任继愈《世纪老人的话》，《任继愈对话集：觉悟了的群体才能推动社会》，人民日报出版社，2009年，第191页。

多数人掌握知道才能取得真正的价值。在先生看来，科学无神论的研究不仅仅是为己之学，而是为社会、为天下的学问，更是有良心的学者的责任。

——原载《科学与无神论》，2014 年第 4 期

脱愚重于脱贫

陈祖甲

20 世纪 90 年代中期，任继愈先生发表了见解独到的文章：《不仅要脱贫，而且要脱愚》。在缅怀任老的时候，笔者重温这篇文章，倍感文章犹如中国社会发展进程中敲响的洪亮警钟，使脱愚问题被推向亟待重视的地位。

我国是一个人口众多的发展中国家，在改革开放初期，不足温饱的民众还有八千多万。如今，经过三十多年的努力，贫困人口已下降到两千万左右。当然，如果考虑到没有达到小康生活水平的人口，我们便会认识到脱贫的问题仍是我国社会发展的不可忽略的重任。

然而，值得提醒的是，我国贫困人口数量之所以众多，其不可忽略的一个因素是长期以来我国处于闭关自守的状态，“民可使由之，不可使知之”等封建愚昧的意识和愚蠢的思维方式始终制约着人们的头脑。公众的科学技术水平和素质不高，长期从事着落后耗力的劳动，缺乏独立思考的能力，难以辨别复杂的是非。任老在文章中肯定：“当前国际上重大事变提醒我们，不仅落后要挨打，愚昧也要挨打；在愚昧的基础上，也无法摆脱贫困和落后。”任老的文章从弘扬无神论的角度谈了脱愚的问题，敲响了脱愚的警钟，对推动我国社会正规的科学发展有着重要意义和作用。

以本人的浅见，尽管国人的贫富差距很大、贪污腐败现象丛生、欺诈行为泛滥，仍是当前社会发展的巨大阻力，然而要想清除这些腐朽的现象，必须着眼于擦亮公众的眼睛，使他们对种种腐朽现象提高辨别能力并予以揭露，依据法律予以严惩，才是一条必然的、有效的途径。近三十年的实践告诉我们，对于各种腐朽行为虽有法律法规制止，但实际上依然是通行无阻，且有某些权力的保护和助长，而揭露批判种种腐朽行为却常常受到某些不成立的借口的阻拦。比如，时下算命看相以及勘测风水、非法行医的大师及某些伪科学被许多人崇拜得五体投地，得不到正规有效的取缔等等，这些正表明了脱愚问题、提供文明水准，已经时不我待了。

至于脱愚，应该包括摆脱愚昧和愚蠢两个方面。

摆脱愚昧是指提供公众的科学文化素质、提供文明道德水准，让那些腐朽现象和假冒伪劣产品和欺骗花招没有生存的土壤。尽管我们的教育能力有所提高，但是一则没有普及到原有知识贫乏的弱势人群；再则是教育工作仍以训导为主，不善于启发受教育者的主动与积极性，教材却缺少先进的科学内容，“读书无用论”仍在不知不觉中起着腐蚀作用。

摆脱愚蠢是指让公众掌握先进的科学思想方法，提高对不科学的事物的辨别能力。当然，这需要有先进的科学技术知识作奠基石。尤其在当前，现代科学技术在世界上迅猛发展，并且得到广泛的应用。但是，有的文化学历并不低的人，却不能识别种种招摇撞骗的恶劣行径。有的认知脱离现实，空泛论事，事实不明、概念不清、逻辑混乱、结论走偏。有的遇事自以为是，自命不凡，以感情、地位、金钱论是非，习惯宣泄，动辄走极端。有的处事为了捞取自己的利益，抛开相关的科学常识，以时髦的名词语言为幌子，甚至去为假冒伪劣推波助澜。更多的行为是，利用多种时尚的语词，专门针对弱势群体，招摇撞骗，博得力挺，捞取利益。从当前争论的转基因食品事件中，可以看到这种现象，某些反对转基因食品的人士，往往不理解科学与技术的关系和区别，用政治观念混淆科学与技术的关系，用“怀疑一切，打倒一切”的思维乱挥棍子。

总之，脱愚是一项艰巨费力的长期任务，需要有识之士的艰苦努力，争得相应的话语权。我以为这是我们纪念任继愈先生所必需的力量。

2013 年 12 月 8 日初稿　2014 年 1 月 31 日改稿

宗教遗产与文化继承
——论任继愈先生认识与继承传统的智慧

周　赟

中国传统文化究竟是怎样的，这是传统文化的性质问题。传统文化以儒、释、道三教为支柱，释、道二教为宗教无疑，但儒家是否宗教却争议很大，而当代儒教问题的提出者就是任继愈先生。他不但认为“儒家是宗教”，还指出中国传统文化和其他民族的传统文化一样，也是宗教文化。另一方面，先生还是以批判神学为核心的马克思主义宗教学的创始人。所以，问题也随之而来，先生是一位主张继承传统文化的学者，但同时要批判宗教神学，那么他就必须面对并处理好宗教遗产与文化继承这对矛盾。习近平同志在孔子诞辰 2565 周年国际学术研讨会暨国际儒学联合会第五届动员大会上曾呼吁要科学地对待传统文化：“要把弘扬优秀传统文化和发展现实文化有机统一起来”[①]，职是之故，在弄清传统文化性质的基础上，处理好宗教遗产与文化继承的问题，便是当务之急。因此，先生处理这一问题的

① 习近平：《习近平同志在纪念孔子诞辰2565周年国际学术研讨会暨国际儒学联合会第五届会员大会开幕式上的讲话》，《人民日报》，2014年9月25日02版，以下简称“《讲话》”）。

智慧，或许能给我们今天的工作带来一定的启发。

一、认识传统文化的特性

（一）传统文化具有宗教性

要继承传统文化，首先要弄清传统文化的性质与内容，然后才能找到正确的继承方法。其中，弄清传统文化的性质又尤为重要，性质是一物是其所是的内在原因，对于一物的存在与发展起着决定性作用。

任继愈先生是一名马克思主义宗教学者。毛泽东主席曾在 1963 年 12 月 30 日发表的《加强宗教问题的研究》一文中指出，当时我国用历史唯物主义的观点研究宗教的文章很少，而“任继愈发表的几篇谈佛教的文章，已如凤毛麟角”。任继愈先生是少有的自觉运用马克思主义基本原理研究人文社会科学的学者。所谓马克思主义的方法，就是用“社会存在决定社会意识”“实事求是”等马克思主义基本原则来剖析传统文化，认识传统文化。

先生得出的结论就是“儒家是宗教”。儒家作为最大的主流文化，是否是宗教具有很大的争议性，这直接关系到整个传统文化的性质问题。但先生通过比较分析，肯定并坚持“儒家是宗教”的结论，也进一步点明了中国传统文化的性质，意即中国传统文化是宗教的文化，或者说中国传统文化具有宗教性。

自古儒家与释、道并称“三教”，她是否宗教本不是问题。“儒家不是宗教”的思想始自梁启超。此后，蔡元培、陈独秀都有对儒家的宗教性进行过否定。在这些学界、政界都有话语权的人物的影响下，“儒家不是宗教”遂成定论。

在这样的情况下，先生提出“儒家是宗教”，自然反对者无数。然而，这个结论的理论意义却相当深刻。从宗教学角度讲，这表现了先生深厚的宗教学素养，即是否只有类似基督教的宗教才是宗教，一般宗教学原理究竟是什么？从文化学角度讲，这体现了先生对中国传统文化性质的深刻理解，[①]即中国文化是否是非宗教的，中国文化是否能脱离人类思想发展普遍规律而成长起来？所以讲，对儒家是宗教的认定，是一个非高度掌握马克思主义理论水平的马克思主义宗教学家所不能得出并始终坚持的。

质言之，先生主张中国传统的主流文化是宗教文化，中国的文化遗产实质是一份宗教遗产。因此，我们紧接着要追问的就是，这份遗产的价值在哪里？

（二）传统文化的优点

先生始终坚持要继承传统文化，他很明确传统文化的价值所在。他认为至少有四点优良传统值得称道[②]：第一，“中国文化有着对外来文化融合交流的优良传统”，中国文化是在不断融合与交流的过

① 李申：《任继愈——中国马克思主义宗教学的开创者和奠基人》，《上海师范大学学报》（哲学社会科学版），2014年第1期。

② 任继愈：《发扬中华民族优良传统 建设社会主义精神文明》，《任继愈自选集》，北京师范学院出版社，1990年，第410页。

程中发展起来的，魏晋、隋唐、元明清文化都包容了大量汉以外的文化传统。佛教文化的中国化，敦煌壁画里的西方文明，云南的多民族传统，这都体现了华夏文明开放吸纳的优良传统，因此，中国文化是丰富的、活的。在哲学上，董仲舒的儒学是吸收孔孟、道家、燕齐方术、阴阳五行等各派思想而形成的，宋明理学则是儒、释、道三教汇通的结果。所以，中国文明在分裂、统一、再分裂、再统一的过程中，不断综合、创新、升华。今天，我们必须继续秉持开放的心态、包容的胸怀，努力吸纳一切优秀传统，再造中华文明的辉煌。

第二，"中华民族有唯物主义、无神论的优良传统"。从老子、范缜到王夫之，中国思想史上有一个朴素的唯物论传统，虽不可能达到费尔巴哈的唯物论高度，但已是难能可贵了。其实，还有一个作为过程性的无神论传统也很值得称道。从孔子"敬鬼神而远之"不再迷信鬼神，王充否认天人感应的可能性，再到张载、王廷相等儒者的气论哲学，都是对鬼神去神秘化的努力。虽然这条系统没有彻底否认鬼神的存在，却是走向无神论的过程，可以算是一种过程性的无神论传统，这对于中国文化中理性传统的形成有极大裨益。

第三，"中华民族有丰富的辩证法思想的优良传统"。先生认为，中国的辩证法思想主要有两个传统，以老子为代表的"贵柔"体系，即以柔克刚、以进为退等；另一条是《易传》的辩证法体系，强调变化、发展、刚健等思想。其实，庞朴先生专门研究过儒家的辩证法，他的《儒家辩证法研究》就专门提出了仁义、礼乐、忠恕、圣智、中庸、三分六种辩证法范畴。庞朴先生的研究对中国辩证法思想做了进一步发展，体现了中国辩证法思想的丰富性。

第四，“中华民族有爱国主义的优良传统”。爱国主义传统是中国文化中最为突出的优良传统。农民起义中的爱国主义主要反对专制、暴政，屈原、文天祥的爱国主义以忠君为核心，现代的爱国主义以反对霸权主义、帝国主义、殖民主义为宗旨。虽然古今的爱国主义有所不同，但这份满腔的爱国热情是一以贯之的。甚至，先生在评价马克思主义时说：“中国的马克思主义和外国不一样，马克思主义是三个来源，中国的马克思主义只有一个来源，就是爱国主义。”[①]所以说，把爱国主义落到实处，其实是马克思主义中国化的重要环节。

当然优点归优点，先生不忘告诫说：“我们要有清醒的认识，不要以为我们的一切传统文化都是什么灵丹妙药，包医百病，比西方高明万倍。我们要正确地看待我们的传统，给予适当的地位，既要看到我们封建文化的优良传统，又不能停留在封建文化优良传统的水平上自满自足，以为人家还要学我们的封建文化，到底是我们比人家高明，那是很危险的。”[②]他从辩证的角度看到的传统文化有问题，其实就是宗教性的问题。因此，尽管传统文化有很多优点，但宗教性始终是作为理性与智慧的阻碍者。宋元明清时，儒教因其强势地位而拒绝一切其他思想，叫世人迷信“皇权上帝”，最终沉沦于无知的自大，近代的屈辱已是有目共睹了。

① 任继愈：《世纪老人的话——任继愈访谈之二》，《任继愈对话集：觉悟了的群体才能推动社会》，人民日报出版社，2009年，第199页。

② 任继愈：《正确对待传统文化》，《天人之际：任继愈学术思想精粹》，人民日报出版社，2010年，第306页。

总而言之，先生对传统文化是有感情的，但不是盲目的。所以，他看到了我们文化的性质，懂得我们文化的优劣，且立场鲜明。因此，他认识与继承传统的智慧，对我们是会有启发的。

二、继承传统文化的意义

（一）与传统隔绝很“悲哀”

2014年9月9日，习近平同志考察了北京师范大学，在全国课标展厅内，他说：“我很不赞成把古代经典诗词和散文从课本中去掉，‘去中国化’是很悲哀的。应该把这些经典嵌在学生脑子里，成为中华民族文化的基因。”习近平同志深知文化立国的道理，“去中国化”的“悲哀”指的就是国将不国的局面。

传统不仅仅是诗词歌赋，还有很多东西，比如汉字文化。任先生就曾指出，汉字简化带来的当代与传统的割断问题很严重。他认为，汉字简化的方向是对的，但做得太粗糙。他举例说，颐和园曾办慈禧太后生活展，结果把“太后”写成“太後”。[①]其实，笔者发现曲阜孔庙里新立的“後土神位”也闹了这个笑话。“后”乃帝王，与作为方位的“後”意思迥异。先生还批评说，“鬥”与“斗”、“幹”与“干”也本不是一个字，合并了就乱了。所以，先生一贯主张“识繁用简”，不能忘本。这些事例告诉我们，改造过的传统文化问题很大，

① 任继愈：《祖国的语文，为什么不学？——访国家图书馆馆长任继愈》，《任继愈对话集：觉悟了的群体才能推动社会》，人民日报出版社，2009年，第221页。

应该抓紧普及，从小抓起，否则要闹大笑话。

其实，先生一直在致力于传统文化的普及工作。他曾主编过《中国文化史知识丛书》，囊括了考古、史地、思想、文化、教育、军事、文艺等十个门类，一百个专题。每个专题七万字，皆由一流学者撰写，相当于一部中国历史文化的小百科全书。

其实，继承好传统文化还更有深意。先生说："我觉得有了中国文化历史知识基础以后，爱国主义就有了根，而且比政治课更有效。"[①] 质言之，没有了历史文化，国将不国，没有历史感的人民也不懂得真正爱国。所以说，普及历史文化是最好的爱国主义教育。

（二）传统文化是民族认同的基础

什么是爱国，爱国不同于爱物，人与国的关系不是并列关系。国是人的属性，所谓爱国，就是认同自己的民族文化与身份这个属性，并自觉地把这种民族属性彰显出来。每一个民族都有属于本民族的标志，中国人之为中国人的标志就是中国传统文化。所谓"爱国主义教育"，就是弘扬中国传统文化，让每个中国人都对中华民族有自觉的认同，让中国人和其他民族的人区别开来，使中国人成为中国人。

任继愈先生在谈到基础教育中重理轻文的现象时曾强调说："新中国成立后出生的孩子对古代的东西非常隔膜，尽管数理化考得非常好，奥林匹克竞赛得过奖。我去看过安徽的少年班，他们征求我的意见，我说少年班要熟悉中国的历史文化，光学这个科技不行，

① 任继愈：《一位中国历史文化学者的心愿》，《任继愈对话集：觉悟了的群体才能推动社会》，人民日报出版社，2009年，第231页。

这跟外国孩子没有什么区别。”[①]重视科学技术没错，但其他国家也重视科学技术。科学技术是没有民族性的，如果中国的孩子只懂得科学技术，那么中国人之为中国人的根据在哪里呢？就是说，传统文化要从娃娃抓起，民族认同要从小培养。

无独有偶，习近平同志在《讲话》中也说道：“研究孔子、研究儒学，是认识中国人的民族特性、认识当今中国人精神世界历史来由的一个重要途径。”儒、墨、道、法等“这些最基本的文化基因，是中华民族和中国人民在修齐治平、尊时守位、知常达变、开物成务、建功立业过程中逐渐形成的有别于其他民族的独特标识”。这里的重点就是“有别”，中国人之所以是中国人，必有区别其他民族的根据所在。无疑，这个根据就是中国传统文化，这是中国人独有的，是中国人的标志。

所以说，习近平同志和任继愈先生都不是就文化谈文化，而是站在民族认同的高度来谈传统文化的，这就赋予了传统文化以历史使命与民族大义，意义非凡。

（三）继承传统文化是现实需要

虽说传统文化有这样那样的问题，但批判继承以后的传统对今天的时代仍有不小的裨益。比如，改造后的“忠”，先生说：“失去国家保护的民族只好任人宰割，‘爱国主义’就是今天对‘忠’的新诠释。……比如，现代企业诚信精神，对中国人来说，它与传

---

① 任继愈：《祖国的语文，为什么不学？》，《任继愈对话集：觉悟了的群体才能推动社会》，人民日报出版社，2009年，第220页。

统的‘曾子三省’的‘忠’就有着传承与革新的关系。”[①]今天的孝也一样，由于社会保障制度尚不足，无力自养的老人还是需要依赖家庭的保障，缓解社会救济的压力，所以，“孝”也适应现代的中国。

忠、孝只是传统文化中诸多价值的一种，全面清理、诠释、发展传统文化里的各种价值，对现代社会种种问题的解决不失为一种方法。如习近平同志的《讲话》说：“当代人类也面临着许多突出的难题，比如，贫富差距持续扩大，物欲追求奢华无度，个人主义恶性膨胀，社会诚信不断消减，伦理道德每况愈下，人与自然关系日趋紧张，等等。要解决这些难题，不仅需要运用人类今天发现和发展的智慧和力量，而且需要运用人类历史上积累和储存的智慧和力量。”

理论问题的解决也需要传统文化。习近平同志在《讲话》中说：“马克思主义基本原理必须同中国具体实际紧密结合起来，应该科学对待民族传统文化，科学对待世界各国文化，用人类创造的一切优秀思想文化成果武装自己。”先生认为，中国文化最大的优点与精神就是爱国主义，而中国的马克思主义只有唯一的来源，就是爱国主义。所谓“马克思主义中国化”，就是将爱国主义融入马克思主义理论，这就是用传统文化解决理论问题。

社会需要、理论需要这都是中国的需要，其实世界也需要中国传统文化。发扬中国传统文化，我们还应该具备世界眼光，看到她也是一份属于世界的遗产。

任继愈先生在《国际汉学》辑刊的开卷语中写道：“中国文化

---

① 任继愈：《说忠孝：儒学的回顾与前瞻》，《中华五千年的历史经验：任继愈讲演集》，人民日报出版社，2010年，第272页。

是世界文明的发祥地之一。她悠久的文化传统对世界产生过重大影响。东学西渐已有上千年的历史。汉学（Sinology，又称‘中国’学）现已成为一项国际性的学术事业，中国文化属于全世界。”这就是国际视野，比如“对于孔子的研究，不光是中国人的事，也是全世界关心文化事业学者的事”。[①] 中国文化是世界文化的组成部分，是世界文明多样化的重要环节，与其他文明共同为人类文明的进步做出过巨大贡献。

质言之，“我们对传统文化研究得愈透彻，对建设新文化就愈有利。‘文革’时期我们走过弯路，搞什么评儒批法，走回头路。这是倒退。现在我们走上了正轨，前途一定是光明的，大家要努力”。[②] 新文化不仅是中国的，也是世界的。所以，继承传统文化缘出于现实需要。

三、如何继承有宗教性质的传统文化

（一）学好历史，整理国故

继承传统文化大体有两个最基本的方法，即学好历史与整理国故。前者是对普通人来说的，后者则是对文化学者而言的，不论是否关涉宗教，都要学习、研究。

① 任继愈：《已具备了研究孔子的条件》，《天人之际：任继愈学术思想精粹》，人民日报出版社，2010年，第54页。

② 任继愈：《继承传统文化的精华，迎接文化建设新高潮》，《中华五千年的历史经验：任继愈讲演集》，人民日报出版社，2010年，第302页。

先生说，继承传统的方式就是“学历史，历史可以补充政治课”，“现在最缺的是历史教育，我们在骂日本人的时候说不要忘记历史，可我们自己却在忘记，我很担心。南京的学生就不知道南京大屠杀的地点在哪里，也不知道‘九一八’事变发生在什么地方”。[①] 传承文化是一个方面，可能树立危机意识是更深层次的东西。学好历史，就能知道兴替，文化的继承就已在其中了。尤其年轻人能学好历史，那对于文化继承是具有决定性意义的。

关于整理国故，先生不仅对学者有要求，更是亲力亲为。任先生的右眼早年就几近失明，左眼视力也只有0.2，但在异常艰难的条件下，他仍坚持主持完成了各类古代文献总集的编纂工作。

其中，先生主编《中华大藏经（汉文部分）》呕心沥血十五年，于1997年完成了一百零六卷，共1.2亿字。此后，又继续为《续编》奔走呼告。在一份向中央领导报送的《论证报告》中，他指出：编辑出版《中华大藏经（汉文部分）续编》可以“进一步增强中国传统文化资源的开发和利用，进一步发挥中国文化建设的积极作用”，这“是使整个《中华大藏经》事业的社会效益和国际影响力进一步扩大的需要”。[②]在他看来，整理传统典籍，不是一个普通的工作，而是需要花一生的心力去做的事业。然而，令我们遗憾，更令先生遗憾的是，《续编》还没来得及完成，先生就已经与世长辞了。

① 任继愈：《对话哲学家任继愈：穿越古今的旅行》，《任继愈对话集：觉悟了的群体才能推动社会》，人民日报出版社，2009年，第213页。

② 张新鹰：《“没有什么比事业更重要”》，《我们心中的任继愈》，中华书局，2010年，第91页。

先生主编的另一套关于古代文献的类书是《中华大典》，始于1989年，2010年全部出齐，共七亿字，规模是《永乐大典》的两倍，《古今图书集成》的四倍。其实，编纂《中华大典》初期，编委会严重缺乏资金，向国家借了一千八百万，最后只还了七百二十万。后来，国家正式拨款了，才解决了经费问题。先生何以非要坚持这项工作呢？他说："形势很紧迫。我们国家的文化经过'文革'的摧残，文化已经形成断层。我们的传统文化在滑坡，这些都需要我们认真解决。"[①]说到底，整理古代文献就是为了继承传统文化。

先生的古代文献整理工作何止这两项，此外他还主编了《道藏提要》《中国科学技术典籍通汇》等类书。这些工作与先生的文化高潮观密不可分，他说五千年中华文明的第一次高潮是汉朝，开通了丝绸之路；第二次高潮是唐朝，开辟了海上丝绸之路。21世纪必将迎来第三次文化高潮，今天积累资料，就是为第三次文化高潮做准备。[②]其实，整理国故并不讨好，先生为此放下了大多数写自己东西的机会，其他编委会成员也面临着这样的问题。但他们仍坚持这份执着，这是从国家文化发展的大局着眼，是值得我们敬佩的。

质言之，继承文化传统有两个最基础的方法，其一是学好历史，其二是整理国故。习近平同志在《讲话》中呼吁社会各界对传统文化要在"继承中发展，发展中继承"。我想，按照先生的意思，要

① 任继愈：《民间力量17年推动盛世修典》，《任继愈对话集：觉悟了的群体才能推动社会》，人民日报出版社，2009年，第66页。

② 任继愈：《关于中文古籍的保存保护》，《中华五千年的历史经验：任继愈讲演集》，人民日报出版社，2010年，第200页。

真正做到继承与发展，首先就要加强历史教育，尤其是大中小学生的历史教育。只有让年轻人牢记历史，才能从根本上传承文化。同时整理古代文献，不断弄清我们祖先的心路历程，总结先人的思想经验，由此方能有效地弘扬我们的文化。

（二）去其糟粕，取其精华

学好历史与整理国故是对传统文化的整体性认识，在认识了以后，就需要明辨与取舍。这就是去其糟粕，取其精华。

儒教作为中国传统主流文化，同其他文化一样，也有进步与局限两方面。很明显，儒教作为宗教传统，其惰性很突出，胡适当年主张全盘西化就因为这一点。因此说，儒教对社会发展是有阻碍作用的。在谈到现代化的阻力问题，先生说："我找到的结果就是封建的残余势力太大了。""干部子女经商从政靠关系，这就是封建的东西。""《国际歌》说'从来就没有什么救世主，也不靠神仙皇帝'。而我们的《东方红》却唱大救星。就是因为我们差一个社会发展的阶段，我们是直接从封建社会过渡到社会主义社会的。"[①]

先生曾举过一例说，华人王安创办的王安公司，与IBM同时起家，此后多年间王安公司不论是经济水平，还是技术实力都超越IBM数倍。然而，1992年，庞大的王安公司却宣告破产。其根本原因就在于，王安坚持要让自己的子女接掌他的公司，而非选择他身边最有才干的家族外的人。家族世袭成为王安公司最终失败的根本原因之一，

① 任继愈：《世纪老人的话——任继愈访谈之一》，《任继愈对话集：觉悟了的群体才能推动社会》，人民日报出版社，2009年，第152、161页。

这就是儒教的致命问题。

但儒教真的一无是处吗？先生说："中国没有儒教传统也不行。"[①] 先生对科举制度的形式就情有独钟，他几次提到"可以考虑'恢复'科举，我们不考科举的内容，但是那种形式值得借鉴。"[②] 他认为，科举制至少有两点好处：其一，科举制度严格公平。清朝后期虽然腐败，但科举舞弊不会轻饶，鲁迅家族就是受科举舞弊案的牵连而没落。胡适的孩子三次没有考上北大，蒋梦麟的女儿也没考上西南联大。但是现代，"我就看北大解放以后有变化，高干子弟可以随便进。……没有照顾就进不去，我眼看着北大滑坡的。"[③]"因为严格所以也公平。"[④] 其二，科举制度鼓励自学。国家需要创新人才，但缺乏造就创新人才的条件。比如，现代学生的学习状态，"没有学生自己的时间，不能发挥自己的爱好，跟蒸包子一样一屉一屉的，出来一个模样，这样不会出人才，有人才也埋没掉了。"[⑤]

除了科举这一具体机制的价值，先生还认为，中国文化基本特点是持续发展。他说："中华文化有一个特点，就是持续不断地前

① 任继愈：《对话哲学家任继愈：穿越古今的旅行》，《任继愈对话集：觉悟了的群体才能推动社会》，人民日报出版社，2009年，第218页。

② 任继愈：《对话哲学家任继愈：穿越古今的旅行》，《任继愈对话集：觉悟了的群体才能推动社会》，人民日报出版社，2009年，第214页。

③ 任继愈：《祖国的语文，为什么不学？》，《任继愈对话集：觉悟了的群体才能推动社会》，人民日报出版社，2009年，第225页。

④ 任继愈：《哲学家任继愈：我看教育》，《任继愈对话集：觉悟了的群体才能推动社会》，人民日报出版社，2009年，第71页。

⑤ 任继愈：《祖国的语文，为什么不学？》，《任继愈对话集：觉悟了的群体才能推动社会》，人民日报出版社，2009年，第223页。

进，与时俱进。这一点很特殊，只此一家。”“（中国）是亡过国的，不过它是亡在自己兄弟之间的斗争中。一会儿是老大当家，一会儿是老二当家，但传统没有变，文字没有变，意识没有变。不但没变而且持续发展。”他举例说，现在的马字、鱼字和甲骨文都是差不多的，而希腊人已经不认识柏拉图时代的希腊文了，印度人也不认识梵文了。在精神层面上更是持续的。“我们的意识形态也是持续不断地在发展，团结一致、不受屈辱，一致抵抗外国侵略，形成了一个坚强的传统。”[①] 他举例说，中国人被骂汉奸，这是比骂祖宗还要严重的事。秦桧考上状元，做过宰相，书法也写得很好，但是一幅字都没留下来。这就是一种重视人品的传统，只要人品不好，其他的成就是不被承认的，这就是一种好的传统，几千年不曾中断。

质言之，只有懂得取舍才能学会继承。如习近平同志在《讲话》中强调的：“传统文化在其形成和发展过程中，不可避免会受到当时人们的认识水平、时代条件、社会制度的局限性的制约和影响，因而也不可避免会存在陈旧过时或已成为糟粕性的东西。……要坚持古为今用、以古鉴今，坚持有鉴别的对待、有扬弃的继承，而不能搞厚古薄今、以古非今，努力实现传统文化的创造性转化、创新性发展，使之与现实文化相融相通，共同服务以文化人的时代任务。”

（三）理解历史性，悬置有神论

以上总结了两种任继愈先生继承传统文化的方式，学好历史与

① 任继愈：《对话哲学家任继愈：穿越古今的旅行》，《任继愈对话集：觉悟了的群体才能推动社会》，人民日报出版社，2009年，第210页。

整理国故，是对传统文化进行打包式的全面认识，不论它的好坏对错，我们都要认真面对、分析。在此基础上，取其精华去其糟粕，把有用的东西继承发扬出来。比如，科举制度的形式是好东西，可以借鉴；以人品评价作品是好传统，应该继承。这两点给我们的启示是，尽管中国传统文化具有高度宗教性，但围绕宗教的，还有大量的一般价值。因此，我们在认清传统文化的宗教性之外，不必谈宗教色变。先生对待宗教遗产与文化继承的大智慧就在这里，他清醒地知道主流文化的宗教性，所以他坚持批判有神论；同时他也知道，在宗教的外围，还存在着现代人也急需的具有高度民族性的一般价值，所以他坚持呼吁继承传统。

通过以上两点，我以为先生有他文化继承的一般原则：首先是理解历史性。

任何思想、价值都有历史性，唯心主义有历史性，宗教也有历史性。所谓"历史性"，就是说某种理论既有历史的局限性，也有历史的进步性。先生举例说："'五四'时代提出'打倒孔家店'，要打的不是鲁国孔丘，而是经过朱熹改造过的，巩固封建社会的儒教。按照思想衰减现象，孔子的言行不可能长久不衰。戴震提出'以理杀人'，禁止寡妇再嫁，干涉子女婚姻，家长绝对统治，族权武断乡曲，孔子对此毫无责任。鲁迅笔下的'四铭'、'鲁四老爷'之类的人物是儒教铸成的典型，与孔子思想无关。"[①]这就是说，不能因为后期的儒家有各种不是，于是对早期的儒家也

① 任继愈：《文化遗产的增益现象》，《天人之际：任继愈学术思想精粹》，人民日报出版社，2010年，第41页。

进行否定，进而对整个传统文化全盘否定，这是错的。所以，在认识传统文化时一定要注意历史性的问题，不能因为她在今天有负面效应就简单否认她的价值，也不能因为她在过去是进步的，就肯定她对今天也是有益的，这就是实事求是。

先生一贯注意到历史性的问题，20世纪80年代初期，先生率先打破哲学研究中两军对阵的局面，认为唯心主义也具有历史进步性。他说："人类从没有宗教到有了宗教，表明人类已经有了一个自己异化的精神世界。这个异化的精神世界，动物就没有。从不知道有宗教到产生了宗教，这应当看作人类的一大进步。""宗教是如此，与宗教相伴而生的唯心主义也标志着人类的进步。"①这就是对历史性的正确理解，是实事求是地做研究。

今天，我们来回顾儒家的传统，也应该秉持这种实事求是的态度。殷商的宗教风气极盛，遇事必占卜。到了春秋，孔子主张"敬鬼神而远之"，既继承祖先崇拜的传统，又不囿于对祖先神灵的迷信。这个"远"字既体现了"祭不欲数"的虔敬，又彰显了人的主体价值，是典型的对历史的继承与发展，这就是孔子的智慧。是故孔子的宗教改革就是历史性的进步。

到了宋明时期，理学家说："鬼神，二气之良能。"（《正蒙·太和篇》）在理学家看来，鬼神不能仅仅是超验的存在，而一定要将鬼神之为鬼神的本质解释清楚。结果，理学家找到了气论，并以此为现象背后的根据。如此，尽管理学家仍相信鬼神的存在，

① 任继愈：《如何看待哲学史上的唯心主义》，《中国哲学史方法论讨论集》，中国社会科学出版社，1980年，第216页。

但他们观念中的鬼神已不是单纯的神秘存在者了，而是一种可以认识的，向常人敞开的存在，这又是一种历史性的进步。

所以讲，传统文化的主流是宗教的，但经历宗教阶段是文化发展的一般规律，中国概莫能外，不必讳言。重要的是，中国文化始终处于一种革新的、进步的过程中，这是需要肯定的。理解了这一点，就能正确地继承传统文化了。

其次是悬置有神论。

我们知道先生对有神论的批判是一以贯之的。但是，传统文化的主流是宗教的，宗教的核心是有神论。要继承这样的文化，批判继承是一方面，面对具体情况还需要一种独特的对待有神论的方法。先生主张学习历史，整理古籍，利用好科举的形式，继承好优秀的道德等等。在这里，先生做的就是继承好有神论外围的一般价值，至于有神论，则先放一放。我称此为"悬置有神论"的方式。

"悬置"是现象学认识世界的重要方法，指看待事物不受束缚的状态，即认识者放弃一切对该事物所拥有的先前的认识，让认识对象如其所是的存在。就传统文化而言，其宗教性是在研究以后赋予它的一种认识，悬置的目的就是叫我们把所有的前认识放到一边，即把它的宗教性放到一边，把我们需要的传统如其所是地呈现出来就好。如先生说："中国人十分看重祭礼，认为它是宗教仪式的一部分，这在无形中也增强了中华文化的凝聚力。"[①]所以，有些祭礼是可以恢复的，比如祭祖、祭先贤。在祭祀过程中，我们可以悬置

① 任继愈：《国学大师任继愈访谈》，《任继愈对话集：觉悟了的群体才能推动社会》，人民日报出版社，2009年，第45页。

有神论，强调仪式的神圣性，从而增强仪式本来所要达到的凝聚力培养的目的。其实，每年9月30日被确定为烈士纪念日，这就是国家层面的祭祀先贤。所以，悬置有神论是可以做到的。

进一步说，有神论本是作为核心存在的，因为宗教必以有神论为核心。悬置以后的呈现，总的来说是一种没有实质、灵魂的“形式”。为了解决这个问题，笔者认为，可以在抽离有神论后，填补入“爱国主义”这个新灵魂。

“爱国主义”是任继愈先生全部思想的精华所在。在抗战期间，他参加“湘黔滇旅行团”，徒步从长沙走到昆明，一路上体会到了中华民族的凝聚力，这就是爱国主义。后来，他主张中国的马克思主义只有一个来源，就是爱国主义。他对冯友兰、熊十力等老先生的最高评价就是爱国主义，他认为，汤用彤、贺麟、金岳霖等先生能接受马克思主义，也是爱国主义在起作用。[①]因此，我们可以认为，先生的所有学术贡献、教育贡献背后的实质就是爱国主义，这是先生的灵魂。职是之故，我们完全可以用爱国主义这个灵魂来替换有神论，注入传统文化，从而改造传统文化，使传统文化在今天继续发挥它的光与热。

总的来说，继承传统文化是建立新文化的必由之路，另起炉灶是没有出路的。拿中国哲学来说，“中国哲学的新体系，是中华民族优秀遗产的继承，不能脱离旧的传统构建一套与旧哲学完全脱节

① 任继愈：《实说冯友兰》，《任继愈对话集：觉悟了的群体才能推动社会》，人民日报出版社，2009年，第117页。

的体系”。[1]就是说，要建立新文化就必须以改造旧文化为先导，马克思主义中国化也必须以传统文化为基础，离开了传统，一切都是空谈。然而，旧文化有糟粕也有精华，我们先不要盲目地做价值判断，随意取舍，而是要全面认识，然后去粗取精，这就是先生的智慧。接着先生的逻辑再往下走，我们还可以改造宗教传统的实质，即用爱国主义这个文化精髓取代有神论这个文化旧灵魂，从而彻底改造我们的传统文化，让传统文化焕发出新的光芒，适应时代的发展需要。

——原载《学术探索》，2016年第10期

① 任继愈：《总结传统哲学，发展马克思主义》，《天人之际：任继愈学术思想精粹》，人民日报出版社，2010年，第111页。

中国无神论学会三十年

李　申

中国无神论学会成立于1978年底，到2013年底，已经走过了三十五年的曲折道路。参加中国无神论学会里都是些什么人，他们要干什么，都干了些什么？许多人并不了解。今天是第一届无神论论坛开幕的日子。本人愿借此机会，向诸位介绍一点学会的情况。

一、学会的初创到“无神论无人讲”

学会初创于1978年底。选举了两位理事长。一位是任继愈先生，一位是牙含章先生。第二年，又成立了“中国宗教学学会”，任继愈先生任会长。这两个学会，都挂靠在世界宗教研究所。

许多人很纳闷，一个人，怎么可以同时既是宗教学学会会长，又是无神论学会理事长？而无神论学又会如何挂靠在宗教研究所呢？

这就必须讲一讲宗教学和无神论的关系，也就是宗教研究所和无神论的关系。

中国社会科学院世界宗教研究所，是在毛泽东主席关于宗教问题的批示之后，由周恩来总理亲自过问建立起来的。这是一个以马克思主义为指导的“研究”宗教的“宗教学”学术机构，不是信仰宗教的机构。而宗教学和宗教信仰是两回事，不是一回事。

现在大家公认的宗教学创始人，是英国学者麦克斯·缪勒。麦克斯·缪勒创立的宗教学也称为“比较宗教学”，因为他把几种不同的宗教放在一起进行比较，得出他要追寻的结论。而这样的研究，在基督教的背景下，是受谴责的。因为，在基督教看来，只有基督教是宗教，即“Religion”，其他都只能是“偶像崇拜”，而不能称为“Religion”，即不能称为宗教。因此，宗教学从诞生之日起，就是一个与宗教，首先是基督教，处于对立地位的学科。麦克斯·缪勒认为，宗教学研究的对象，是一种谬误，他把这种研究比作病理学家研究疾病，这更使宗教家感到不快。也就是说，宗教学从它诞生的那一刻起，就同宗教信仰处于对立的地位。

马克思主义创始人没有关于宗教问题的专门著作，他们的后继者却运用马克思主义创始人所提供的立场、观点和方法，探讨了宗教问题的各个方面，遂形成了马克思主义的宗教学。在中国，马克思主义宗教学的开创者和奠基人，则是任继愈先生。是他率先运用马克思主义的立场、观点和方法，对佛教，接着又对儒教、道教、基督教等宗教进行了研究，为中国马克思主义宗教学做了基础性的工作。他的研究著作，除了著名的《汉唐佛教思想论集》以外，还有其他许多著作，包括今天给大家的《宗教学讲义》。

科学无神论，是马克思主义世界观的前提和基础。因此，马克思主义宗教学，本质上是一种科学无神论，是科学无神论的最高形态：马克思主义无神论。正是在这样的思想基础上，才可以一人兼任宗教学学会和无神论学会会长，而无神论学会则挂靠在世界宗教研究所。

起初，学会的参加者主要有两部分人：一部分是宗教学学者，一部分是研究中国哲学的学者。宗教学学者中，也有一些原来就是研究中国哲学的。因而，无神论学会起初的研究，大多集中于挖掘中国历史上的无神论资料，以为今天的借鉴。其基本成果，就是由牙含章先生主编的《中国无神论史》和王友三教授等完成的《中国无神论史资料选编》以及一系列学术论文。

学会起初每年开一次年会，大多在北京以外的省会。比如成立大会就在南京开，1982 年的年会在武汉召开。大多由省委、宣传部支持。而就在 1982 年年会上，不少人提出无神论宣传困难，有关无神论的文章发不出去，希望学会能够自己创办一份杂志。从这时开始，无神论事业遇到了困难，到了被称为“有神论有人讲，无神论无人讲”的时期。

这几年里，对于无神论学会来说，有两件事是直接相关的。

一件是所谓“第三次鸦片战争”，即宗教学界关于如何理解马克思“宗教是人民鸦片”论断的争论。其实，这次争论的实质，是要不要宣传无神论的争论。其代表作，一方是任继愈先生 1979 年发表在《哲学研究》上的《为发展马克思主义的宗教学而奋斗》；一方是一位宗教界领袖 1981 年发表在中央党校《理论动态》上的《对宗教方面的一些理论和实践回顾的认识与体会》。《奋斗》一文重申了毛泽东主席要“批判神学”的主张，强调了宣传无神论的必要性。《体会》一文则否定宣传无神论的必要，认为宣传无神论会伤害信教群众的宗教感情，不利于执行宗教信仰自由的政策；认为讲清了科学道理，比如说明为什么天会下雨等，就是宣传了无神论。

第二件是关于修改宪法。1980年，宗教界领袖提案，要求取消1978年宪法中公民有“不信仰宗教、宣传无神论自由”的条款；第二年，任继愈等学者提案，认为不应该取消这个条款。1982年，宪法修改委员会接受了宗教界领袖的意见，取消了宪法中公民有“不信仰宗教、宣传无神论自由”的条款。

这两件事，既是现实状况的反映，也是推动影响现实状况的重要因素。从此以后，中国无神论宣传教育事业进入了一个艰难的时期。

二、从“无神论无人讲”到“法轮功”肆虐

1979年3月11日，《四川日报》报道了四川大足县（今重庆市大足区）一个叫唐雨的小朋友能用耳朵认字的神奇故事。三天以后，四川医学院对唐雨进行了二十五次测试，其中十九次偷看，六次偷看未成。虽然如此，各地还是陆续出现了能用耳朵认字的小朋友、大朋友。

耳朵是听觉器官，却能履行视觉功能，是非常奇特的异常现象，所以被称为“特异功能”。继耳朵认字以后，很快就出现了更多的特异功能，比如透视，肉眼可以像X光机那样，看见人体内的疾病；

可以透过钢铁水泥障碍，看到文件和矿藏等等。这项功能，也被称为佛教的“天眼通”。比如意念移物，即不接触物体，仅仅通过意念，可以移动种种物体。又比如预测，即未卜先知。还有人宣称懂得外星人语言等。

当特异功能人物雨后春笋般涌现的时候，气功大师出现了。《光明日报》1986年11月18日报道，严新可以用气功，即通过发出自己的外气给人治病。1987年1月24日，又报道严新和清华大学科研人员合作，在两千里外发气，改变清华大学实验室内化学药品的分子结构。第二篇报道还伴随着一位副总理和科学泰斗的贺信，成为不仅轰动全国，且引起世界瞩目的事件。

仅仅用自身肉体的外气就能产生如此大的能量，也是一种特异功能。从此以后，特异功能和气功合在了一起。具有特异功能的气功大师纷纷登场，他们宣称，可以远距离发气给人医病，或者接受了他们外气的物体都具有医病保健的功能。创立了“香功”的田瑞生到处卖带有他的外气的“信息水”；南方则有沈昌卖带有他外气的“信息茶”，还非常畅销。气功大师们到处做“带功报告”，听报告者带着各种各样的器皿接受他们的外气。还有不少人宣称他们的外气有极大的能量，可以打掉飞机，击落导弹，使全国的通信系统瘫痪。那位叫沈昌的，还说自己发功曾经改变了太阳的进行速度。一位叫陈林峰的，宣称由于他的发功，保证了某次火箭发射的成功，并因此得了数以十万元计的大奖。

这些气功或者特异功能能量比赛的尽头，就是这些气功大师们纷纷宣称自己是神。自称懂得外星人语言的张香玉，宣称自己是玉皇大帝的女儿；创立“中华益智养生功”的张宏堡，宣称自己研究出了使人成为神的几个步骤，他自己自然是更大的神。最后，就是“法轮功”的创始人李洪志，他不仅宣称自己具有更大的特异功能能量，而且宣称自己是比释迦、耶稣都更加伟大的神。

特异功能问题，起初被认为是科学问题。耳朵能不能认字，眼睛能否透视，特别是人体发出的气能否具有巨大的能量，都是科学问题。起初反对特异功能的，也主要是自然科学界的人士。那么，这些大师们怎么后来都成了神呢？

依照某科学泰斗的解释，特异功能就是“超出人体正常功能的功能”。而这超出正常功能的功能，在宗教学上就叫作“超自然力”。超自然力，正是神祇所具有的能力。而神祇之所以为神祇，也就是他们具有人所没有的超自然力。孙悟空一个筋斗十万八千里，如来佛一个毛孔中可以容纳三千大千世界。基督教的“上帝”说，要有光，就有了光，要有鸟，就有了鸟。如此等等，都是超自然力。神，并不都是精神性的存在，比如古希腊神话中的神，就不是纯粹精神性的存在。但神都具有超自然的能力，则是共同的本质。许多科学家、教授把超自然力当作最新科学的教训提醒我们，愚昧不仅存在于学历不高的人群之中，在高学历、高职称的人群之中，也同样存在着愚昧现象。

伪科学、特异功能现象活跃的结果，就是“法轮功”的出现。有人认为“法轮功”的出现是因为正教不发展。假如正教发展了，邪教就会受到抵制。与这种说法相反的事实是，从特异功能到“法轮功”出现和邪教发展壮大的时期，正是传统宗教有神论大发展的时期。在这一时期，中国境内各个宗教的人数，都有成倍、成数倍、甚至数十倍的增长。不能说正教的增长会促进邪教的生成和发展，但正教并没有抑制邪教的产生和发展，则也是事实。

中国无神论学会在此一时期的活动，极其困难，最后终于停止了。现在可以查到的中国无神论学会最后一次年会，1986 年于四川召开，此后就再无消息。但是，学会理事长任继愈先生仍然坚定地坚持着无神论的立场，并于 1988 年发表《关于宗教和无神论问题》，再次强调，宣传无神论不仅是必要的，而且是有效的。杜继文先生则密切关注并深入研究了特异功能和伪气功现象的泛滥，撰写了《气功与特异功能解析——有神论的新载体和新时代新宗教运动》一书，深刻剖析了特异功能的荒谬本质，指名批评了特异功能支持者的错误言论。“法轮功”被粉碎以后，中国社会科学院院长曾经自己出钱买了该书，送给副总理以上的党和国家领导人人手一册。此外，还有一些同志在《周易》研究等领域，批判或者抵制着错误的思潮。

面对新旧有神论的急剧扩张，这种单枪匹马的战斗显得力量太分散，太薄弱。1996 年，任继愈先生和杜继文、何祚庥先生一起，谋划重建中国无神论学会，并于 1997 年完成重建。重建的中国无神论学会中有许多自然科学家和反对伪科学的斗士，实现了社会科学家和自然科学家的联合。迫于当时的形势，学会把反对和抵制伪气功和特异功能作为自己活动的主要目标。鉴于“法轮功”的迅速扩张，由何祚庥先生建议，段启明先生负责，对“法轮功”进行了全面深入的调查研究。1998 年年会决定，起草报告，尽快向中央反映“法轮功”活动的危险情况。报告在起草中就发生了“法轮功”围攻中南海的事件。仓促完成的报告于“法轮功”围攻中南海的当天下午送到了中南海，帮助党中央及时了解了情况。这为遏制新的有神论的发展做出了贡献。

三、“无神论有人讲”但声音微弱

党中央果断粉碎“法轮功”的决策，不仅使许多人一下子认清了“法轮功”的邪教本质，也使许多人逐步认清了所谓“特异功能”的本质。中国无神论学会的理事和会员们的活动，在帮助广大人民群众认清“法轮功”的邪教本质和特异功能本质方面，发挥了积极的、重要的作用。在党中央亲自关怀下创办的《科学与无神论》杂志，刊登了一系列揭露特异功能、伪气功真相的文章，刊登了一系列澄清各种鬼神迷信真伪的文章，也刊登了一系列批评鼓吹有神论的文章。由于种种原因，刊物发行量不大，但它起到了抵制有神论传播、宣传无神论思想的中流砥柱的作用，使那些鼓吹有神论优越性的作者，因为《科学无神论》杂志的存在，不得不有所顾忌。

在注意传播无神论观念、抵制有神论传播、抵制鼓吹有神论言论的同时，学会积极向党和国家领导提出建议。每次建议，都得到了应有的批示。党和国家最高领导人曾经批示，要把科学无神论纳入国家科学研究的总体规划之中，锲而不舍地进行下去。并且指出，宣传科学无神论和执行宗教信仰自由的政策并不矛盾。这是由党中央为 20 世纪 80 年代初期开始实行的关于无神论宣传的争论做出的结论。在中国无神论学会的建议下，中宣部、教育部和中国社会科学院等六部委联合发文，要求加强无神论的宣传，并且在一定范围内取得了显著成效。不久前，当李 ·、王林、胡万林之流的伪科学、特异功能活动见诸报端的时候，就处于几乎是人人喊打的过街老鼠的境地，和二三十年前社会如痴如狂地对待特异功能的态度，可以说是发生了根本的变化。

随着特异功能问题的降温，传统有神论的问题日益突出出来。在特异功能风行的日子里，传统有神论，包括封建迷信和传统宗教有神论，也在急剧地传播和发展。一些共产党员，甚至党的领导干部，不信马列信鬼神，也拜倒在神坛之下。一些学者，也打着“为党分忧”的幌子，为有神论的传播充当吹鼓手，甚至鼓吹让共产党员信教。这些年来，传统有神论的扩张显得更加突出。国外敌对势力，也借所谓宗教渗透，企图颠覆我们的社会主义政权。美国成立了一个所谓的“国际宗教自由委员会”。这个委员会不管自己的事，专管别人家的事。美国是当今经济最发达的国家，却没有一个关注别国的“经济发展委员会”，只管别国的宗教信仰是否自由。本人曾经问过美国一些宗教领袖，为什么不能卖给中国一些尖端技术？该领袖说，那可能危害美国的安全。我说你们搞宗教输出倒不会危害你们的安全，可是会危害我们的安全，您知道吗？对方沉默了。事实上，这个委员会，就是一个专搞宗教输出、危害他国安全的机构，也是向我国搞宗教输出、对我们搞宗教渗透的机构。可忧的是，这样的输出和渗透，还得到了我们国内的某些人的响应和支持。一些宗教研究者、宗教学家，成为鼓吹有神论的工具。

宗教学最初和宗教有神论对立的趋势，曾经遭到宗教家的谴责。但是后来，情况就有了变化。马克思主义者用科学无神论的立场、观点和方法研究宗教问题，宗教家也站在有神论的立场，开始跻身宗教学研究，使宗教学变为维护有神论的工具。宗教学的发展，也就分成了两股大的潮流。近年来，置身有神论之上的宗教学有了一定的发展。而我们国内，以鼓吹有神论为目的的宗教学也发展起来。由于种种原因，这些以鼓吹有神论、鼓吹神学为目的的宗教家，还往往占据着宗教学的领导地位，掌握了相当的社会和经济资源。鼓吹有神论、宣扬神学的宗教学家，成为有神论迅速扩张的重要推动力量。这样，科学无神论的宣传教育工作，一方面必须直面有神论的发展和进攻，另一方面还要面对一些举着马克思主义宗教观旗帜，实则以宣扬有神论、宣扬神学为目的的宗教学家的宣传和鼓吹有神论的言论。这就使本来就非常困难的无神论宣传事业，又增加了新的重担。面对新的形势，中国无神论学会的主要任务也由反对特异功能转变为抵制传统有神论的扩张。

粉碎“法轮功”以后，中国无神论学会得到了党中央的直接关怀和支持。《科学与无神论》杂志的创办，就是党中央直接关怀的结果。党和国家的不少领导机关，也直接支持了中国无神论学会的工作。不久前闭幕的中国无神论学会年会上，产生了新的理事会，选出了新的领导班子。这次年会，不仅得到了中国社会科学院领导的支持，而且中央宣传部、中央统战部、教育部相关领导同志也参加了年会。政协民族宗教委员会主任朱维群同志到会做了重要讲话。中国无神论学会的队伍，也得到了发展壮大。中国无神论事业，正在艰难但稳步地向前发展。

三十五年来，中国无神论学会经历了艰难而曲折的发展道路。到目前为止，虽然无神论有人讲了，但声音还非常微弱。以无神论为名的杂志，目前只有一家。而挂有“宗教”字样的杂志，单在一个研究所的资料室里，就可以马上找到几十家，总量估计有上百家。专门宣传无神论的中文网站，仅有的一家也时续时断。而宣传宗教的中文网站，则有数百甚至上千家。无神论的研究项目，难以得到批准；从事无神论、宣传和教育的人才，就更加缺乏。无论在学术界还是在社会日常生活中，有神论和主张有神论的声音，目前还是远大于无神论的声音。但我们相信，这种情况，终将得到改观。因为神是不存在的。科学无神论是真理，真理的声音，是不可战胜的。

——2013年在科学无神论论坛上的发言

科学无神论的真理与智慧
——纪念任继愈先生一百周年诞辰

习五一

在当代中国文化思想领域里，任继愈先生一生辛勤耕耘，硕果累累。先生的研究领域，从哲学、历史学、宗教学到图书馆学、教育学等等，丰富多彩。对于先生的学术贡献，多数人是有口皆碑；而对于先生的思想贡献，却是见仁见智。当前，对五四运动以来思想学术大家的评价，众说纷纭。人们往往对专门学术领域贡献突出的先辈赞扬声很高，而对于那些引领时代精神的思想家，却由于种种原因，褒贬不一。

目前，我主要的科研工作是努力将科学无神论这个濒危学科建设起来。这也是任继愈先生生前的殷切嘱托。我想结合自己的工作，谈一谈对任继愈先生科学无神论思想的认识。

一、“马克思主义宗教学本质上是一种科学无神论”[①]

任继愈先生是当代中国马克思主义宗教学的开创者和奠基人。他指出：“马克思主义宗教学本质上是一种科学无神论。”[②]“科学无神论是人类在近代产生的最伟大的思想成果之一”，“是在近代科学发展的基础上产生的，所以我们称其为科学无神论。这个真理极大地解放了人类的思想，使人类数千年间被压抑的智慧，如同火山爆发一样喷涌而出。”“科学无神论告诉人们，主宰个人吉凶祸福、国家前途命运的，不是神，也没有神。这是诞生近代意义的国家的重要基础。国家元首不再需要神的加冕，而是要人民同意产生。从这个意义上说，科学无神论乃是近代国家的立国的思想基础。”[③]

“科学无神论”创建于西方资本主义国家制度时期，因为它吸取近现代自然科学的成果，以科学的精神和科学的方法为武器，对科学发展起着推动作用，所以被称为“科学无神论”。近代西方的无神论思潮，由于它具有鲜明的反封建主义制度和批判神学政治的性质，又被称为“战斗无神论”。它起着巨大的解放思想作用，是

① 任继愈：《为发展马克思主义的宗教学而奋斗》，《任继愈文集》（第1卷），国家图书馆出版社，2014年，第3页。

② 任继愈：《为发展马克思主义的宗教学而奋斗》，《任继愈文集》（第1卷），国家图书馆出版社，2014年，第2页。

③ 任继愈：《科学无神论给人真理和智慧》，《任继愈文集》（第1卷），国家图书馆出版社，2014年，第382~383页。

民主宪政和个人自由的基点。

自然科学的新成就，特别是达尔文进化论对宗教神学的强烈而持久的冲击，否定“上帝”创世及其对自然进程的干预，成为各种无神论思潮的推动力。自然科学对宗教的批判，常常发展为哲学上的无神论。英国哲学家罗素认为，只有自然科学才能提供正当有效的知识，它不向“上帝”、灵魂不死之类的信仰提供任何基础。“宗教最重要的起源在于恐惧感”，人类应当不断发展自然科学和社会科学，从一切恐惧中解放出来。①

任继愈先生指出：“马克思主义宗教学在无神论问题上的彻底性，并不在于它主张科学无神论的坚决性，而是在于它科学地揭示了宗教的本质及其发生、发展和走向消亡的客观规律。”②

马克思、恩格斯从费尔巴哈关于人异化出宗教世界的观点出发，进一步探索宗教产生的社会基础。他们发现，宗教作为颠倒的世界观，其产生的根源是有一个颠倒的世界，即人剥削人、人压迫人的社会。他们指出，单纯批判宗教不能克服宗教异化，只有进一步消灭产生宗教异化的社会制度和社会条件，才有可能克服宗教异化。于是，马克思、恩格斯从对宗教的批判，转向对政治、法律和社会的批判，从理性主义的启蒙无神论，发展为辩证唯物主义和历史唯物主义的科学无神论。

---

① ［美］罗素著、曹荣湘译：《为什么我不是基督徒》，《自由之路》，文化艺术出版社，1998年，第642页。

② 任继愈：《为发展马克思主义的宗教学而奋斗》，《任继愈文集》（第1卷），国家图书馆出版社，2014年，第2页。

马克思和恩格斯联合撰写的《德意志意识形态》，创立了历史唯物主义的历史观。就社会科学的方法论而言，唯物史观的创立是具有划时代意义的变革。马克思将费尔巴哈的宗教批判思想，即“宗教是人的本质的异化”，扩展为两种“异化”的结果。一种是人的本质的自我异化为外在的“神圣形象”，即“上帝”“天国”和救赎等虚幻的观念；另一种是人的本质的自我异化为“非神圣形象”，即人所生活的物质和社会环境，这种环境具体地讲就是不合理的剥削制度。费尔巴哈的启蒙思想只揭示了第一种异化，而马克思不仅阐明两种异化的内涵，并论述了第二种异化是第一种异化的基础。要消除宗教对人本质的异化，必须变革其依托的社会制度和经济基础。

任继愈先生指出：“马克思主义认为，宗教的产生、发展和消亡，有其历史的客观必然性；‘人’是社会关系的总和，宗教是颠倒的世界观，是颠倒的社会关系的虚幻反映。因此，宗教的本质必须从产生它的社会条件中寻找，解决宗教问题，必须从变革社会关系上着手。就此而言，马克思主义政党把解决宗教问题列为自己革命的建设的组成部分，反对用单纯的思想教育替代实际的社会变革，更反对脱离党的总路线孤立地‘与宗教斗争’。就是说，宗教有自己的社会根源，马克思主义的任务，是团结信教群众一起，去除宗教的社会根源，而不能停留在思想斗争上。”[①]

2009年1月4日，任继愈先生抱病约我到家里谈话，他提出，

---

① 任继愈：《理直气壮地宣传科学无神论》，《任继愈文集》（第1卷），国家图书馆出版社，2014年，第393~394页。

请我从世界宗教研究所调到马克思主义研究院，承担起科学无神论学科建设的任务。我学习先生关于马克思主义和科学无神论的论述，在编写科学无神论学科前沿报告时写道："马克思主义无神论是科学无神论的高级形态，是人类思想史上的壮丽日出。它继承了17—18世纪英国和法国唯物主义、19世纪德国费尔巴哈人本主义等人类优秀思想的成果，通过唯物主义历史观和剩余价值论的发现而展示出来。科学无神论作为马克思主义世界观的出发点和基石，由思想文化领域，进入科学社会主义运动的实践。"①

在创立苏维埃社会主义国家的事业中，列宁继承和发展了马克思主义无神论。在实践上，科学无神论是对俄罗斯神权政治进行批判的思想武器，也是防范和肃清宗教对工人政党侵蚀的重要举措。在理论上，列宁特别从哲学基础上，即从唯物主义和辩证法认识论上，批判宗教思维方法的谬误，其锋芒指向被基督教神学奉为哲学依据的柏拉图和被近现代神学广泛利用的新康德主义哲学，揭示了宗教神学产生的认识论根源，为探索唯物辩证的思维方法做出重要贡献。

中国的社会基础决定着马克思主义无神论中国化的实践方向。与西方社会的文化传统不同，中华民族在数千年的历史长河中，人文主义思潮丰富，宗教信仰多元兼容。世俗政权始终支配教权，宗教只能服从世俗政权的统治，没有成为独立的社会政治力量，主要作为文化方式存在社会中。因此，在中国的新民主主义革命和社会主义建设中，宗教问题一直不是社会的主要问题。中国共产党人，

---

① 习五一：《无神论是人类社会文明和思考的结晶》，《科学无神论与宗教研究》，中国社会科学出版社，2012年，第7页。

面对中国的具体实际，将宗教问题纳入统一战线的范畴，妥善地解决了革命事业中的宗教问题。

据此，“马克思主义无神论的中国化形成两条基本原则：第一，保障宗教在信仰层面完全自由。在社会政治和经济层面，宗教必须适应中国人民的总体利益，适应社会发展的历史进程，不允许利用宗教威胁国家安全与民族团结，不允许利用宗教颠覆社会主义制度。从而把信仰问题与政治问题严格区分开来。第二，宗教有神论的观念是错误的，与科学和唯物论相对立的，但它属于世界观思想问题，不能动用行政手段解决，只能采取说服教育，而且主要通过社会的实际变革，由信仰者自觉决定。‘引而不发，跃如也’，这是对人民群众讲的。在思想文化和教育领域，与争夺文化阵地和青少年的‘文化神学’而言，就需要分辨是非，理论批判，即所谓‘研究宗教，批判神学’。”①

二、“研究宗教，批判神学”②

这是任继愈先生为纪念毛泽东主席逝世一周年撰写文章的主标题。按照任继愈先生文集编委会的分工，我们负责整理编辑第一编《宗教学与科学无神论》。重读先生的这些文章，深深感到“研究宗教，

① 习五一：《无神论是人类社会文明和思考的结晶》，《科学无神论与宗教研究》，中国社会科学出版社，2012年6月版，第8页。

② 任继愈：《研究宗教，批判神学》，《光明日报》，1977年9月27日。

批判神学”是他一生坚持的学术理念。

1963年12月30日，毛泽东主席在中共中央转发中央外事小组、中央宣传部关于加强研究外国工作的报告上写下批语：

> 对世界三大宗教（耶稣教、回教、佛教），至今影响着广大人口，我们却没有知识，国内没有一个由马克思主义者领导的研究机构，没有一本可看的这方面的刊物。《现代佛学》不是由马克思主义者领导的，文章的水平也很低。其他刊物上，用历史唯物主义的观点写的文章也很少，例如任继愈发表的几篇谈佛学的文章，已如凤毛麟角，谈耶稣教、回教的没有见过。不批判神学就不能写好哲学史，也不能写好文学史或世界史。①

毛泽东主席批示的精神，从国际战略角度提出研究宗教问题的重要性，对于创立当代中国马克思主义宗教学，具有战略性的指导意义。我们认真分析这一批示，有三个要点：一是宗教研究要掌握在马克思主义者手中；二是要坚持用历史唯物主义的观点研究宗教；三是要批判宗教神学。

第一，宗教研究要掌握在马克思主义者手中。1959年10月，毛泽东主席请任继愈先生到中南海菊香书屋面谈，他对先生说：“你写的那些研究佛教史的文章我都读了。我们过去都是搞无神论，搞革命的，没有顾得上这个问题。宗教问题很重要，要开展研究。”毛泽东主席第一次对学者提出研究宗教的重要性。毛泽东主席说：“研究宗教需要外行来搞，宗教徒有迷信，不行，研究宗教也不能

---

① 毛泽东：《加强宗教问题的研究》，《毛泽东文集》第八卷，人民出版社，1999年，第353页。

迷信。”他强调科学世界观对宗教研究的重要性。所谓“《现代佛学》不是由马克思主义者领导的，文章的水平也很低。”这就是说，马克思主义学者与宗教信徒不同，研究宗教，要坚持唯物论和无神论，而不能坚持唯心论和有神论。

毛泽东主席在延安讲授辩证法唯物论时，就明确指出宗教有神论是唯心主义。他说：“哲学的唯心论是将认识的一个片段或一个方面，片面地夸张为一种脱离物质、脱离自然的神化的绝对体。唯心论就是宗教的教义，这是很对的。[①]”

第二，要坚持用历史唯物主义为指导研究宗教。实事求是，是马克思主义的根本观点，习近平同志将其视为“毛泽东思想活的灵魂”[②]。马克思主义学者研究宗教必须从客观实际出发，用历史来说明宗教，而不能用宗教来说明历史；坚持社会存在决定社会意识，从一定历史时期的物质生活中寻找精神生活的秘密；坚持一分为二的辩证态度，既肯定宗教积极的一面，也批评其消极的一面。

从政策策略上分析，马克思主义者认为，宣传科学无神论与贯彻宗教信仰自由的政策并不矛盾。1927年3月，毛泽东主席在《湖南农民运动考察报告》中说：“菩萨是农民立起来的，到了一定时期农民会用他们自己的双手丢开这些菩萨，无须旁人过早地代庖丢菩萨。共产党对于这些东西的宣传政策应当是：‘引而不发，跃如

---

① 毛泽东：《辩证法唯物论（讲授提纲）》，《毛泽东著作专题摘编》上册，中央文献出版社，2003年，第19页。

② 习近平：《在纪念毛泽东同志诞辰120周年座谈会上的讲话》，《人民日报》，2013年12月27日。

也。’菩萨要农民自己去丢，烈女祠、节孝坊要农民自己去摧毁，别人代庖是不对的。”[①]

共产党人既要坚持历史唯物主义和辩证唯物主义的科学世界观，又要团结爱国进步的宗教界人士，建立统一战线。1940年1月，毛泽东主席在《新民主主义论》中指出：“这种新民主主义的文化是科学的。它是反对一切封建思想和迷信思想，主张实事求是，主张客观真理，主张理论和实践一致的。在这点上，中国无产阶级的科学思想能够和中国还有进步性的资产阶级的唯物论者和自然科学家，建立反帝反封建反迷信的统一战线；但是决不能和任何反动的唯心论建立统一战线。共产党员可以和某些唯心论者甚至宗教徒建立在政治行动上的反帝反封建的统一战线，但是决不能赞同他们的唯心论或宗教教义。”[②]

第三，研究宗教要批判宗教神学。毛泽东主席要求我们的研究机构和刊物是“由马克思主义者领导”的，研究文章是“用历史唯物主义的观点写的”。这种马克思主义的宗教研究，必须坚持无神论立场。批示中明确地要求“批判神学”。

马克思主义经典作家指出，神灵观念是宗教教义的哲学核心，是宗教区别于其他意识形态的关键要素。宗教神学属于唯心主义哲学范畴。毛泽东主席在延安讲授辩证法唯物论时，指出：“一切哲

---

① 毛泽东：《湖南农民运动考察报告》，《毛泽东选集》第一卷，人民出版社，1991年，第33页。

② 毛泽东：《新民主主义论》，《毛泽东选集》第二卷，人民出版社，1991年，第707页。

学的唯心论及宗教的神道主义的本质，在于它们从否认世界的物质统一性出发，设想世界的运动及发展是没有物质的，或在最初是没有物质的，而是精神作用或“上帝”神力的结果。”[①]比如，基督教说“上帝”创造世界，佛教将宇宙万物运动发展归之于神力。有神论观点本身虽然完全不能支撑起宗教的大厦，然而，它是走向宗教的坚硬桥梁。研究宗教问题如果不坚持无神论，不批判神学，就离开了马克思主义，就不是马克思主义的宗教研究。

根据毛泽东主席的批示，任继愈先生创办了当代中国第一个宗教学研究机构——世界宗教研究所。先生坚持以马克思主义为指南，领导全所科研人员研究宗教。他指出：“只有马克思主义宗教学应用辩证唯物主义和历史唯物主义的科学世界观来分析和研究宗教问题，才是最彻底、最科学的无神论。”[②]科学无神论就是马克思主义宗教学的哲学基础，“它既要揭示宗教发生、发展和走向消亡的规律，就必须具体研究各种宗教产生的根源和发展的历史；它既要说明宗教的本质及其在社会历史中的作用，就必须具体研究各种宗教的历史、教义、教派、经典、理论及其社会意义，具体研究宗教与社会上的阶级斗争和其他意识形态（哲学、伦理、法律、文化、艺术、科学）的关系。”[③]

---

① 毛泽东：《辩证法唯物论（讲授提纲）》，《毛泽东著作专题摘编》上册，中央文献出版社，2003年，第21页。

② 任继愈：《为发展马克思主义的宗教学而奋斗》，《任继愈文集》（第1卷），国家图书馆出版社，2014年，第2页。

③ 同上。

任继愈先生说："自然科学认识自然，为创作物质财富提供知识；社会科学认识社会，认识人类自身，说明人类社会发展的规律。人类的前途，国家的命运，事业的成败，人文科学、社会科学有时起着决定性的作用。"[①]科学是反映自然、社会和思维发展客观规律的科学知识与方法体系，主要包括自然科学和社会科学。自然科学主要是研究自然和揭示自然界规律，社会科学主要研究人类社会和揭示社会产生、存在和发展的规律。科学的本质在于创新，科学的特性在于讲实话和揭示真相，"只有在讲实话、揭示真相的基础上，人类才能获得真正的自由。人类获得自由绝不是建立在对鬼神的畏惧、谄媚、贿买和奉献财物的基础上。"[②]马克思主义宗教学者始终坚持马克思主义科学真理，始终坚持树立科学世界观、人生观和价值观，始终坚持科学无神论宣传和批判宗教有神论。

在任继愈先生的领导下，当代中国的马克思主义宗教学健康发展，成绩斐然。任继愈先生总主编的大学教材《宗教学原理》（出版时更名《宗教学通论》）、《佛教史》《基督教史》《伊斯兰教史》等，成为我国宗教学各主要领域的奠基性著作。而他主编的《道藏提要》《中国道教史》《宗教大辞典》《佛教大辞典》《中华大藏经（汉文部分）》影响深远，其"持论之严谨，学术立场之公正"，获得海内外学术界的高度评价。

① 任继愈：《无神论教育与科教兴国》，《任继愈文集》（第1卷），国家图书馆出版社，2014年，第380页。

② 任继愈：《弘扬科学精神，提高民族素质》，《任继愈文集》（第1卷），国家图书馆出版社，2014年，第372页。

三、“科学无神论是我们国家的立国之本”[①]

2005年11月，中国无神论学会在北京召开学术年会。在会议上，我被推举为第三届学会的秘书长，接替李申老师的工作。在开幕式上，任继愈先生即席发表讲话。他说：“中国无神论学会责任重大，它关系到上层建筑问题，关系到国家兴亡问题。为什么这么说？因为科学无神论是我们国家的立国之本。中国共产党领导人民群众进行革命和建设，把马克思主义思想作为指导思想，就是要劳动人民自己解放自己，创造幸福。……如果科学无神论在我们国家站不住、立不稳，老百姓安身立命要靠求神，那么我们立国就失去了根本，就可能国家衰败。这是一个根本性问题。”[②]

任继愈先生生前三十年如一日，担任中国无神论学会的理事长。他多次论述科学无神论的道理。他指出，无神论就是实事求是，认为世界上没有鬼神“上帝”，也没有天堂地狱，不存在任何超自然的力量；人类的命运掌握在自己手里。“就像《国际歌》中所说的，创造人类的幸福，要靠自己的力量，而不是靠神仙皇帝。”[③]“科学无神

① 任继愈：《无神论学会对国家兴亡肩负重要责任》，《任继愈文集》（第1卷），国家图书馆出版社，2014年，第388页。

② 同上。

③ 任继愈：《无神论教育与科教兴国》，《任继愈文集》（第1卷），国家图书馆出版社，2014年，第381页。

论的宣传和教育，是一项需要长期坚持的工作，是科教兴国战略的重要组成部分，也是马克思主义宣传教育的重要组成部分。”①

先生论述说：“马克思主义接受宗教信仰自由的原则，但必须指出，它的涵义绝不能解释为只有信仰宗教的自由。它也主张，宗教应该与政治分离，与教育分离，但更强调，只是对国家来说，宗教信仰应该成为个人的私事，信教或不信教，信这种教或那种教，个人拥有完全自由的选择权，任何外力不得干涉；而对于马克思主义政党来说，宗教信仰不是个人的私事。我们党的世界观是辩证唯物论和唯物史观，与有神论是对立的，不容调和的；党组织是统一的，不允许有其他组织的渗入和非组织活动的存在。党必须维护公民宗教信仰自由的权利，在世界观上则必须保持自己的独立性。”②

先生指出：“在政治上维护和尊重宗教信仰自由的公民权利，与思想上坚持和宣传科学无神论，是对立统一，而不是形而上学的矛盾：如果只有信仰宗教有神论的自由，而没有宣传科学无神论的自由，那是自由的缺失，公民就失掉了最重要的选项；相反，如果以无神论名义，向信教民众发动政治上或人格上的攻击，那就侵犯公民的神圣权利，就会破坏人民的团结，干扰党的总路线和总任务

① 任继愈：《不仅要脱贫，而且要脱愚》，《任继愈文集》（第1卷），国家图书馆出版社，2014年，第299页。

② 任继愈：《理直气壮地宣传科学无神论》，《任继愈文集》（第1卷），国家图书馆出版社，2014年，第394~395页。

的实施。”[①]

科学无神论是马克思主义世界观的前提和思想基础。科学无神论世界观诞生在近代自然科学发展的基础上，彻底否定了神的存在。马克思主义无神论是科学无神论发展的高级形态。它进一步指出鬼神观念存在和传播的社会根源，只有消除有神论赖以生存的现实基础，人类社会才能最终抛弃有神论的观念。一个时期以来，有种舆论，力图把科学无神论从马克思主义宗教观和社会主义意识形态中剔除出去，这是危险的，既不符合人类历史和当代社会世俗化的潮流，也与中国的人本主义传统相悖。

任继愈先生一生经历丰富多彩，他为中华民族贡献了许多宝贵的精神财富。其中，最重要的贡献之一，就是高举科学无神论的旗帜。

我认为，自改革开放以来，科学无神论事业的发展，经历过两个重要的转折点。第一次是20世纪90年代末。第二次是2009年冬至2010年春。这两个重要的转折点都与任继愈先生密切相关。

我们大家都知道，1978年底，“文化大革命”刚结束，任继愈先生就创建了中国无神论学会。其后，由于种种原因，学会的工作曾一度沉寂。

20世纪90年代，打着“特异功能”旗帜的新有神论泛滥成灾，成为影响社会稳定发展的重要问题。1996年，在任继愈先生的倡导下，中国无神论学会恢复工作。1999年，在党中央的直接部署下，

---

① 任继愈：《理直气壮地宣传科学无神论》，《任继愈文集》（第1卷），国家图书馆出版社，2014年，第395页。

先生领导学会同仁创办了《科学与无神论》杂志。这是当代中国科学无神论事业发展的第一个重要转折点。十多年来，中国无神论学会和《科学与无神论》杂志为宣传科学精神，开展无神论教育，推动科教兴国的战略，做出了重要贡献。

2009 年冬至 2010 年春，科学无神论事业的发展迎来了第二个重要的转折点。2008 年至 2009 年初，任继愈先生抱病多次找中国社会科学院陈奎元院长商谈，研究科学无神论事业的发展。1 月 6 日，先生致函陈奎元院长，提出“急需建立一个无神论研究机构”。陈院长批示说：“任继愈老先生为宣扬无神论奔走呼号，其精神令我们钦佩。中国社科院理应为研究、弘扬无神论做出贡献。这与落实‘三个代表’重要思想和‘科学发展观’是完全符合的。如果广大人民群众经常去跪拜神佛，‘以人为本’岂不成了空话。”①

在任继愈先生去世两个月后，2009年9月，中国社科院发布了《加强马克思主义理论学科建设与理论研究实施方案》。根据任先生的信函和陈院长的批示，这个“马工程”方案包括，在马克思主义研究院组建“马克思主义无神论研究室”，成立中国社科院“科学与无神论研究中心”。这是具有转折性的重要举措，这一举措不但能够推进科学无神论学科的建设，有利于社会主义核心价值体系的建设，而且必将推动全国有关领域的思想趋势和学术结构向良性转变，对先进文化的建设和民族素质的提高，都能产生积极的作用。

---

① 习五一：《科学无神论前沿研究报告》，王伟光主编：《马克思主义理论学科前沿研究报告（2010）》，中国社会科学出版社，2012年，第355页。

宋代的爱国诗人陆游，在其绝笔诗中写道："死去元知万事空，但悲不见九州同。王师北定中原日，家祭无忘告乃翁。"在任继愈先生一百周年诞辰之际，我们可以告慰他老人家的英灵：先生，在您去世五个月后，"科学与无神论研究室"成立。这是自20世纪您创建的"科学无神论研究室"被更名后，目前中国再次出现的实体性无神论研究机构。在您去世九个月后，2010年4月，中国社科院批准成立了"科学与无神论研究中心"，这是当代中国第一个"科学与无神论研究"的社会平台。

该研究中心自2011年以来，开始出版《科学与无神论研究丛书》；自2012年以来，在中国社会科学院创新工程的资助下，每年编辑出版《马克思主义无神论研究》专题文集；自2013年以来，在中国社会科学院马克思主义理论学科建设与理论研究小组的支持下，每年举办科学无神论论坛，将论坛论文汇编出版。七年来，科学无神论这个濒危学科，招聘专业研究人士，出版学术研究丛书，选编专题研究文集，举办科学无神论论坛，已经迈出了可喜的步伐。

任继愈先生指出："在以马克思主义为指导的社会主义国家，宣传科学无神论是义不容辞的责任。大力加强科学无神论的宣传和教育，是巩固马克思主义思想基础的需要，也是提高全民族素质的需要。"[①]

我们一定要继承任继愈先生的崇高精神，锲而不舍，百折不

① 任继愈：《理直气壮地宣传科学无神论》，《任继愈文集》（第1卷），国家图书馆出版社，2014年，第394页。

挠，将科学无神论学科逐步建设起来，让任继愈先生的遗愿化为实际的宏图。

——国家图书馆编：《永远的怀念——任继愈先生百年诞辰纪念文集》，国家图书馆出版社，2016年，第189~199页

论任继愈先生科学无神论思想背后的社会关照

周　贇

近代以来，中国社会经历了民主主义革命、新民主主义革命、社会主义改造。然而，时至今日，小农思想、家长作风、权力崇拜、宗教迷狂、官本位等问题仍然严重，并渗透在各个领域中，甚至曾严重阻碍了中国的现代化进程。这背后的根源究竟是什么？在艰苦卓绝的探索后，任继愈先生发现，中国社会根深蒂固的封建主义传统，是中华民族现代化进程中的最大敌人。

封建主义是有行迹的，在中国古代以儒教为物质载体，儒教（区别于儒家）是以天与祖先为信仰核心的宗教体系，这一宗教弥散在中国人的日常生活中，一直影响至今。既然神灵信仰是其核心要素，因此要清除现代中国社会的封建主义，首先需要批判宗教神学，批判其根本形式，即儒教。所以说，批判儒教，倡导无神论，其背后凝结了任继愈先生忧心天下、关照社会的良苦用心。

一、从“文化大革命”中的宗教因素到儒教说的提出

任继愈先生对传统文化的批判继承思想相当深刻，对有神论与唯心主义始终持历史的辩证的看法，对无神论与唯物主义持一以贯之的立场。但本文认为，他对无神论与唯物主义的愈发坚定，又自有来处，这便是对“文化大革命”的宗教性的反思，进而发现，这股信仰主义与蒙昧主义风暴又源自以儒教为载体的封建专制主义的强大余波。

（一）“文化大革命”中的宗教因素

对于“文化大革命”的批判，任继愈先生从未停止过。其中有一最重要的认识，即对“文化大革命”的宗教性的认识，是学术界众多对“文化大革命”之描述中最为入木三分的一种。他说：

> 十多年来，林彪、“四人帮”疯狂反对实现“四个现代化”的伟大目标。他们不是宗教徒和神学家，也没有公开宣传宗教神学，但是，他们为了篡党夺权，却继承了天命论的传统宗教观念。林彪说他们一伙是“既受于天，且受于人”的“天才”；“四人帮”则在唐山大地震时，宣传什么“地转实为新地兆，天旋永立新天朝”，用封建帝王的“奉天承运”的天命论，为自己鼓劲，替帮派壮胆。
>
> 他们把马列主义、毛泽东思想“变成为一种僵死的宗教神学。

他们别有用心地把领袖的一言一语，都说成是绝对真理；他们反对实事求是，宣传盲目迷信、‘句句照办’；他们反对人民群众改善物质文化生活的一切合理要求，鼓吹苦行、苦修的禁欲主义；他们仇视科学和文化，贬低理性与知识，说什么‘知识越多越反动’，贩卖蒙昧主义。不仅如此，他们还把这一套信仰主义货色，用新的宗教仪式装潢起来，强加给革命人民。他们在全国强制推行所谓早请示、晚汇报，一举一动都要念念有词，在像前请罪，对着语录检讨……所有这一切，和宗教的祈祷、祭祀、忏悔等仪式几乎没有区别。这是一种特殊形式的宗教。”①

天命论、祥瑞灾异、忏悔、祈祷、崇拜，这是宗教的基本特征。即使不进行严格的对“宗教”的定义，“文化大革命”对人的种种强制性要求，也足以让人产生这是一种“特殊形式的宗教”的印象。

事实上，这种“宗教”对人思想的禁锢之可怕，甚至在其“消亡”后，仍在很长时间里主导着人们的判断力和价值取向。“1978年理论界关于实践与真理问题的讨论中，我们看到，有些人就坚决反对‘实践是检验真理的唯一标准’这一马克思主义的根本原理。他们一听到要从实际出发，实事求是，就高喊这是什么‘砍旗’；他们继续主张：凡是领袖的话，‘句句是真理’，字字要照办。这些同志并不是‘四人帮’，甚至其中有些人还受过‘四人帮’的打击迫害，但他们的思想与‘四人帮’的封建主义、信仰主义，却有

---

① 任继愈：《为发展马克思主义的宗教学而奋斗》，《任继愈文集》（第1卷），国家图书馆出版社，2014年，第8、9页。

某些共同之处。”[①]

所谓“消亡”，只是形式上的消亡，人们不必再迷信天命，不必忏悔、崇拜。但忏悔、崇拜等思维方式却没有消亡。事实上，造成“文化大革命”结束后的思维禁锢的原因，绝不仅仅是“文化大革命”这一特殊形式宗教的余波，而是两千年封建专制主义的余波。

（二）宗教问题的政治性

宗教问题从来都不仅仅是信仰领域的事，尤其当它与国家结合，宗教也就变成了政治。也就是说，宗教神学被统治者利用时，便有了很明确的政治目的。

任继愈先生针对董仲舒的神学目的论说：“神学目的论的意图，并不在于解释或说明万物的起因，不在于说明客观世界，其目的在于为汉朝统治者服务，论证天是有目的的，是仁慈可亲的。这个理论为地上王权作辩护，以神学理论缓和君主统治者与被统治者之间的矛盾。”[②] 比如说，我们搜索历代帝王的血统谱系就会发现，历代帝王原来都是“神的后裔”。夏朝宣称，其祖先禹，是其母修已吞薏苡而生（《史记·夏本纪》索引）；商朝宣称，其祖先契，是其母简狄吞玄鸟之卵而生（《史记·殷本纪》）；周朝宣称，其祖先后稷，是其母姜嫄履巨人之迹而生（《史记·周本纪》）；汉朝宣称，高祖刘邦是其母与黑龙交感而生（《史记·高祖本纪》）；唐代宣称，李氏是玄元

① 任继愈：《为发展马克思主义的宗教学而奋斗》，《任继愈文集》（第1卷），第10页。

② 任继愈：《宗教学讲义》，《任继愈文集》（第1卷），国家图书馆出版社，2014年，第101页。

皇帝（老子）的后裔；宋代宣称，赵氏是赵玄朗的后裔等等，不一而足。何以封建统治帝王都有超自然的出生背景？这不是巧合，而是带着明确政治目的的神学，是专制统治的必然结果。

“神的后裔”这个身份，使统治者与神高度结合，成了统治者威慑性与合法性的根本来源。任继愈先生说：“这个祖先的神、天神与君主的权力一致起来，违背了君主的意志，就要受天的惩罚，这只是假借祖先神的意志、天神的意志的一种说法。”③所以，一旦老百姓相信统治者的祖先是神，那么也就坐实了他们是神的后裔，他们的永恒统治便具有了合理性，并且难以反抗。

随着历史文化的发展，人的认识能力逐渐增强，宗教也不断地精致起来。于是，出现了宗教的系统化、组织化、哲学化。历史上，“儒释道三家鼎立，都得到封建王朝的大力支持。三家服务的对象却是一家。”④武则天时代，三教统一思想，应官方要求编撰的《三教珠英》，就是明确为政治服务的宗教典籍。可见，统治者们“使宗教有意识地为政治服务，有助于王化，成为正人心、消乱源的思想武器。”⑤

（三）传统政治的物质载体

传统政治总是以宗教的形式呈现，而宗教必由粗浅逐渐精致起

③ 任继愈：《宗教学讲义》，《任继愈文集》（第1卷），国家图书馆出版社，2014年，第74页。

④ 任继愈：《儒家与儒教》，《任继愈文集》（第8卷），国家图书馆出版社，2014年，第32页。

⑤ 任继愈：《哲学与宗教》，《任继愈文集》（第1卷），国家图书馆出版社，2014年，第48页。

来。随着人类社会形态的演进，政权越发集中，相应的，天上的支配力量也愈发至高无上。“进入阶级社会后，对天的崇拜不再是全社会普通成员的信奉。敬天地成了统治者的特权，只有君主才有资格代天说话，这是与以前氏族公社时期宗教信仰不同的地方。还有，这时的‘天’已经可以惩罚人了。天命除管水旱风雨外，还管惩罚恶人，谁违抗君主命令，就是罪恶，就将受到惩罚、制裁。天神的这种特权，是阶级社会前所未有的。”①

汉以降，中国的大一统局面愈发稳固，相应地，思想上的一统也愈来愈紧迫。围绕“天”的信仰，结合专制统治需要的伦理纲常，逐渐演化出了具有高度系统性、组织性的宗教，即儒教。它将孔子奉若神明，其著作奉为经典，只能背诵，不能怀疑。将“三纲五常”定为善恶的标准，“天”以此赏善罚恶，则成了儒教最为重要的教义。

如今，主流学者越来越认同儒家的宗教性质。谢遐龄教授在考察了朱熹的《礼仪经传通解·祭礼》后认为，“对朱子而言，宗教不是单纯的学术问题，而是实际生活的重要方面。”朱熹编订《礼仪经传通解》，制作《家礼》等行为，都致力于一种政治与宗教合一之理想的实现，并得出结论说：“礼制是政治制度、社会制度，也是宗教制度。礼经展现的是政教合一的国家治理体制。”②李天纲教授通过对江南民间祭祀调查，认为儒教是和佛教、道教一样的宗教，它不仅没有随

① 任继愈：《宗教学讲义》，《任继愈文集》（第1卷），国家图书馆出版社，2014年，第71页。

② 谢遐龄：《从〈仪礼经传通解·祭礼〉看朱子学的宗教维度》，《复旦学报》（社会科学版），2019年第2期。

着封建王朝灭亡，至今在民间生活中还发挥着诸多影响。[①]

儒教对中国社会的影响极为深刻，其纲常伦理相当顽固，它渗透到一切社会生活中，禁锢了人们的创造性。任继愈先生说："中国封建社会的后期，长期停滞不进，当然有许多原因，有一个原因应当指出：就是儒教扼杀了科学，扼杀了资本主义萌芽，禁锢了人们的思想，从而推迟了向资本主义迈进的步伐。"[②]所以说，儒教就是中国古代专制政治的物质载体。

当然，"儒教是宗教"是一个事实，但发现"儒教是宗教"却需要契机。这个契机就是对"文化大革命"宗教性的深刻反思。何以"四人帮"能毫无顾忌地把唐山大地震矫饰成祥瑞，把语录当作圣经，把领袖神化为救星，整日口诵万寿无疆？其实，这并不是"四人帮"的创造，溯其源，乃是挥之不去的天命论思想，是仍在作祟的儒教专制思维。

二、"文化大革命"特殊宗教的历史成因

"文化大革命"中一系列宗教行为都不是偶然出现的，其背后都有深刻的历史原因。首当其冲的就是封建主义遗毒的流布，知识

① 参见李天纲：《金泽：江南民间祭祀探源》，生活·读书·新知三联书店，2017年。

② 任继愈：《哲学与宗教》，《任继愈文集》（第1卷），国家图书馆出版社，2014年，第51页。

阶层，包括统治阶层，对此都认识不足；其次，对中国封建主义的载体——儒教，与儒家没有区分清楚；其结果是，对宗教神学的批判无法彻底。

（一）对封建主义认识不足

任继愈先生认为，中国一跃而进入社会主义，虽然完成了经济的社会主义改造，但低估了封建主义的强大余波，“对于统治中国几千年的封建主义的危害性认识不足，这不是哪一个人认识不足，而是我们整个民族、广大群众，包括我们党内干部都对封建主义势力之大认识不足。”[①]其表现在于，在社会主义建设过程中，把封建主义的泥沙误认为是社会主义的珠玉。

封建主义的君臣关系，混淆了社会主义的政治关系。他说，“四人帮”主张的“‘三忠于’‘四无限’等，都是封建社会里臣对于君的那么一种关系”。“我们往往把封建的一言堂，家长制统治，跟社会主义民主集中制混淆起来”。[②]

封建贵族的享乐主义，混淆了社会主义的物质改善。他说：“关心每一个人的物质利益，不断改善人民群众的物质生活和精神生活，这是我们社会主义的一个原则。但由于我们分不清封建主义、资本主义和社会主义，不善于区别它们的差别，曾一度大力批判物质刺激，

① 任继愈：《关于中国封建主义的问题》，《任继愈文集》（第9卷），国家图书馆出版社，2014年，第2页。

② 任继愈：《关于中国封建主义的问题》，《任继愈文集》（第9卷），国家图书馆出版社，2014年，第5、7页。

反对改善人民群众的物质生活，宣扬穷了是社会主义，富会出现修正主义。”[①]

封建主义的注经传统，混淆了社会主义的理论学习。他认为，马列主义的理论长期得不到健康的发展，接连出现理论骗子，“其中有一种原因就是我们用封建主义的学习四书五经的方法来学习马克思主义，我们所写的一些马克思主义的文章，名为研究，实为注解，甚至作了曲解”。[②] 把经书看作唯一正确的，最终归纳出“一句顶一万句”，这就是封建时代注经的逻辑。

长期把封建主义与社会主义混淆，其结果非常严重，“‘文化大革命’就是在马克思主义口号遮掩下的封建思想大暴露”。[③]“‘文化大革命’就是把封建主义当作社会主义去推广。早请示，晚汇报，献忠心，喊万岁，以语录定罪，弄得几乎亡国。毛泽东同志负有责任，但这和全民族的民主意识太差、全民族的封建余毒太深、整个党和干部的认识水平的局限，都有关系。”[④]

那么，中国社会何以对封建主义认识不足呢？任继愈先生认为，中国封建历史过于悠久是其根本原因，他说：“大一统的中国，发

---

① 任继愈：《关于中国封建主义的问题》，《任继愈文集》（第9卷），国家图书馆出版社，2014年，第7页。

② 任继愈：《关于中国封建主义的问题》，《任继愈文集》（第9卷），国家图书馆出版社，2014年，第12页。

③ 任继愈：《“实事求是”万岁》，《任继愈文集》（第10卷），国家图书馆出版社，2014年，第91页。

④ 任继愈：《要提高全民族的民主意识》，《任继愈文集》（第10卷），国家图书馆出版社，2014年，第87页。

展了生产，创建了伟大的东方文明，建立了完善的封建政治制度，并使之得到巩固、完善，在封建制度下使生产力发挥出最大效益，哲学和文化达到极高成就，形成封建社会自我调节的机制。也要看到，成功所在，也就是局限所在。造成今天现代化步履艰难的重要原因之一，正是封建制度十分完备的后果。”[①] 长期的浸淫期间，让我们失去了分别能力。

（二）对儒家和儒教分辨不清

任继愈先生早年受到汤用彤、贺麟、熊十力三位先生的影响，对儒家的感情颇为深厚，加之在抗战时期，他经历了北大西迁，一路上体悟到中华民族的顽强奋斗精神。他说，他“确实为中华民族百折不回、坚韧不拔的气概所激励，认为中国文化的优良传统是儒家体现的，宋明理学是这种精神的体现，我相信宋明理学讲的道理是真理，成为‘儒教的信奉者’”。[②]

但任先生后来发现，儒教的本质是为专制统治服务的，与孔子的说教有本质区别。比如，朱熹重新选定《四书》为儒教经典，取代了《五经》的地位。经过元、明、清三代推广，《四书》被列为科举取士的教材，朱熹的观点被规定为标准答案，应试者只能“代圣贤立言”，不得发挥个人的见解。在“三纲”观念反复的灌输下，宋以降，便效果显著。比如，仅有弄权的奸臣，却没有篡位的叛臣；

① 任继愈：《中国哲学的过去与未来》，《任继愈文集》（第5卷），国家图书馆出版社，2014年，第218页。

② 任继愈：《理学探源》，《任继愈文集》（第4卷），国家图书馆出版社，2014年，第126页。

又比如，曹操在唐以前名声还不坏，宋以后才成了窃国的奸臣。甚至佛教、道教也大规模的儒化，佛教倡导孝僧，道教倡导《孝经》。社会生活中，“专横的族权，高压的夫权，普遍存在的家长统治，简直像毒雾一样，弥漫于每一个家庭，每一个社会角落。它简直像天罗地网，使人无法摆脱”。[①]

《论语》中，孔子“入公门，鞠躬如也，如不容”，在庙堂上很拘谨；闲暇时与弟子游，赞赏曾点“沐乎沂，风乎舞雩，咏而归”的洒脱；为理想，把自己折腾得“累累若丧家之犬”般落魄；面对颜回的去世，一声声“天丧予，天丧予”，喊出心底的悲凉。儒教对人禁锢以后，教人“端坐如泥塑人”，不思不虑，了无生气，与孔子“活泼泼”的生活形象截然相反。

所以，任继愈先生反复强调，他批判的是儒教，不是儒家。儒教以“天”为信仰对象，“以理杀人”，“孔子对此毫无责任。鲁迅笔下的‘四铭’‘鲁四老爷’之类的人物是儒教铸成的典型，与孔子思想无关。”[②]“说孔子必须打倒，这是不对的；如果说儒教应当废除，这是应该的，它已成为阻碍我国现代化的极大思想障碍。”[③]孔子不能对儒教负责，文化内容总是随着历史发展而不断增益，所以孔子不应该为后人的错误负责。区分儒教与儒家，是使封建主义批判具有高度的针对性，这正是先生抓住了问题的要害。

① 任继愈：《儒家与儒教》，《任继愈文集》（第8卷），国家图书馆出版社，2014年，第35页。

② 任继愈：《文化遗产的增益现象》，《任继愈文集》（第3卷），国家图书馆出版社，2014年，第56页。

③ 任继愈：《论儒教的形成》，《任继愈文集》（第8卷），国家图书馆出版社，2014年，第19页。

（三）对神学批判很不彻底

中国的封建主义是世界范围内最为完备的，因此其价值观也是最为顽固的，其铲除的难度也要远远高于其他工作。按照马克思主义社会发展理论，只有经历了彻底的资产阶级革命，才能把封建主义清除干净。然而，遗憾的是，中国的资产阶级革命是很不彻底的。因此，封建主义的有神论仍有滋长的空间。加之作为宗教的儒教，与儒家区分不清，于是躲藏在儒家外衣下的儒教信仰主义、蒙昧主义继续给现代社会带来消极影响。

其实，宗教神学与封建主义是一对有共生关系的历史范畴。宗教神学有它产生的合理性，是封建社会的小生产方式决定了“生产靠天，思想上不靠天是不可能的”。[①]然而，随着封建主义与宗教神学逐渐成熟之后，两者的依赖关系得到了进一步加深，先生说：“封建主义越是到了后期，为封建主义服务的宗教神学越要加倍努力去阻止新的生产关系的变革，才能延缓社会发展的步伐。它必然提倡蒙昧主义、信仰主义、禁欲主义，敌视科学，反对理性。有神论经过了封建统治者的塑造、加工，不断完善，终于构成了包罗万象的宗教神学体系。封建神学体系反过来对封建主义的基础起着保护作用。”[②]

要清除封建主义，就必须要清除宗教神学。从欧洲的历史来看，文艺复兴以来，新兴资产阶级开始倡导启蒙与教会对抗。15 至 16 世纪，在资本的驱使下，资产阶级开始批判宗教禁欲主义，为进一步

① 任继愈：《从王充到熊伯龙》，《任继愈文集》（第1卷），国家图书馆出版社，2014年，第311页。

② 同上。

打开资本市场开辟道路。17 世纪，伴随英国资产阶级革命的上升，泛神论、自然神论开始对抗传统宗教，反对“上帝”万能，逐渐成为反对君主专制制度的工具，最终孕育出 1688 年的君主立宪制。18 世纪，为法国资产阶级政治革命带来重要推动力的，就是法国唯物主义和无神论与信仰主义和蒙昧主义的斗争。进入 19 世纪，德国资产阶级在反对封建专制主义的过程中，出现了康德、黑格尔对基督教神学的哲学改造，也出现了费尔巴哈的人本主义无神论。

由此可见，政治革命是目的，宗教革命是工具。反对宗教神学，才能更好地反对专制政治。反之，专制政治革命的不彻底，也会反过来推动宗教神学的疯狂。“文化大革命”就是在这一逻辑下愈演愈烈的。所以，先生说“其中一个重要的历史原因就是我们在民主革命时期对封建神权和宗教迷信的批判还不够深入彻底”。[①] 因此说，要解决“文化大革命”这一政治性的事物，首先要认清它的宗教性，然后全力批判宗教神学，才能从根本上确保将来不再发生类似的悲剧。

三、清除封建主义的根本方法

科学无神论之于任继愈先生，首先不是一个学术问题，而是一个良心问题。所以，在认清封建主义是当前中国最大敌人这个基本状况后，先生必然要将视线转移到社会改造问题上。他的主张是，

① 任继愈：《为发展马克思主义的宗教学而奋斗》，《任继愈文集》（第1卷），国家图书馆出版社，2014年，第9页。

促进社会群体的觉悟，其方法是加紧马克思主义宗教学研究，并让社会整体树立正确的价值观与远大理想，提高社会的整体认识水平，最终推动社会主义的现代化进程。

（一）加快社会群体的觉悟

任继愈先生致力于文化研究，是为了人。然而，要彻底改造社会，清除封建主义余毒，却不是一个人能做到的，必须依赖社会群体。习近平同志反复强调过人民的主体性，十九大报告指出“人民是历史的创造者，是决定党和国家前途命运的根本力量”，“群众路线本质上体现的是马克思主义关于人民群众是历史创造者这一基本原理。”“历史反复证明，人民群众是历史发展和社会进步的主体力量。”[①]文化复兴，抑或民族复兴，不是靠个别人或组织能够做到的，必须依靠最广大的人民群众。

然而，此处的“人民群众”应该是有前提的，即他们必须是觉悟的。这就是任继愈先生长期以来积极提倡的群体认识论。他在多篇文章中都表达了这一看法，“马克思主义哲学不同于过去一切哲学，就在于它提出了群体的认识。掌握真理，不能只限某一两个先知先觉的哲学家，社会改革不是少数哲学家的事，而是人民群众自己的事。现代社会的改革，不靠神仙皇帝的拯救，而是靠觉醒的群众自己来争取。群众愚昧，不自觉的环境下，孤军奋战，成功的可能性很小。”[②]又说，“少数先知先觉讲出了很有道理的道理，如果不被群

① 习近平：《坚持和运用好毛泽东思想活的灵魂》，《习近平谈治国理政》（第三卷），外文出版社，2014年版，第27页。

② 任继愈：《李贽改革悲剧给后人的启示》，《任继愈文集》（第5卷），国家图书馆出版社，2014年，第348页。

体接受，没有化为群众的自觉行动，这不能算数。……认识真理不是一个人的事，是群体的事。”[①]“今日哲学认识到唯一可以称为超越前人的是哲学认识的群体化。化个人智慧为群体智慧，化个人道德修养为群体道德修养。”“只要发扬集体认识的力量，化个体智慧为群体智慧。发挥群体智慧，坚持不懈，即可参天地之化育。”[②]他非常同情明代改革家李贽的遭遇，他提到的“孤军奋战”者，指的就是李贽。缺少了觉悟群体的环境，一两个觉悟者，最终只能沦为悲剧英雄。

相反的，如果大多数人不觉醒，“就显得极其可怕了。”[③]他们要么表现为自私自利，要么表现为集体的迷狂，最终堕落成具有破坏力的“乌合之众”，太平天国的没落，义和团的愚昧，以及“文化大革命”的疯狂，这些现象及其造成的恶果在历史上反复上演。群体的力量远超越于个体的能力，故“乌合之众”的巨大破坏力，应该引以为戒。

所以，只有促进大众觉悟，促进群体觉醒，使之形成一股积极力量，对于推动社会的快速发展才能事半功倍。

（二）加紧宗教神学的批判

觉悟大众，清除封建主义，首先在宗教神学的批判。任继愈先生说：“要做到这一点（实现‘四个现代化’），就必须批判宗

① 任继愈：《社会科学的作用》，《任继愈文集》（第10卷），国家图书馆出版社，2014年，第19页。

② 任继愈：《人·自然·社会》，《任继愈文集》（第10卷），国家图书馆出版社，2014年，第16、17页。

③ 任继愈：《任继愈对话集：觉悟了的群体才能推动社会》，人民日报出版社，2009年，第203页。

教神学的‘救世主’思想，批判封建神权和家长制观念，充分发扬社会主义民主。人民只有生活在高度的民主空气之中，才能充分发挥其聪明才智，才会以主人翁的精神来致力于实现‘四个现代化’的伟大事业。”①

加紧宗教神学的批判，在学术上表现为马克思主义宗教学的创立。所谓“马克思主义宗教学”，其核心要义就是“用历史说明宗教，倡导科学无神论”。

20世纪50年代，任继愈先生主动站在用历史说明宗教的立场上，在《南朝晋宋间佛教“般若”“涅槃”学说的政治作用》一文中说道：“宗教问题，不是别的，只是世间的力量采取了超世间的形态。‘成佛’是假的，我们用不着回答可能，或不可能。但是摆脱苦难，向往幸福，这是人民的愿望，这个真切的愿望却不是假的。”他进而指出，佛教从它的产生到派别的分化，从小乘发展为大乘，都不是佛教教义自身在发展，而是社会生活本身在推动着佛教教义的发展，这就是将宗教问题还原为世俗问题。如马克思所说：“通过分析来寻找宗教幻象的世俗核心，比反过来从当时的现实生活关系中引出它的天国形式要容易得多。后面这种方法是唯一的唯物主义的方法，因而也是唯一科学的方法。”②所以，要考察宗教，须先考察历史。

儒教的“祖先”信仰也是如此。在殷商卜辞中，有一片记载了周文王祭祀纣王之父太甲的事。然而，周灭殷商以后，周人便抛弃

① 任继愈：《为发展马克思主义的宗教学而奋斗》，《任继愈文集》（第1卷），国家图书馆出版社，2014年，第11页。

② 马克思：《资本论》（第1卷），《马克思恩格斯全集》（第23卷），人民出版社，1975年，第410页。

信仰殷商的祖先，而信仰“文王在上，于昭于天。周虽旧邦，其命维新”。（《诗经·文王》）通过历史考察，我们便能得出结论，神的尊荣与否，不过是政治胜利者说了算的。

弄清了历史发展，就能厘清宗教神学的本质，认清这一异己力量的社会根源，才能发展生产力，把人从异己力量中解放出来，宗教神学也便由此消失。所以说，加紧马克思主义宗教学研究，深挖历史根源，是批判宗教神学的重要方法。

（三）树立正确的价值观

清除封建余毒，破的一面是批判宗教神学，而立的一面，就是积极树立正确的价值观。首先涉及基础知识教育，这是觉悟大众的起点；其次是传统教育，使旧传统开出新生面，提高大众的文化素养；最后是历史教育，培养社会群体的爱国主义、社会责任感与远大理想。

任继愈先生非常重视知识教育，甚至将它提高到关乎民族存亡的高度，他说：“为了加速中国的现代化，当务之急是及早清理几千年根深蒂固的小农思想，大力提高全民的文化素质，消灭文盲。……文盲可以亡国，确不是危言耸听。全社会不读书，不要知识文化，这才是关系到国家的生死存亡的大问题。”[①]一个失去基本读写能力的民族，成为亡国奴只是时间问题。

以确保基础知识的储备为起点，还要进一步提高本民族的文化素养。先生认为，中国文化有糟粕的一面，但总的来说是与时俱进

① 任继愈：《“实事求是”万岁》，《任继愈文集》（第10卷），国家图书馆出版社，2014年，第91页。

的，是既古老又年轻的，并且仍有强大的生命力，所以我们一定要利用好它，使它为现代社会服务。他说："今天的'内圣'修养要超出修养者个人精神境界的提高，而在于提高民族群体的精神境界和文明水准。现代化的'外王'，不是小农经济的田园丰足，邦国太平，而在于摆脱中世纪的束缚，促进国家的现代化。"[①]这就是对"内圣外王"的创造性转化。以此为例，我们应该不断将传统文化与现代社会接续起来，从而造福现代社会。

最后，就是加强历史教育，使社会人众认识自身文化之根。只有具备了历史知识，才能培养出爱国主义与历史责任感。对本民族历史有了深刻认识才能做到爱国，才能成为合格的马克思主义者。先生认为，其实爱国主义是中国马克思主义的唯一来源[②]。具备丰富的历史知识，更能激发出社会责任感。他说："有了祖国的历史知识，才能培养出对祖国的历史责任感。"[③]他认为，没有历史知识的人，喊不出"天下兴亡，匹夫有责"的口号。当然，在爱国主义与社会责任感的基础上，还要树立远大的理想。任先生认为，必须建设社会主义的精神文明，树立远大的共产主义理想[④]，这是彻底取代有神论的核心要素。宗教神学让人依靠异己力

① 任继愈：《中国哲学的过去与未来》，《任继愈文集》（第5卷），国家图书馆出版社，2014年，第219页。

② 任继愈：《马克思主义的生命力》，《任继愈文集》（第9卷），国家图书馆出版社，2014年，第254页。

③ 任继愈：《爱国主义与历史责任感》，《任继愈文集》（第9卷），国家图书馆出版社，2014年，第60页。

④ 任继愈：《破除封建迷信，建设社会主义精神文明》，《任继愈文集》（第1卷），国家图书馆出版社，2014年，第319页。

量，而共产主义教人充分发挥自身的本质力量。所以，树立共产主义理想是终极的推动人自身发展的强大力量。

总的来说，任继愈先生创立马克思主义宗教学，倡导科学无神论，旨在清除封建主义余毒，说到底是一种“先天下之忧而忧”的良心使然。这与先生对社会科学的看法是一致的，他认为社会科学没有“纯学术”，“伟大的史学家要鉴往知来，关心社会；伟大的文学家，要关心人民的疾苦，同人民共命运；伟大的哲学家，要关心社会，‘为万世开太平’；伟大的政治家，以‘治国平天下’作为理想；伟大的军事学，要反侵略，维护和平，反对非正义战争。”[①]他身体力行，成为一颗社会的良心。正如李申教授总结的：“马克思主义者对于有神论的愚昧，如同对待贫困一样，不是简单地否定和反对，而是帮助不幸者‘摆脱’。进行科学无神论的宣传和教育，就是帮助人们摆脱有神论观念的重要举措。”[②]任继愈先生是一位真正的马克思主义者，他一生致力于帮助社会大众觉悟，帮助推动中国社会的现代化进程。

——本文已发表于《科学与无神论》，2019 年第 4 期

① 任继愈：《社会科学没有“纯学术”》，《任继愈文集》（第9卷），国家图书馆出版社，2014年，第256页。

② 李申：《任继愈——中国马克思主义宗教学的开创者和奠基人》，《上海师范大学学报》（哲学社会科学版），2014年第1期。

会通三教，脱愚启真
——纪念任继愈先生一百周年诞辰

李明友

任继愈先生逝世以后，作为他的学生，我一直思考“任继愈精神”的问题，并试图以精练简洁的语言，将“任继愈精神”准确地表达出来。2012 年 9 月，在任继愈先生的家乡——山东平原县，举行了一个纪念活动，并成立了“任继愈研究会”。2013 年 12 月，中国社会科学院在北京召开以“纪念毛主席关于宗教问题批示发表五十年”为主题的座谈会。我参加了上述活动，并对“任继愈精神”的问题发表了自己的看法。

2013 年，是任继愈先生一百周年诞辰。我们在缅怀先生功绩的同时，还要着重弘扬先生的精神。用以上八个字“会通三教，脱愚启真”来表述任继愈精神，是我几年来的思考，此次趁纪念任继愈先生一百周年诞辰之际，予以发表，以求教于方家。

前一句“会通三教”，是概括任继愈先生一生所从事的学术工作。

“儒教是教”“宋明理学是宗教”，这是先生基于对儒家思想的长期研究，于20世纪70年代末召开的太原会议上提出的学术观点，曾引起热烈的争论。而后在争论中，先生发表了《论儒教的形成》《再论儒教》《朱熹与儒教》等长篇论文，进一步阐述了自己的观点。三十余年来，愈来愈多的人赞成这一观点：儒学是宗教，是中国人特有的宗教。更有甚者，在当前复兴儒学的运动中，有一部分人正热烈地在推行儒教化，并预言，只有坚持宗教化，儒学才有生命活力。由学术的争论变成现实的运动，这是时代使然。

《汉唐佛教思想论集》，是先生对中国佛教天台宗、法相宗、华严宗、禅宗哲学思想研究的成果。在此基础上，先生主编并与杜继文、杨曾文等合作，推出巨著七卷本《中国佛教史》，遗憾的是只出版一、二、三卷，隋唐及以后的研究成果没有反映。尽管不完整，但影响很大，滋养了不少中国佛教研究者。《中华大藏经（汉文部分）》正编（共一百零六册）、续编（未完），更是中国佛教文化传世的重要成果。

先生主编《道藏提要》时，我还在读研，等到正式出版，已是1985年，我已回浙江工作。后来，先生主编的《中国道教史》，分三篇，每篇的绪言都是由先生亲自写的，凝聚了先生对中国道教思想研究的主要成果。

任继愈先生研究三教，旨在会通。早年主编的四卷本《中国哲学史》和后来主编的七卷本《中国哲学发展史》（出版了先秦、秦汉、魏晋南北朝、隋唐等四卷），是会通三教的代表作。这两部著作是集体研究、创作的成果。以往的中国哲学史，只列儒家哲学而不列道教哲学，更不列佛教哲学。四卷本《中国哲学史》将佛教哲学、道教哲学与儒、墨、法、名、阴阳各家一起架构中国哲学，并阐述其源流、演变，是学术创新。

后一句“脱愚启真”，是概括任继愈先生一生所追求的理想。

1999年6月24日，《人民日报》理论版发表了先生见解独到的文章《不仅要脱贫，而且要脱愚》。文章提出，不仅落后要挨打，愚昧也要挨打；在愚昧的基础上也无法摆脱贫困和落后。因此，在努力脱贫的同时必须努力脱愚。我当时就读到了这篇文章，深感分量沉重，犹如警钟。脱愚问题，关系到我国社会文化和群众精神世界的方向，应引警惕和重视。先生心系国家、民族的命运和前途，对有些地方借着弘扬传统文化而抬头作怪的封建迷信活动（如风水堪舆、占卜算命、驱鬼接神等），深表忧虑。“脱愚”，就是摆脱迷信。“启真”，就是坚持科学无神论给人们带来的真理和智慧。脱愚启真，让人民群众保持健康的精神生活，是一个学者的责任。

要“启真”，就要改革教育。灌输式、填鸭式的教育只能堵塞真理，埋没智慧。先生晚年曾多次呼吁学习古代“书院”制度，主要是针对现在灌输式、填鸭式的教学，提倡研究型、讨论型的教学。联系先生一生多次组织并主持学术团队开展学术研究，我们不难理解他晚年的主张。先生主持的学术团队，就是研究型、讨论型的，是互动的，不是死板的。他把这样的学术团队，看作类似古代的“书院”，既是研究机构，又是教学机构；既可出研究成果，又可培养人才。

纪念任继愈先生百年诞辰，我们应该发扬任继愈精神：会通三教，脱愚启真。

——2016年4月15日下午在国家图书馆、任继愈研究会举办的“任继愈先生百年诞辰纪念会暨学术研讨会”上的发言

任继愈的四个“仍然”和一个“不坚持”
——写在《任继愈文集》出版之际

李　中

这次编纂《任继愈文集》，对先生的为人和为学，认识又加深了一步。以前一些不连贯的事情，这次也联系起来了。印象最深的，就是他的四个“仍然坚持”和一个“不坚持”。

一、仍然坚持对日丹诺夫定义的批评

1957年1月，北京大学召开了“中国哲学史座谈会”。会前，先生于1957年1月11日在《光明日报》发表《试论中国哲学史的对象和范围》（以下简称“《试论》”），会上的发言以《在中国哲学史的研究中所遇到的几个困难问题》（以下简称“《困难问题》”），发表于科学出版社1957年7月出版的《中国哲学史问题讨论集》。这次座谈会的资料，近年被赵修义教授等编辑成《守道1957：1957年中国哲学史座谈会实录与反思》，由上海人民出版社

出版。先生的这两篇文章，被收集在文集的“中国哲学研究”部分。

我国哲学界自中华人民共和国成立初期开始学习苏联，日丹诺夫关于哲学史就是唯物主义和唯心主义斗争的历史的“定义”，就成为中国哲学史研究和教学中所遵循的基本原则。然而，这个原则用于中国哲学，则显得方枘圆凿，四角不掩。所以，这次讨论会上，核心问题就是日丹诺夫定义问题。先生《试论》一文首先指出，日丹诺夫定义给了我们很多启发，但“不够全面”。第一，忽略了社会历史观的研究，而中国古代哲学偏偏在这方面资源丰厚；第二，中国哲学的唯物主义和辩证法往往结合在一起，但日丹诺夫的定义对辩证法战胜形而上学的内容注意不够；第三，日丹诺夫的定义没有给唯心主义以应有的历史地位。先生进一步指出，唯心主义不仅有它的阶级根源，还有它的认识论根源和出现的历史必然性，并不仅仅是作为唯物主义要克服的对手而存在的。文章最后，先生自我批评道：

> 我自己过去在从事哲学史工作中，片面地只强调了唯物主义与唯心主义的斗争，而忽略了它们中间也有互相渗透、影响，从而丰富了唯物主义的作用；过去只看到了马克思主义的哲学在人类认识的过程中所做出的根本的变革，而忽略了马克思主义对过去一切进步的、合理的文化遗产的继承性，从而给自己的工作造成一些困难。

文章“附注”道：“文中所涉及的中国哲学史的研究的错误和缺点，主要是说我自己工作中所发现的。”这是真诚的自我检讨，也是对当时学习马克思主义过程中出现的教条主义的直率批评。

由会上发言整理出的《困难问题》，进一步讨论了哲学流派和阶级属性的关系问题，指出唯心主义也有起进步作用的情况，并在文后再次检讨自己常常以“主观好恶代替客观分析”。

会后，大约有不少人改变了对日丹诺夫定义的批评意见，有的认为可能是我们的理解出了问题。只有先生仍然坚持着他自己的意见。所以，北京大学哲学系中国哲学史支部1957年3月2日整理的《中国哲学史座谈会后的一些反映》最后一段写道：

> 任继愈同志（北大哲学系教授）对日丹诺夫的定义仍有不同看法，他说“如果这个定义大家都了解错了，可见是定义的问题。例如过去高教部所提的‘全面发展’为什么所有校长都了解错了呢？那不就是因为方针有问题，所以现在才补充上‘因材施教’”[①]。

差不多六十年后，当赵修义教授编成《守道1957：1957年中国哲学史座谈会实录与反思》并接受记者采访，评价这个讨论会时说道：

> 哲学史那边，老中青都很齐全的，老的像冯友兰。任继愈才四十岁左右，朱伯崑那个时候还是个讲师。任继愈在这个会上是很坚决地否定日丹诺夫哲学史定义的。档案里最后还点他名，说“任继愈同志对日丹诺夫仍有不同看法”，话说得很重了。外国哲学史苏联有一套，还不大好讨论。[②]

① 赵修义等编：《守道1957：1957年中国哲学史座谈会实录与反思》，上海人民出版社，2012年，第32页。

② 《赵修义谈1957年中国哲学史座谈会》，《东方早报》，2012年12月16日。

今天的读者，很难理解“话说得很重了”的意义。这里也只能简单说明，当时以马克思主义理论家自居的关锋，在会上提出“要开展两条战线的斗争”，反对质疑日丹诺夫定义。后来“反右派运动”开始，关锋就把质疑日丹诺夫定义称为“修正主义思潮”。文中除了直接点名批评贺麟、冯友兰的修正主义倾向之外，还大段转述了先生在《困难问题》中的文字，视为否认阶级分析的修正主义思潮。先生在1979年出版的《中国哲学史论》“后记”中回忆说，他当时对日丹诺夫的定义的异议，被认为是对斯大林的态度问题，在许多会议上都遭到过责难。某些理论权威曾经把他划归修正主义。某些领导也曾经告诫他，不要忘了阶级斗争，只讲思想发展，背离马克思主义，成了修正主义。而当时在许多次会议上责难先生的，不仅有一般的同事，也有多年的同窗好友。先生逝世后，武汉大学程静宇教授在纪念文章中写道，1957年，任继愈先生由于出差在外编写教材，才未被划成“右派”。程先生的记忆是否准确，可以待考，但对于此事的严重，当时的人们应该说是记忆准确。

数年以后，先生受教育部委托，主编《中国哲学史》（四卷本），辩证法和社会历史观也作为一个基本问题，与本体论和认识论并列，形成了中国哲学史研究中的所谓“四大块”。同时，对于唯心主义一些流派的进步作用，也做出了实事求是的评价。至于所谓“只讲思想发展”，则体现在先生后来主编的《中国哲学发展史》中，书名的“发展”二字，是先生对哲学史的基本看法。

二、仍然坚持不讲“儒法斗争”

1970年庐山会议上，林彪提出了“天才论”。会后，毛泽东主席号召全党学点哲学。受教育部委托，把先生从“五七干校”召回，主编《中国哲学史简编》。就在将要编成的1973年，在“批林批孔”运动中，“评法批儒”问题被提出来了。所谓“评法批儒”，就是认为，中国历史上最重要的政治思想斗争，就是儒家和法家的斗争，法家是进步的，儒家是落后的。

评法批儒运动即将全面开展的前夕，杨荣国主编的《简明中国哲学史》于1973年7月出版。9月，国务院科教组召开教育战线批判孔子问题座谈会，杨荣国在会上做《儒法两家的斗争和孔子反动思想的影响》的报告。此后，先到上海、南京，后到河南郑州、洛阳、开封。15日，《杨荣国同志在辽宁省党员干部会议上的报告》作为“批林批孔讲义”被印发全国。这样，一场以“批林批孔”为正题、“评法批儒”为副标题的思想运动，在全国轰轰烈烈地开展起来。

10月，先生主编的《中国哲学史简编》出版。就在当月，《红旗》杂志以“读者来信”的名义发表署名文章《对编写哲学史的一点意见》，批评有的哲学史不讲哲学家的政治思想，是“典型的资产阶级的哲学史”，是“两条路线的长期斗争在哲学战线上的表现”。[①] 这篇文

① 张世英：《对编写哲学史的一点意见》，《红旗》，1973年第10期，第44页。

章，显然是批评先生主编的《中国哲学史简编》。先生后来在《〈中国哲学史简编〉再版的话》中写道：

> （本书）编写原则与“四人帮”的影射史学潮流不符而招致猜忌。某大学哲学系的分部曾被授意，在系内开会批判；也有人要求在社会上公开批判，甚至还牵连到出版社的编辑同志。“四人帮”粉碎后，我和几位编写者才结束了担惊受怕的日子。

就在先生“担惊受怕”的日子里，一位参加“梁效”写作组的教师W君从给《红旗》杂志写信的“读者”家里出来，到先生那里讲了一些对中央“文化大革命”不满的话。先生知道W君与那位“读者”关系密切，以为是来套话的，就把情况反映给了哲学系党支部。事后知道，这是一场虚惊，但足以说明担惊受怕的程度。

1981年，中国社会科学院第一届党代会上介绍党委委员候选人。对先生的介绍有一项是，曾被邀请作了中央“文革”小组的顾问，由于不和江青合作，被江青宣布为“坏人”。后来，有人向先生核实此事，先生说“没有”。然而，给人的这个印象倒足以说明先生在“文化大革命”中的态度。

《中国哲学史简编》和《简明中国哲学史》都先后被各地出版社多次翻印。杨荣国教授的《简明中国哲学史》不久即依照儒法斗争的线索做了重大修改，先生主编的《中国哲学史简编》则坚持不按儒法斗争的线索修改，直到粉碎“四人帮”。这是先生的第二个“坚持不改”。

三、仍然坚持“儒教是宗教”的判断

从1902年梁启超首先撰文否认儒教是宗教开始，到后来陈独秀说“儒教是教化之教，不是宗教之教”，中国古代是“无宗教国”。中国学界几乎未经讨论就接受了这个判断，并且成为撰写中国历史通史及各种专史的思想基础，成为认识中国传统文化性质的定论。然而“文化大革命”中许多不理性的说法和做法，特别是神化革命领袖，却是一种潜意识的宗教观念在作祟。深谙传统文化又深谙宗教学的任继愈先生发现，其重要原因就是中国传统的封建主义观念在作祟。因而，先生得出结论，长期以来被学界误认为是与宗教观念对立的儒家，其实本身就是一种宗教。批判封建主义，清除儒教的思想影响，是建设社会主义新文化的必要条件。

先生这个观点，首先于1978年底在南京中国无神论学会成立大会上做了报告，次年又在太原召开的“文化大革命”以后中国哲学史第一次全国学术讨论会全体会议上做了重点发言，并在日本做了同样的演讲，然后整理成《论儒教的形成》，发表于《中国社会科学》杂志。这次编纂先生文集，“儒教研究”作为专门一类。

先生的这个发言如同石破天惊。在太原会议上，不少人都以为，可能会引起激烈的争论，事实上是几乎无人争论。这个观点既不能被长期习惯于认为中国古代无宗教的学者们所接受，这些学者一时也不知道该如何反驳。反驳发生在事后，从冯友兰先生开始，当时几乎所有重要的研究者都发表了专文或者大段论述，反驳“儒教是宗教”的判断。在近十年的时间里，没有一人支持“儒教是宗教”的观点；到1998年，即先生的主张发表二十年后，公开表示支持者也只有四个人，加上先生自己，总共五人。然而，先生仍然坚持着“儒教是宗教”的主张。他没有对反驳的文章进行反驳，只是隔三岔五地发表一篇进一步论述儒教问题的主张。先生对自己主张的正确性，充满了自信。在先生看来，马克思主义的历史唯物主义，具有普遍的意义。中国古代和其他民族一样，不可能超越历史的发展阶段，在两三千年以前就成为没有宗教信仰的国度。而从中国历史的事实来看，儒教具备了宗教的一切特征。

时至今日，越来越多的中国学者认同了“儒教是宗教”的判断，可以相信，这个判断将会代替中国古代是“无宗教国”的判断，成为认识中国历史、认识中国传统文化性质的思想基础。

四、仍然坚持宣传科学无神论

1963年底，毛泽东主席在一份文件上批示，认为应该成立一个由马克思主义者领导的宗教研究机构，并向这个即将成立的机构提出了“批判神学”的任务。后来，世界宗教研究所成立，先生任所长。负责筹建这个研究机构的北京大学在筹建报告中更具体地把研究所的宗旨规定为：

> 逐步建设成一个马列主义的宗教研究阵地，批判宗教神学，宣传无神论思想，并培养一批又红又专的宗教研究人才。

然而，研究所筹建工作尚未完成，“文化大革命”就开始了。先生作为“反动学术权威”，被夺去了研究所的领导权，研究工作则没有开展。直到“文化大革命”结束以后，研究所的筹建工作才继续进行，并且开展研究工作。

为贯彻研究所的宗旨，先生于1979年在《哲学研究》发表《为发展马克思主义的宗教学而奋斗》，指出“马克思主义宗教学本质上是一种科学无神论”，并提出了宣传无神论的任务。由于世界宗教研究所是当时全国唯一的、由马克思主义者领导的宗教研究机构，所以，先生的这篇文章事实上也是给全国从事马克思主义宗教学的学者们提出的任务。

然而，事情很快就起了变化。就在先生发表《为发展马克思主义宗教学而奋斗》的同时，关于宗教研究方向就发生了争论。焦点就是要不要宣传无神论。一年以后，即1980年，担任全国人大常委会副委员长和担任全国政协副主席的宗教界人士联合提案，要求取消宪法中“有宣传无神论自由”的条文。1981年，先生和刘大年、谭其骧等科技文化界代表提案，要求不要取消“有宣传无神论自由”的条文。就在先生的提案上交同时，前一个提案参加者又召集宗教界人士座谈会，要求取消“宣传无神论自由”的条文。座谈会纪要被送到了全国人大，最后修订的宪法，取消了“有宣传无神论自由”的条文。

新的宪法公布以后，一位政协副主席发表《热烈拥护新宪法》的讲话，重点就是拥护新宪法取消了“有宣传无神论自由”的条文。此后，关于要不要宣传无神论，在全国范围内进行了长期而激烈的争论。争论以压倒性的优势，对无神论宣传进行了各种各样的指责。或认为宣传无神论就要伤害信教群众的宗教感情；或认为宣传无神论是白费口舌，没有作用；或认为宣传无神论就是极“左”思潮，如此等等。在长达几十年的时间里，形成了所谓“有神论有人讲，无神论无人讲”的思想局面。其直接后果，就是有神论的迅速发展，“法轮功”的坐大成势，邪教和宗教极端主义的频繁滋事。

而在相当一段时间里，几乎只有先生一人，还坚持撰写宣传无神论的文章。由于原无神论学会中相当多的人都放弃了无神论的立场，先生于20世纪90年代中期，重建了无神论学会，并在“法轮功”围攻中南海的紧急时刻，率领新建的无神论学会同仁向党中央及时反映了情况。此后，又创建了《科学与无神论》杂志，在《人民日报》发表题为《不仅要脱贫，而且要脱愚》的文章，期望中国人民摆脱有神论的思想枷锁。直到先生病重住院，还从病床上起来，找到相关领导，建议筹建无神论研究机构。先生坚持宣传无神论的立场，可以说是“鞠躬尽瘁，死而后已”。

今天，尽管无神论的声音还非常微弱，但已经不是无人讲、无人理睬的局面。我们相信，在党中央的英明领导下，中国无神论的宣传事业，一定能不断发展。

先生关于宗教学和无神论的论述，在文集中也单成“宗教学与科学无神论研究”一类。

五、不坚持老子哲学是唯物主义还是唯心主义

先生于20世纪50年代出版的《老子今译》，曾经是许多人的必读书。先生对于老子哲学研究的成就，也是学界公认。先生在老子哲学研究过程中探索真理的曲折道路，虽也人所共知，但少有知其详者。

起初，先生认为老子哲学是唯物主义的。1959年，毛泽东主席深夜找先生长谈，除了宗教研究问题之外，也谈到了老子哲学。毛泽东主席认为老子哲学是唯心主义的。虽然党的主席这么说了，但是先生没有想通。1963年先生主编的《中国哲学史》（四卷本）仍然坚持老子哲学是唯物主义的。十几年后，1979年，该书第四卷撰写完毕，先生才改变了看法，认为老子哲学是唯心主义的。但似乎觉得也不怎么妥当，所以在正文中仍然保留了老子是唯物主义的文字，只是补写了一章，说明老子是唯心主义的。

此后，先生又三次今译《老子》。最后，先生终于不再坚持老子哲学是唯物主义还是唯心主义的判断，并且抛弃了以唯物主义或唯心主义去定性老子哲学的做法。

在老子哲学性质认识上的不断修正，是先生一个“不坚持”的典型事例。为了展现先生对老子哲学的探索过程。文集中特意编入了先生在《中国哲学史》（四卷本）和《中国哲学发展史》中有关

老子哲学的论述。

六、先生坚持什么

先生有的坚持，有的不坚持。那么，对于先生来说，什么是应该坚持的，什么是不应该坚持的呢？这只有用先生自己的话来回答。

文集“自述篇”有一篇先生写的《自传》，其中说到自己如何由一个相信儒学可以治国平天下的旧时代知识分子，到接受马克思主义的思想历程。先生说：

> 全国解放后，开始学习马克思主义，学着用历史唯物主义来观察社会和分析历史现象。初步学到了这个方法，使我十分振奋。回头来再剖析我中华民族的文化，就有了下手处。过去看不清楚的，现在看得比较清楚了。（《自传》）

从此以后，马克思主义就成为先生观察问题的思想指导，也成为先生处世的行动原则。

然而，用马克思主义指导研究的过程并不平坦。因为质疑日丹诺夫定义，几乎被打成修正主义；因为坚持在《中国哲学史简编》不讲“儒法斗争”，遭到“四人帮”把持的《红旗》杂志的点名批判；因为坚持认为“儒教是宗教”，二十年中，遭到同行学者几乎众口一词的批判甚至嘲笑；因为坚持宣传无神论，更是被内外夹攻，甚至遭同事冷眼，学生背离。在《中国哲学史论·后记》中，先生谈及自己的学术道路时，曾借用宋人词句“衣带渐宽终不悔，为伊消得人憔悴”表示，自己从事哲学专业，学习马克思主义，出于自觉自愿，他热爱这个专业：

> 沿着马克思主义的方向研究中国哲学史，完全出于自觉自愿，不后悔，也不退缩。

先生这段话写于1979年底，不仅是对他以前数十年间学术道路的总结，也是对自己今后仍然坚持以马克思主义指导学术研究所发出的誓言。

坚持马克思主义对于学术研究的指导，想通了的才说，没想通的绝不随波逐流乱说，是先生留给我们最宝贵的精神财富，也是一个中国学者最宝贵的思想品格，更是贯穿《任继愈文集》的基本精神。

——原载《博览群书》，2015年第5期

去伪存真：任继愈先生的理学研究之嬗变

胡朝阳

任继愈先生在中国哲学史研究领域的早期探索肇始于理学，而对理学的否定完成于中华人民共和国成立后。1937年任继愈先生求学于北京大学哲学系之时，就在导师贺麟的指导下完成《朱子哲学》一文，后又撰成《王阳明哲学》的论文。1942年，任继愈先生以《理学探源》从西南联大北京大学文科研究所毕业。抗战胜利之后的1947年至1948年间，任继愈先生撰写《人心与政治》《朱子的教育哲学》《宋明理学家的教育哲学——从朱子到王阳明》《禅学与儒学》等多篇探讨理学的文章。1949年中华人民共和国成立之后，任继愈先生先后发表《论儒教的形成》《儒家与儒教》《儒教的再评价》《朱熹与宗教》《论白鹿洞书院学规》《论朱熹的〈四书集注〉——儒家经学的一大变革》《具有中国民族形式的宗教——儒教》《从程门立雪看儒教》《朱熹的宗教感情》等文章，明确提出“儒教是宗教”的论断，把理学的哲学性质判定为一种宗教哲学。

任继愈先生在理学认识上的强烈反差，促使本人对任继愈先生理学研究相关著作梳理一番以探求这种变化发生的动因，遂成此文以祈教于学界前辈及同仁。本文认为，这种先后变化映射了任继愈先生黜伪存真的哲思嬗变，而这个过程具体体现在三个阶段：第一阶段是 1937 至 1946 年之间，任继愈先生认为理学是孔孟真精神的再生，真诚地信仰理学，并把理学看成是中国哲学发展的正统，“中国文化的优良传统是由儒家体现的，宋明理学是这种精神的体现”，“相信宋明理学讲的道理是真理，成为儒教信奉者”[①]；第二阶段是 1947 年至 1948 年之间，任继愈先生对理学怀疑并反思，其结果则为后来顺利接榫马克思主义哲学，重新认识理学带来契机；第三阶段是 1949 年中华人民共和国成立之后，接受马克思主义哲学，并运用唯物史观来重新审视和反思自己有关理学研究的成果，引入新的学术视角得出对理学认识的真知，判定程朱理学的哲学性质为宗教哲学，把程朱理学的研究推进到一个新的向度。

一、孔孟儒学真精神的再生

任继愈先生的中国哲学史研究是为了认识中华民族的真精神，其对理学的初步研究则反映他早年对中华民族真精神认识的基本面貌。

《理学探源》是任继愈先生研究中国哲学史的早期代表著作之一，该文所论聚焦于理学发展渊流。通过对《理学探源》撰成时代背景以及立论宗旨的分析，我们可以知道任继愈先生在初涉中国哲

① 任继愈：《任继愈文集·理学探源》（第4卷），国家图书馆出版社，2014年，第127页。

学史研究的关切和对中华民族真精神的初步认识。

（一）《理学探源》撰写的动因

《理学探源》撰成于抗日战争的艰苦岁月中。抗战全面爆发后，任继愈先生参加有“小长征”之称的“湘黔滇旅行团”，随北京大学经湘、黔、滇三省而南迁至昆明，历时半年，徒步三千多里。经过山河万里，千里赤贫，所见所闻民众之疾苦，感触尤深。任继愈先生初步感受到，中国广大之农民才是遭受苦难最痛最深之群体，是他们默默地支撑着艰苦的抗日战争，支撑着中华文明的灿烂历史，而这些遭受苦难的亿万农民群体，其中间蕴含力量无穷的民族精神。因此，在任继愈先生看来，以研究宇宙人生之终极目标为己任的哲学，岂能对此视而不见，岂能脱离中国最大之农民群体的基本生存境遇、哲学思想、宗教信仰而从事研究？任继愈先生有感于“中华民族抗战精神之百折不挠、坚忍不拔的气概”[①]，最终确定选择专攻中国哲学史研究。

通过自身亲历亲见的考察，任继愈先生坚信中华民族的民众之中贮藏着巨大而坚韧的力量，这种力量也就是中华民族真精神，其源泉在于儒学，而理学则是孔孟儒学真精神的再生。他认为，文化所表现出来的是“人类理性努力之总和”，是一个民族和国家生死存亡的“根荄”，也是一个民族的“真精神”。这种真精神，“每至民族国家存亡绝续之秋，弥显其正气磅礴，深沉博大”。在任继

① 任继愈：《任继愈文集·理学探源》（第4卷），国家图书馆出版社，2014年，第126页。

愈先生看来，正是凭依的这种“真精神”，在面对外敌入侵“生死存亡，外患内忧”和国家“积贫积弱之久”的危局时刻，才有中华民族的慷慨之士与强寇奋战，不惧生死，前赴后继。

（二）《理学探源》的立论宗旨

值此民族存亡、国家危难之际，为挽救中国哲学之危局，任继愈先生在《理学探源》一文中既明确以孔孟儒学为中华真精神，阐扬理学为中国哲学的精义。同时，又针锋相对地批驳持投降失败论者所论中国哲学“无自性”的訾议。

任继愈先生认为，时至今日面对印度哲学之“衰”、西方哲学之“暴烈自戕”、中国哲学之“危”的局面，相较于希腊哲学和印度哲学而言，代表中国哲学的“儒家精神照耀于中国”，中国哲学是“自主自立”的存在，其表现为道学和理学，而理学则是孔孟儒学真精神的再生。任继愈先生认为，理学是宋明诸儒发挥孔孟儒家之学，其自立自为且自有发展变化之渊源流变，是中国哲学发展之正统；理学乃承前启后之哲学系统，其倡言“性命之学”必须“身体力行而不效，方足以言无用”；在儒、释、道哲学之间有异同而实交融，终有理学之大成；理学承先秦诸子孔孟“引而未发”之论，袭取魏晋玄学之风，改造隋唐佛学思想，在哲学上对理气、性命、心体、善恶的问题精析详明而空前总结；理学是中国历代诸家哲学思想更迭进展，改善汇流之结果。

面对投降失败论者对中国哲学“无自性”的訾议，任继愈先生针锋相对地给予驳斥，批评他们罔顾国家落后，不能“自省一己之不肖”，反而自怨自艾“耻其祖先之不若人”，不能奋发有为的弱者精神。批评他们在学术思想上的四种错误倾向：其一，对“西方哲学系统”知之不深，而又“入主出奴”人云亦云地唱颂赞誉西方哲学的倾向；其二，“对我固有哲学系统”弃之不顾，而“攀援依倚”信奉“西洋人之说为圭臬”的倾向；其三，“抱残守缺，妄自尊大”的盲目倾向；其四，动辄放言“中国哲学某一时期曾受印度之影响”，而不能明辨缘由的治学倾向。任继愈先生认为，这些错误的观点只会搅乱人心，扰乱时局，而挽救中国哲学之“危”局的根本在于“理学及儒家大义”的重新光复以传播天下，以及“今人”要接续和承担责任，要像“理学诸子”那样担负张扬儒学大义的责任[①]。

《理学探源》一文是任继愈先生开展理学专题研究的著作，反映出他对中国哲学史研究的关切之处在于力图挽救中国哲学之危局，反映出他把孔孟儒学再生的理学看作中华民族真精神的认识。任继愈先生亲历民族生死存亡，国家遭逢巨变的时期，置身国家积贫积弱、内忧外患之地，其早期对儒学是真诚的信仰。

二、怀疑和反思理学的困境

在1947年至1948年期间，任继愈先生先后发表了《人心与政

① 任继愈：《任继愈文集·理学探源》（第4卷），国家图书馆出版社，2014年，第134页。“理学及儒家大义必能复伸于天下，理学诸子之志，为天地立心，为生民立命，为往圣继绝学，为万世开太平，此责正在今人也。”

治》《朱熹的教育哲学》《宋明理学家的教育哲学——从朱子到王阳明》《禅学与儒学》等著作。通过这些著作的考察可以知道，在追求社会进步、国家政治清明的渴求之下，遭遇到时局惨淡和思想苦闷的双重逼仄，任继愈先生开始怀疑自己信奉的儒学真精神，反思理学的困境，而这种怀疑与反思的结果，则为中华人民共和国成立后接受马克思主义哲学，重新认识理学带来了契机。

（一）对儒学真精神的怀疑

抗战胜利之后，本应该是中华民族恢复元气的大好时机。然而内战爆发，国统区物价飞涨，民不聊生，北平学生运动风起云涌，不堪的现实日甚一日。据任继愈先生回忆，偕家返回北京之后，在沙滩红楼有一间住房兼书房，却读不下去书。这几年，感觉自己在中国哲学史研究上的内容与现实脱节。这个矛盾无力解决，心情陷入苦闷。苦闷之情能让人迷失或者沉沦，但也会促使人们走向成熟，寻求新生。对于造成哲学家思想苦闷的诸种情由，又往往是促其哲学思想发生转变的前奏。这一时期，《人心与政治》一文反映出任继愈先生对社会进步和国家政治清明的渴求，然而残酷的现实促其不得不进行新的思考。

在《人心与政治》一文中，任继愈先生分析了当时流行的所谓“人心不古”的议论，否定了“真正泥古不化的人”以人心复古逃避现实的倾向，指出“至于人心，只是这个人心。古人的喜怒哀乐之感，我们也有的；古人的好恶是非之辩，我们也有的。我们决不能说今人的人心比古时的好，但也不能说今人的人心比古时坏”。[①]在他看来，当前政治的恶劣应该归咎于现实政治制度的无效与失责，而与古今人心好坏的争辩无涉，“目前的中国政治上的污点真是无从说起。但就行政效率来讲，谁都承认中国的衙门办事无效率，不负责任，也认为这与人心有关。……若不知道归咎于政治的制度而归咎于人心，这显然是不通的见解”。[②]那么，对待这样的政治乱局，应该怎么办呢？他批评当政者不明赏罚，不辨是非，罔顾法纪却又鼓吹道德良心，虚伪地学孟子“正人心，息邪说”的政治操纵术。任继愈先生认为，这是“忘本”，即忘记根本。那么，根本是什么呢？在他看来，就是要变革现实政治制度。他警告当时的“政治首脑们”，以“专讲良心与道德自豪”，结果是把政治弄得更糟。在这篇文章中，任继愈先生通过对人心与现实政治之间关系的区分，不仅看透了国家当权者利用孔孟道德之学以鼓动人心而转移人们对现实政治不满的伎俩，而且对以孔孟道德治理国家的无力有了切身之感，对自己信奉的儒学真精神发生了怀疑。

（二）反思理学真精神的困境

《朱熹的教育哲学》《宋明理学家的教育哲学——从朱子到王阳明》《禅学与儒学》这三篇文章反映出任继愈先生认识到理学家

① 任继愈：《任继愈文集·人心与政治》（第10卷），国家图书馆出版社，2014年，第62~63页。

② 任继愈：《任继愈文集·人心与政治》（第10卷），国家图书馆出版社，2014年，第63页。

的哲学思想普遍存在“重内轻外”的倾向，它在现实中往往表现为理学与实际的脱节，而这种困境最终使理学沦为“无用之虚学”。

在《朱熹的教育哲学》一文中，任继愈先生指出朱熹的哲学是建立在孟子性善论基础之上的，重视受教育的内在本性自觉，只是教人道德的践履的知识而忽视了一切实际用途的知识传授。“朱子时，已有了这种专向内用功夫而忽略了实际应用的知识的倾向。要有合乎道德的行为，原是做人必要的条件，单有道德的知识，只是有了做人的必要的条件而不是充分的条件。至于军事、政治、经济，以及百工技艺的学问另有它的用处和价值，是不能用道德涵养的知识来代替的”[①]。他特别举出南宋末年，是物价飞涨、民不聊生的时代，人们盼望继承朱熹哲学的大儒真德秀用自己的学问出来使物价得到“平仰”。真德秀出来了，物价依然飞涨。真德秀的学问，依然解决不了民生的实际问题。任继愈先生认为，朱熹的哲学仅仅重视“做人的学问”，关涉“人生方面”“行为方面”和“心性的涵养”，视“正心诚意”“居敬”“穷理”等为治学的方法，忽视“纯粹的知识及技术的知识”导致自身的理论“重内轻外”，在现实中不能够解决实际问题而遭遇严重的困境。“朱子犯了一个错误即在于过分看重道德涵养的知识，而忽略了实际应用的知识，把实际应用的知识也归摄于道德涵养的知识之下，以致后来的理学家自以为涵养纯熟就可以治军，可以莅民，可以临事应变。可是一旦事情到手，往往不

① 任继愈：《任继愈文集·朱熹的教育哲学》（第4卷），国家图书馆出版社，2014年，第186页。

知所措。”[①]在《宋明理学家的教育哲学——从朱子到王阳明》一文中，任继愈先生指出，朱熹哲学上的流弊日益暴露之后，出现王守仁的哲学。然而，王守仁把“意见”当“良知”，“束书不观，游谈无根”，一样造成“重内轻外”的后果，王阳明的学问不仅解决不了问题，还使人狂妄自大，反不如朱熹哲学的绵延久长。在《禅学与儒学》一文中，任继愈先生指出，程颢的哲学思想直接袭取了禅宗的见解，注重追求主观精神状态的圣贤境界。他认为，程颢的《定性书》：“天地之常，以其心普万物而无心，圣人之常，以其情顺万物而无情。”又说：“君子之学，莫若廓然而大公，物来而顺应。”完全是采取了禅宗的意思。洛学南传之后也存在专注“义理”“心性”的倾向。

近代中华民族历经苦难与波折的遭遇，刻骨铭心地烙印在深情地爱着这个国家和民族的知识人身上。在民国内忧外患、战乱频仍的学术环境之中，以中国哲学史研究为志业的任继愈先生，通过对理学渊源的专题研究，朱熹哲学、王阳明哲学的个案研究，禅学与儒学的比较研究等，使理学成为自己思考中国哲学的重要组成部分，为后来把理学的研究推到一个新的高度奠定了基础。

三、理学为宗教哲学的判定

中华人民共和国成立之前，任继愈先生对理学的怀疑与反思也

① 任继愈：《任继愈文集·朱熹的教育哲学》（第4卷），国家图书馆出版社，2014年，第185~186页。

只是刚刚开始，并没有彻底、全面地认识理学，但问题的关键恰恰在于怀疑与反思的基点一旦确立，就为他选择马克思主义哲学，并把理学的研究推进到一个新的向度确立了思想转变的前提。1949 年中华人民共和国的成立开启了国家命运的新纪元，也是几代先进中国人追求民族独立和人民解放之真理的最终成果。在新的历史条件下，任继愈先生开始积极地学习马克思主义哲学，并逐步接受和认同这种新的理论为“科学研究的钥匙”，实现了由信奉儒学到以马克思主义为指导开展中国哲学史研究的学术转向。任继愈先生用马克思主义哲学来重新审视和反思自己有关理学研究的成果，基于二程的理学对儒教形成的贡献和朱熹的理学对儒教理论完成的贡献，提出“儒教是宗教”的论断。

（一）二程理学对儒教形成的贡献

在《论儒教的形成》一文中，任继愈先生指出，程颢“定性说”与禅宗的宗教修行在精神及方法取向上一脉相承，“所谓定者，动亦定，静亦定，无将迎，无内外”，即是禅宗的“运水搬柴，无非妙道”。区别在于禅宗在“运水搬柴”中修行解脱而获得最终的出世涅槃，而程颢“定性说”主张君子为学当效法天地、圣人“廓然而大公，物来而顺应”，不为人情所蔽，不自私用智，进而达到内外皆忘，澄然定明的状态。在纯净内心和自我反省之中正心、诚意，追求入世的圣贤境界。在比较“定性说”和佛教禅宗的修行之后，任继愈先生又分析了程颐理学的特质，认为“程颐的《颜子所好何学论》是一篇典型的宗教修养方法论，是一篇宗教禁欲主义的宣言书。”[①]任继愈先生之所以做出这样的论断，在于发现二程所学相近，程颢提出“君子为学”问题根本所在，把君子为学的路径规定为“须先识仁”然后“诚敬存之”，而程颐则提出“正心”“养性”，论证君子该如何治学的问题。在《从程门立雪看儒教》一文中，任继愈先生对二程的治学方法进行了深入探究，所依据的文献材料是《伊川学案》《明道学案》《上蔡学案》所载二程对治学之道的论述[②]。任继愈先生认为，程门培养学生大致有两类知识，一种是知识教育，另一种是德行知识。程颐的治学之道概括为：“涵养须用敬，进学在致知。”所谓“进学”，属于知识教育范畴，包括读书、讲史、体会儒经中的道理，以读书为门径达到成为圣贤的目的[③]。所谓“涵养须用敬”，则是一种德行知识教育，在于培养学生的德行，通过“敬”之工夫，体会圣贤的精神升腾变化之境界。通过对二程治学之道的分析，他认为，“进学”与“涵养”是二程治学皆不可偏废的根本路径，其中尤以程颐为甚，两者相较，程颐更注重“涵养须用敬”的工夫。

---

① 任继愈：《任继愈文集·论儒教的形成》，（第8卷），国家图书馆出版社，2014年，第15页。

② 任继愈：《任继愈文集·从程门立雪看儒教》，（第8卷），国家图书馆出版社，2014年，第101~102页。“伊川见人静坐，便叹其善学”（《伊川学案》）；“明道终日坐，如泥塑人”（《明道学案》）；“往扶沟见明道，受学甚笃。明道一日谓之曰：尔辈在此相从，只是学某言语，故其学心口不相应，盍若行？请问焉。曰：且静坐。”（《上蔡学案》）

③ 任继愈：《任继愈文集·从程门立雪看儒教》，（第8卷），国家图书馆出版社，2014年，第102页。“《二程遗书》中关涉儒家经典的注解、阐发盖属此类。比如《程氏易传》是属于二程释经的代表作，再比如对《论语》《孟子》《大学》《中庸》的解释，亦属于二程学习知识的范畴。”

任继愈先生指出，程颐之所以重视《中庸》“喜怒哀乐未发谓之中，发而皆中谓之和”的原因，在于教授学生学会静坐、反思、体悟圣人“中和”气象，是一种自我调适内心的精神训练法，达到一种既不刻意思虑，又不知不觉思虑而得意的精神愉悦效果，而正是通过这种精神训练法的操作而达到心理上的平衡安稳，保持精神上的愉悦安宁。

任继愈通过对二程精神训练法的分析，揭示出他们与佛教之“禅定”，道教之“坐忘”异曲同工的类同妙处。所谓“异曲”和“类同”在于，佛教、道教之精神修炼在于导人脱离社会关系，疏离家庭人伦关系，是堕入“空门”而“出世”之路途，而二程的精神修炼法在于既超越凡俗的精神境界，又重视要以这种精神境界为纽结而积极入世求活，注重个性身心之修养而超越世俗之精神境界参与“治国平天下”的现实生活，把内在精神超越与外在事功之道融为一体，从而实现“内圣外王”的完美人生价值之路径。任继愈先生通过程颢《答横渠先生定性书》、程颐《颜子所好何学论》两文的比较，找出二程由佛入儒，化禅宗修行为自己修身定性的治学之道形成的脉络。任继愈先生指出，二程是北宋儒教的奠基者，他们两人的不懈实践，建立了修身定性的治学法门，确立了成圣的终极目标，其贡献儒门之功确立了其在北宋儒学洛学学派的领袖地位。

（二）朱熹为儒教理论完成的贡献

在《朱熹与宗教》一文中，任继愈先生指出朱熹哲学思想的本质是一种宗教哲学，“朱熹的思想体系属于宗教，他的哲学思想是为他的宗教体系服务的”。[①]任继愈先生之所以这样认为，是基于对朱熹理论体系剖析的结果。他指出，朱熹理论体系作为理学的集大成，体现在对宇宙观、人性论的系统论证以及贯通“天人”的宗旨。其一，在宇宙观方面。朱熹“理一分殊”论继承和发展了周敦颐《太极图说》“无极而太极”的思想；通过继承程颐“性即理”的命题，突出“理”的客观性及普遍性；通过吸收张载“太虚即气”的学说，改造张载的“气论”，使“气”从属于“理”，确立“理”为“气”的主宰，“把宇宙论的框架建造得比过去任何一个哲学家都完整”。[②]其二，在人性论方面。朱熹对“天命之性”与“气质之性”严格区分，试图在理论上完满地解释历代聚讼不止的人性善恶之争；继承并创新发展张载、二程的人性论，把“天命之性”看作人的本性，为“性善”确立本体论的依据；论证代表儒家伦理道德的仁、义、忠、孝等是“天命之性”，人人具有这种品性，为人们指明复归善性的方向和努力复归善性的信心；论证“天命之性”不仅包含主宰着人类本性的“仁、义、礼、智”，而且还包含着宇宙本性的“天地之德”，“在天曰元亨利贞，在人曰仁、义、礼、智”[③]；其三，贯通“天人”。朱熹的理论体系“把人的普遍原则贯彻到天（自然）的普遍原则，同时，又把自然的普遍原则

① 任继愈：《任继愈文集·朱熹与宗教》（第8卷），国家图书馆出版社，2014年，第52页。

② 任继愈：《任继愈文集·朱熹与宗教》（第8卷），国家图书馆出版社，2014年，第60页。

③ 任继愈：《任继愈文集·朱熹与宗教》（第8卷），国家图书馆出版社，2014年，第61页。

推广到人的普遍原则”实现天人共理，天人一贯，天人相通[1]。

在《朱熹〈四书集注〉的特点》与《〈四书集注〉的历史地位》两文中，任继愈先生对朱熹的《四书章句集注》（以下简称“《集注》”）的特点、历史地位和作用做出了评价，得出五个方面的结论：其一，《集注》是以人性论来阐释儒家经典，强调修身养性、涵养性情、正心诚意，教育处世做人的道理，在家为孝子，出仕为忠良；其二，《集注》汲取唐宋以来的哲学思想，达到时代可能达到的认识高度，建立了完整的儒教理论体系，对安定社会有重要影响；其三，《集注》是儒教人生修养的“经典”，其“正心”“诚意”“主敬”“守一”“格物”“致知”“存诚”等是内心修养之学，以“极高明而道中庸”践行“内圣外王”之道，最终教人成圣贤，使人们在日常生活中较好地处理人伦关系而获得精神解脱；其四，以心性论注解《集注》，注重经典义理的阐发，创造出新的注经模式，打破了传统儒经的注解模式；其五，《集注》成为元、明、清三代科举取士之经典，流布广泛，影响深远。由此，任继愈先生认为，朱熹《集注》以心性论注解儒经的完成，标志着以心性哲学为主要表现形式的儒家经学发展到新的理论高度。

总而言之，理学是任继愈先生提出“儒教即宗教”论断的重要的思想资源之一。任继愈先生在中国哲学史学科沉潜耕耘，引入中国马克思主义宗教学的新视角，全面认识程朱理学的形成，重新厘定理学的特质，判定理学为宗教哲学的结论，是在专业学科意义上

① 任继愈：《任继愈文集·朱熹与宗教》，（第8卷），国家图书馆出版社，2014年，第62页。

得出的真知。

四、结　语

中国现代哲学始于“五四”新文化运动，它打破传统经学的独尊，开启用科学精神整理“国故”的路径，学科治学成为主流。按学科治学，看似把传统文化的“整体性”搞得支离破碎，但这也的确激活了传统文化的精华在现代社会的生命力。传统文化的精华只有在现代学科体系内获得重新阐释，才能进入生活于现代社会人们的经验世界，才能通过现代教育制度有效传播，才能成为人们参与国家和民族现代化建设的普遍知识。

任继愈先生的中国哲学史研究，也毫不例外地是在现代学科分类制度之下的展开。在中华人民共和国成立之前，其中国哲学史研究集中于宋明理学的研究；在中华人民共和国成立之后，其在中国哲学史领域的学科视野得到拓展，以中国马克思主义宗教学科的视角对程朱理学的特质重新厘定，把宋明理学归结为宗教哲学。笔者认为，任继愈先生对宋明理学研究的变化，既把理学的研究推到新的高度，又开掘出在中国现代哲学视阈下认识中国宗教哲学的新向度。

任继愈先生的禅宗研究[①]

宁艳红

引 言

近代以来，中国的佛学研究者开始着眼于对佛教典籍、义理的思想性分析和历史性考证，试图从整体上把握中国佛教发展的历史规律及其特点。20世纪30年代，汤用彤先生的《汉魏两晋南北朝佛教史》以及后来的《隋唐佛教史稿》以系统研究汉魏两晋南北朝时期、隋唐时期佛教的整体历程而奠定了中国佛教通史的基础。至60年代，吕澂先生的《中国佛学源流略讲》和《印度佛学源流略讲》，以汉藏文资料为基础，分析精确，理论深刻，“标志着老一代佛教学者的最高成就”[②]。继之而起，马克思主义唯物史观、阶级

---

① 本文是国家社会科学基金重点项目“任继愈哲学文献整理与研究”（项目批准号：15AZD034）的研究成果。

② 吕大吉：《中国现代宗教学术研究的百年回顾与展望》，《宗教与民族》（第一辑），宗教文化出版社，2002年，第9页。

分析法所具有的科学意义上的新理论和新方法，为佛学研究注入了新的生命力，使佛学研究取得了前所未有的新成果。任继愈先生的《汉唐佛教思想论集》就是以马克思主义的立场和方法研究佛教思想的代表作。方立天先生曾说，此书是中华人民共和国成立后“第一本论述我国佛教思想史的《论集》”①。吕大吉先生亦对此书特点做过如是评价：

> 一是应用历史唯物论关于经济基础和上层建筑、阶级斗争与阶级分析的理论与方法，分析各佛教宗派的经济基础（寺院经济）和阶级实质。二是应用马克思主义的哲学史观来分析佛教义理的哲学实质……在当时条件下，任继愈的佛学论文重新吸引了知识分子对佛学的关注。②

本文通过收入《汉唐佛教思想论集》中有关任继愈先生对禅宗研究的论文作为研究对象展开探讨。任继愈先生对禅宗的研究，是他对整个佛教研究的组成部分，也是任继愈先生对中国哲学研究的一个组成部分；既是对老一代佛教学者研究成果的总结，也是对新时期年轻学者禅宗研究的引领和开拓。

---

① 方立天：《读〈汉—唐中国佛教思想论集〉》，《哲学研究》1964年第2期，第58页。

② 吕大吉：《中国现代宗教学术研究的百年回顾与展望》，《宗教与民族》（第一辑），宗教文化出版社，2002年，第10页。

一、“禅宗哲学思想”的系统研究

民国时期至中华人民共和国成立初期，学界主要以历史学的立场和方法，兼以思想史的角度对禅宗历史进行梳理和研究。专门研究禅宗思想史，并以此视角来研究禅宗的发展变迁，直到中华人民共和国成立前，几乎仍是学界的荒芜之地。任继愈先生在前人研究的基础之上，于1957年撰文《禅宗哲学思想略论》，以哲学的思维和方法重新审视禅宗思想的演变，并把它放置在当时中国社会、经济发展的历史背景下进行考察，对禅宗作为宗派的发展阶段做了全新的划分。任继愈先生此文是禅宗思想史研究的拓荒之作。

早年学界划分禅宗的历史分期，或是按照禅宗本身的发展顺序，如胡适《中国禅学之发展》、汤用彤《隋唐佛教史稿》、吕澂《中国佛学源流略讲》；或是放在佛教整个历史发展中分段编排，如蒋维乔《中国佛教史》、周叔迦《中国佛教史》，均采取的是历史学的角度和方法。任继愈先生在他的禅宗研究中，也有以历史学的方法划分禅宗的发展阶段。如在《农民禅与文人禅》一文中，把禅宗的发展分为前后两个时期，前期指弘忍、惠能等创立、成长时期，后期指五宗分立时期。本文仅就任继愈先生以禅宗哲学思想的角度划分其创宗阶段展开研究。

任继愈先生将禅宗在中国的形成和发展划分为两个阶段。

（一）早期禅宗的建立——菩提达摩和他的门徒

任继愈先生认为，“从达摩到弘忍，是禅宗的预备阶段，也可称为禅宗的先驱。这时期禅宗还没有形成宗派，也没有正式以‘禅宗’作为自己宗派的名称。”[①] 五祖之前的史料匮乏，早年学者们基本依据的是元魏杨衒之的《洛阳伽蓝记》、唐代道宣的《续高僧传》，以及唐代净觉的《楞伽师资记》。对达摩来华及其禅法、达摩尊奉《楞伽经》，至弘忍改用《金刚般若经》等看法基本一致。先生在此基础上，对早期禅宗的两个重要问题进行了深入研究。

1.探究达摩禅法的哲学内涵。提出达摩禅法初传成功得益于他所提出的主张和所走的道路，是适应当时北方中国具体环境的结果。

东汉末年至北魏之前，禅定遵循印度禅法中静坐、调整呼吸、舌拄上腭、心注一境的坐禅方法，达摩在此基础上提出了一种新的禅法，其主要特点在于以禅定的形式进行思想意识的锻炼，即“理入”和“行入”的宗教修养方法。先生从哲学思想的角度阐释了这两者的内涵。

所谓“理入”的本质，在于“教人从认识上脱离现实世界（舍伪），追求所谓超现实的真如世界（归真）。不但否认个人存在的真实性（自无），还要否认客观世界的真实性（无他），否认人类道德、社会存在的真实性”，“人们受了感官对象的欺骗和蒙蔽”，导致不能接受佛教“真如”的原则。而“行入”的四个方面，“抱怨行”，“劝人们放弃一切反抗外来压迫的企图，养成忍受奴役的性格”；“随缘行”“劝人放弃对外界是非善恶的分别，把一切幸运和不幸都看作命运早已决定了

---

① 任继愈：《禅宗哲学思想略论》，《哲学研究》，1957年第4期，第38页。本文对任继愈先生观点的引文均出自《禅宗哲学思想略论》。

的”“无所求行”“教人放弃改善当前生活的任何要求和愿望”“称法行”，“教人按着佛教的基本教义（法）去行动”。

先生认为，菩提达摩的禅法特点，应被看作是当时北方佛教学风的特点。南北朝时期，北方佛教哲学与北朝的经学相适应，以清通简要为特色，比较重视禅定和戒行，对于纯理论的兴趣不高。达摩初到北魏，并不受重视。达摩如果不与当时的学风相适应，必定难以立足。他所宣扬的《楞伽经》，与当时北方流行的地论学派属于同一思想流派，在此基础上，达摩把禅法简单化，与当时北方轻义理、重实行的学风相适应。先生提出，达摩作为异邦佛教徒，他所提出的主张和所走的道路，完全是当时北方中国具体环境下的产物。由此，揭示了达摩初传禅法取得成功的原因。

2. 指出了弘忍改用《金刚般若经》的客观原因。汤用彤先生曾提出“忍发挥《金刚般若》之义旨”，[①]吕澂先生则通过对道信禅法思想的深入研究，提出“道信的禅法，正在由《楞伽》逐渐地向《金刚经》《般若经》过渡。所以，再经弘忍传惠能（南传）以后，就完全以《金刚经》代替了《楞伽经》”。[②]二位先生都注意到了禅宗奉持经典的这一转变，任继愈先生则对这一转变背后的原因进行了进一步的探讨。达摩在盛行“地论学派”的北方传教，用同一思想流派的《楞伽经》比较适宜；道信、弘忍久居湖北黄梅传法，此地自南北朝以来就是“三论宗”流行的地区，《金刚般若经》是该派主要依据的经典。因此，这种转变是受当时的客观环境决定的。

① 汤用彤：《隋唐佛教史稿》，江苏教育出版社，2007年，第151页。

② 吕澂：《中国佛学源流略讲》，中华书局，2008年，第211页。

任继愈先生之所以把达摩至弘忍划归为禅宗的预备阶段，主要依据的是初期禅学思想的特点。《楞伽经》呈现的是大乘有宗的思想形态，《金刚般若经》突显的则是大乘空宗的思想形态，无论是以哪部经典为中心，都是客观唯心主义的表现形态。具体来说，都是“用宗教哲学宣传客观世界不实在，把主观精神作用（我）和客观事物及规律（法）都看作虚幻不实的”。过分夸大事物生灭、变化的现象，把事物的关系孤立起来，使它脱离具体客观事物，事物之间相互制约的关系成了观念相互制约的关系，从而宣称人类认识的不可能。先生正是基于达摩至弘忍都延续着这种共同的思想形态，并且与惠能之后属于中国独创的禅学及禅风大相径庭，从而把禅宗思想史的发展划分成前后两个阶段。

（二）从客观唯心主义到主观唯心主义——禅宗的正式建立，惠能和他的学派

任继愈先生对这一时期的研究主要解决了以下几方面的问题。

1. 提出了惠能作为中国禅宗创始人的依据。惠能禅法是中国佛教的独创已为学界认可，但禅宗到底何时正式创立，在任继愈先生之前一直没有定论。先生以禅宗哲学思想的角度给出了“惠能是中国禅宗的真正创始人”的答案，并提出了自己的依据。潘桂明《中国禅宗思想历程》、赖永海《中国佛教通史》（第七卷）均肯定并采用了先生的观点。[①]

① 潘桂明：《中国禅宗思想历程》，今日中国出版社，1992年，第145页；赖永海主编：《中国佛教通史》（第七卷），江苏人民出版社，2010年，第176页。

首先，从宗密的《禅源诸诠集都序》中反映出的传播情况看，禅宗的传播范围在唐中期以后已相当广泛，内部派别纷争，其中以惠能一派的势力和影响最大。其次，就禅宗对中国哲学的影响而言，中国哲学史上的“禅学”，以及宋明理学的“近禅”，指的不是惠能以前的禅学，也不是禅定的禅学，而是惠能以后的禅学。再次，就佛教自身的发展而言，隋唐时期烦琐的章句解释和庞大寺院经济带来的奢侈腐化之风，使佛教逐渐失去了它的吸引力，佛教内部遂产生了像禅宗这样的革新宗派。

“他们没有很多的学问，甚至有不识字的宗教领袖，他们多半出身于一般平民家庭……没有占有大量的庄园，不要累世修行，不要大量的布施，不要许多麻烦的宗教仪式，不要背诵那些浩如烟海、穷年累月还不能完全记诵的经卷……他们没有隋唐佛教其他宗派的优越条件，没有很多的‘理论’和旧的佛教宗派相抗衡。他们唯一的武器就是用主观唯心主义，他们不要论证、不要引经据典，只要凭借每个人主观信仰和良心。”这不仅仅是禅宗本身的转变，也标志着唐代佛教发展中遇到危机的新趋势。

2. 五宗时期，禅宗由主观唯心主义向神秘主义发展。惠能以后的五宗，即临济、沩仰、曹洞、云门、法眼五个支派，他们的传播范围已占据了中国的广大地区，并流传到日本和朝鲜。五宗创立的时候正值晚唐五代，地方割据、农民战争、会昌灭佛，以及五代更迭，摧毁了佛教各派及其赖以生存的寺院经济。当人民群众没有生命及财产保障，以及在反抗中遭到失败而丧失信心的时候，唯有从宗教中寻求依赖。在这样的形势下，禅宗的主观唯心主义思想方法逐渐向神秘主义方面发展。后期禅宗呈现出两个特点：一是强调“真如”不可以用语言和文字表达。精神所寄托的理想，不在任何个体事物以内。他们用比喻、隐喻，用拳打脚踢来表达，从根本上否认概念、推理、判断，否认人类正常的认识能力和作用。二是真理是超现实的，是建立在宗教信仰、宗教感情、主观意识的基础上的。世界的真相，不能说，不属于人类感觉和思维的对象，是一种主观神秘的境界，这使他们不得不陷入了荒谬的结论。

3. 对禅宗的哲学思想的评价。禅宗哲学具有自己的独特性，但归根结底还是为其宗教目的服务。任继愈先生对禅宗的独特性做出了评价。

（1）禅宗“采取了更粗暴、更独断、更主观的极端唯心主义的认识论”，但是“在它建立主观唯心主义认识论的同时，它比过去的哲学学派更深刻、更集中地对待思维对存在的问题”。因此，禅宗在中国哲学史上，引起了人们对认识论问题的重视，尽管它所走的道路是反方向的，却从反面把认识论问题引向了深刻化的道路。（2）先生“不同意有些哲学家对禅宗思想所做的抽象的估价”，并且反对把禅宗的价值总结为“独立思考”“大胆怀疑”的精神。禅宗的大胆怀疑、独立思考针对的是那些不够专诚、不够主观的宗教学说，对成佛、出世、脱离苦海则没有丝毫怀疑。因此，禅宗所谓的独立思考和大胆怀疑，只在它的宗教目的所容许的范围之内进行。（3）先生还特别指出了禅宗后期，其哲学思想体系发展为宗教神秘主义和直觉主义，但在这些主流思想中却潜伏着从理论上破坏其宗教倾向的因素，虽然这些因素不是禅宗思想的主流，却是全面评价禅宗不可忽视的一部分。“禅宗把‘真如’溶解在自然界里面，因而破坏了‘真如’的超自然的精神实体；把‘佛性’从‘西方极乐世界’移植到人们的内心，使‘佛性’人性化，因而贬低了‘佛性’的尊严；把‘般若’的绝对超越性还俗为‘运水搬柴’的生活琐事，因而模糊了世间和出世间的严格界限。”（4）先生还提出，禅宗哲学的泛神论对宋、明、清时期的哲学思想产生了深刻影响。所谓“泛神论”，即把神融化于自然界中，否认有超自然的本源。西方资本主义社会初期的进步思想家，都是通过泛神论从宗教神学的迷雾中将自己解放出来的。中国的禅宗时代则比他们早得多，禅宗哲学的泛神论思想是以世俗地主阶级中不当权派的中小地主阶级作为它的社会基础，是在佛教内部反对贵族僧侣阶级的斗争中出现的。经过唐末五代，以泛神论思想为酵母，逐渐形成两股思想潮流：一股是谨守禅宗唯心主义观点，吸收禅宗僧侣主义而直接形成宋明唯心主义理学，代表人物如程颢、程颐、陆九渊、朱熹、王守仁；另一股则将禅宗的泛神论加以改造，形成唯物主义哲学体系，以张载、王安石为代表。还有一些进步的思想家，利用禅宗不信权威的口号，正面攻击封建正统思想，相信自己的理性，如明末进步思想家李贽。清末的谭嗣同则是深受禅宗泛神论萌芽思想影响的资产阶级改良主义激进派。他们都把禅宗的泛神论作为建构自己思想体系的重要素材。[①]

① 任继愈：《汉唐佛教思想论集》，人民出版社，1998年，第256~257页。任继愈先生对禅宗泛神论的主张，见《论集》中任继愈先生对《禅宗哲学思想略论》的修改部分。

二、首次提出“农民禅”

达摩来华传播禅法，提倡修头陀行，至四祖道信时，修行的方法发生了变化。吕澂先生认为，道信定居湖北黄梅双峰山长达三十年之久，僧徒众多，但不曾接受过官僚豪门的支持，而是用自给自足的方法解决生活问题。唐初社会还不稳定，均田制下仍面临耕地不够分配的问题。因此，政府允许人们开荒，还可避免赋役，佛教亦借此号召门徒。道信所提倡的自给自足适应了当时社会经济发展的需求。[①]弘忍继承了道信以来耕作自足的传统，遂至后来怀海制《百丈清规》，用文字形式固定了这一传统，成为禅宗团体生活的法典。弘忍延续前代隐居山林，不问世事的修禅之风，但主张门下弟子成才后，参与庙堂之用。弘忍的禅法提倡“静乱之无二，乃语默之恒一[②]”。习禅者于日常生活中体现宗教出世的精神境界，这就是所谓的“寓出世于世间”，既能扩大禅宗的影响，又符合大乘佛教济世度人的宗旨。

任继愈先生对禅宗这种生存方式和修行风格所蕴藏的深刻社会历史根源给予了很大的关注，撰文《农民禅与文人禅》专门讨论这个问题。先生首次提出“农民禅”的概念。中国自秦汉伊始的两千多年封建体制里，政治高度统一，经济极度分散，表现在中国哲学上，

① 吕澂：《中国佛学源流略讲》，中华书局，2008年，第207页。

② 〔唐〕净觉集：《楞伽师资记》卷1，《大正藏》卷85，第1289页中。

即形成代表政治集中的儒家与代表农民分散经营、渴望自由的道家的长期对立与并存。禅宗则从出世的立场，适应中国的具体情况，形成了自己独特的修行方式，这种方式“反映了小农经济的人生观和世界观”。“小农经济的一个特点是长期保持自给自足的生活方式……禅宗的流派甚多，不论哪一家、哪一派，共同点是‘求解脱靠自己’，主张‘自悟’”。[①] 有什么样的生活就会有什么样的思想，自给自足的经济地位，决定了自给自足的生活，从而产生了自给自足的哲学思想体系。

禅宗之所以在中国得到广泛的传播并经久不衰，其中一个很重要的原因，就在于它是建立在中国长期存在的小农经济的基础之上的。从事农业生产，磨炼思想意志、克服懈怠习惯，以日常生活启迪智慧，精进修为，这类教学经验是其他宗派中不曾有的。因此，任继愈先生提出“禅宗是农民的佛教”，这是一个崭新的论断，它揭示了禅宗思想体系和修行方式的深刻社会根源，也揭示了它作为中国佛教独创的根本原因。

这里需要注意的是，任继愈先生提出的“农民禅”，并不包含禅宗发展的所有阶段。禅宗发展至后期，即五宗分立之时期，从农民禅逐渐向文人禅、参话禅转化。经过五代，禅宗不仅有大量文字记录，并且与士大夫合流，远离泥土，增加了清谈家的倾向。

杜继文、魏道儒《中国禅宗史》秉承了任继愈先生“农民禅”的观点，并进一步认为，“农民禅”发端于道信，开拓于弘忍，到

---

① 任继愈：《农民禅与文人禅》，《传统文化与现代化》，1995年第1期，第6页。

怀海时在制度上巩固下来，使禅行与农作融合为一，“此后禅宗的发展，在极大程度上决定于其与农作结合的状况”。[①]农禅体系的建立，对中国禅宗史乃至中国佛教史都具有划时代的意义。

三、对“北宗”的开创性研究

在禅宗的历史上，北宗曾经盛极一时，随着它在南北之争中的败北，而逐渐消失于历史。学界对禅宗的研究在相当长的一段时间内，呈现出一种重南轻北的形势。随着敦煌写本、石刻文献的陆续发现，北宗的研究才开始受到学界瞩目。任继愈先生通过对北宗史料的重新考证，对以神秀为核心人物的北宗进行了进一步考察，重新认识南、北二宗之间的关系，为北宗的研究提供了一个新的研究视角和研究思路。

（一）对“北宗”范畴的重新界定

近现代以来，学者们基本认定北宗即指神秀一系，如蒋维乔、胡适、汤用彤、吕澂、周叔迦等均持此说。任继愈先生对于“北宗”范畴的研究则经历了一个逐步发展的过程。先生在1957年发表的《禅宗哲学思想略论》中指出，“禅宗的正式建立，应从惠能算起”，[②]也就是说，于惠能之前的禅门，包括已经声名鹊起的神秀一系，都还

① 杜继文、魏道儒：《中国禅宗通史》，江苏人民出版社，2007年，第274页。

② 任继愈：《禅宗哲学思想略论》，《哲学研究》，1957年第4期，第38页。

称不上是“宗派”。到1990年撰写的《神秀北宗禅法》中则提到神秀是“北宗禅的首领”，称其禅法为“北宗神秀一系”。[①]先生对北宗的看法此时已发生改变，即北宗不单指神秀一系，但以神秀为主。1998年先生对《禅宗哲学思想略论》进行修改后编入《汉唐佛教思想论集》，明确回应上述观点：宗密在其《禅源诸诠集》的总序中，把禅宗的主要流派分为“十室”，其中的“息妄修心宗”基本上接近于后来所谓禅宗的“北派”，其中主要代表为神秀、智诜等。[②]

20世纪90年代，学界兴起了对“北宗”的热烈讨论。杨曾文先生在《唐五代禅宗史》中认为神秀、慧安、玄赜被尊为“三主国师”，是“北宗盛极一时”的情景写照。[③]温玉成则以“禅法上‘法门是渐’”“政治上依附帝室”“传承上排斥惠能”“地域上以嵩洛为中心”为四个评判条件，明确指出“以两京为基地，以神秀、道安、法如、玄赜为代表的系列，正是禅宗北宗的主脉”，而“神秀系是北宗的主脉”。[④]潘桂明的看法与温玉成的上述论断基本一致。[⑤]葛兆光在《中国禅思想史》中指出，“从《祖堂集》以下，‘北宗’便泛指与惠能一系对峙的弘忍门下其他弟子；从禅门宗系角度来看，法如、老安、玄赜、神秀之间也距离极近”，而将法如奉为“定门之首”实际上是北宗禅门弟子对“法如接弘

① 任继愈：《神秀北宗禅法》，《中国社会科学》，1990年第2期，第110页。

② 任继愈：《汉唐佛教思想论集》，人民出版社，1998年，第229页。

③ 杨曾文：《唐五代禅宗史》，中国社会科学出版社，1999年，第140页。

④ 温玉成：《中国佛教考古》，宗教文化出版社，2009年，第212~232页。

⑤ 潘桂明：《中国禅宗思想历程》，今日中国出版社，1992年，第75页。

忍”“神秀接法如”这一传承的共识。赖永海也是持神秀为北宗主干一说。[①]韩传强在《禅宗北宗研究》中也同意这种观点。[②]学者们从不同角度更为细致地考察了“北宗”的范畴，认为神秀为北宗主流也好，或是提出广义、狭义的北宗也罢，都是延续着任继愈先生之前的研究思路继续深入的结果。

（二）对北宗文献史料的重新考证

敦煌陆续发现疑似代表神秀思想的写本，但是异本众多，这些文本是否是神秀的著作，或者是否能代表神秀的思想，学界一直存有争论。吕澂先生就认为，“后世传说他（指神秀）写有《观心论》一卷，还不甚可信”，[③]吕澂先生对神秀系思想的考察主要依据《大乘起信论》《楞伽师资记》以及《大乘五方便》。

任继愈先生对神秀禅法的剖析主要是基于《观心论》《无心论》以及《绝观论》等敦煌写本。他认为，唐人手抄佛经中禅宗著作有《北宗五方便门》《大乘北宗论》《大乘五方便》《菩提达摩观心论》《绝观论》《三藏法师菩提达摩绝观论》《达摩和尚绝观论》《入理缘门论》《缘门论》《导凡趋圣悟解脱宗修心要论》《最上乘论》等，他认为这些著作都是假借古代大德，抑或直接假借达摩的名义，阐述北宗禅的一些主要思想，有的属于同书异名，或详略互补，实际是一个系统。[④]

---

① 赖永海主编：《中国佛教通史》第七卷，江苏人民出版社，2010年，第168页。

② 韩传强：《禅宗北宗研究》，博士学位论文，南京大学，2012年，第7~8页。

③ 吕澂：《中国佛学源流略讲》，中华书局，2008年（重印），第216页。

④ 任继愈：《神秀北宗禅法》，《中国社会科学》，1990年第2期，第110页。

《观心论》是否代表了神秀的主张，直至今日仍有争议。先生考证《楞伽师资记》、宗密《圆觉大疏钞》《禅源诸诠集》、慧琳《一切经音义》以及敦煌写经文献中所保留的一部分材料后，认为《观心论》中的基本观点可以代表神秀宗旨；敦煌本《菩提达摩观心论》《绝观论》以及《大乘北宗论》等著作，乃是“借用达摩的名义，阐述北宗禅的一些主要思想”。[①]从20世纪30年代开始，尤其是进入80年代后，中日学者就陆续对《观心论》等文本进行了考证和梳理，大多数学者也持这个主张。

先生还提出了研究文本的方法，认为研究禅宗应与研究其他宗派的方法有所不同。禅宗标榜不立文字、抄本庞杂，文字详略多有出入，在流传的过程中亦容易根据各自理解有所发挥。因此，对于禅宗的文献资料，不必逐字逐句抠字眼，而是要把握其总体脉络，“以禅宗的思维方法来探究禅宗，才可以更好地理解它”[②]。

先生关于北宗文本的研究对后来学者们产生了很大影响。洪修平在《中国禅学思想史》中认为可以代表神秀北宗禅法的文献包括：《观心论》《大乘北宗论》《大乘无生方便门》《北宗五方便门》以及该本的异名同本。[③]潘桂明、赖永海等也采用了这些史料。[④]这些文本全都包含在先生考证的文本之内。韩传强对北宗文本

① 任继愈：《汉唐佛教思想论集》，人民出版社，1998年，第229页。

② 任继愈：《神秀北宗禅法》，《中国社会科学》，1990年第2期，第111页。

③ 洪修平：《中国禅学思想史》，中国人民大学出版社，2007年，第137~138页。

④ 潘桂明：《中国佛教思想史稿（第二卷）·隋唐五代卷（下）》，江苏人民出版社，2009年，第566页；赖永海主编：《中国佛教通史》第七卷，江苏人民出版社，2010年，第170页。

也进行了梳理，除上述文本外，他还赞同先生之前考证的《修心要论》《导凡趋圣悟解脱宗修心要论》等同为北宗文本。[①]至于先生提到的《达摩绝观论》和《缘门论》的诸多版本，迄今为止还没有进一步的详证，有待继续研究。

（三）对神秀系北宗禅法展开系统研究

神秀当时无论在佛教界，还是在政界所受到的重视，都为北宗禅的确立奠定了基础，事实上也为整个禅宗确立宗派形象奠定了基础。20世纪80年代以后，西方尤其美国的禅学研究者，以日本学者柳田圣山的研究为起点[②]，以佛尔的《正统性的意欲：北宗禅之批判系谱》[③]与马克瑞的《北宗及其初期禅佛教之形成》[④]两书为标志，对北宗禅学进行了全新的探索。他们否定了一直以来“重南轻北”的研究思路，对“南顿北渐”的误解也给予了彻底的批判。回过头来看，国内以任继愈先生为代表的禅学研究，虽然在当时对北宗的研究还没有系统化，但在对北宗的价值立场、研究倾向、南北之争等问题的研究上，展现了卓越的批判和开拓精神。

神秀北禅除“修心”之外，还有“拂尘看净，方便通经”，[⑤]即

---

① 韩传强：《禅宗北宗研究》，博士学位论文，南京大学，2012年，第26~36页。

② ［日］柳田圣山：《初期禅宗史书研究》，京都：禅文化研究所，1967年。

③ ［法］佛尔著，蒋海怒译：《正统性的意欲：北宗禅之批判系谱》，上海古籍出版社，2010年。

④ ［美］马克瑞著，觉醒、季羡林编，韩传强译：《北宗及其初期禅佛教之形成》，上海古籍出版社，2015年。

⑤ 〔唐〕宗密：《圆觉经大疏释义钞》卷三，《大正藏》第九卷，第532页下。

五方便门，[1]这也是北宗禅法的重要内容。这两方面的内容构成了北宗禅法的基本体系。吕澂先生对《观心论》属神秀系文本持否定态度，所以对北宗之"心论"并未作探究。他依据《楞伽师资记》把神秀系禅法归结为"体用"两字，认为无论是"摄心息想"，还是动静互观，都可以通过体用互即来体会，仍属渐修范围。这些思想是吕澂先生从神秀的一些语录和张说的碑铭中抽取出来的，相对比较零散。吕澂先生重点是依《大乘五方便门》对"方便法门"做了考察，这部分内容对我国乃至国外学界研究北宗的方便法门影响至深。[2]任继愈先生在此基础上，对神秀系的"心论"做了更深一步的解读与阐发，从而使神秀系禅法更趋于完整。

1. 神秀"无心论"的禅法思想。"心"是万法之源，此乃达摩以来的一贯主张。先生提出，神秀在继承这一禅法思想的同时，提出一切法（存在）都体现佛性，佛性普遍显现于一切存在（一切法）中的思想，从而把它上升到了佛教本体论的高度，使"心论"更为深入。所谓"无心"，并非空无、一切皆无，而是"教人不起执著心，破除执著心"，从而体验真心。体验真心的目的是什么？在于知心外无物，物外无心。只要一切心不起，就能超脱是非得失，"断诸疑网，更无挂碍"，从而得到解脱。神秀是两京帝师，出入宫廷，介入世俗，注定了他在修习禅法时特别注意对日常生活是非得失的把握，这也是当时神秀系所面临的环境在其禅法思想上

---

① 五方便门，即总彰佛体之离念门、开智慧门、显示不思议之解脱门、明诸法正性门、了无异自然无碍解脱门。

② 吕澂：《中国佛学源流略讲》，中华书局，2008年，第216~219页。

的反映。

如何扫除执着？先生提出，《大乘北宗论》中记载了神秀以“六度”“五戒”来解说。大乘六度指六种修行解脱途径，尤其大乘空宗更强调般若解脱。先生的看法是，六度说主张以空彻底扫荡名相，北宗禅继承这一学说的同时，认为“无心”般若才是诸般若中最为上乘的解脱法门。尽管大乘主张破法执，教人不拘泥于经书上的文句，但经书仍教人要首先遵守五戒，北宗禅对“五戒”的解读，则是主张守戒，但要扫除对守戒的执着。神秀禅法在此处采取了随立随破、所立处即所破处的论证方法。

2. 心性论。先生指出了神秀对心性问题的思考，主要体现在三个方面。

第一，《观心论》认为的心有两种，净心与染心，二者同时并存，习禅者的目的是破除三毒的障蔽，去染修净，而得解脱。所谓净土不在外求，而在内心。北宗反对“念佛”，所谓“念佛”，其实提倡的是“念心”，在于念念不忘，强化思想意识的训练，而不在于口诵佛号。先生认为，这种扫除佛教训练等外在形式的主张，打开了禅宗后期更加自由思考的闸门。第二，神秀一派提出了安心和息妄心的主张。所谓“安心”，神秀一系的解释是：“不须立心，亦不强安”“有念即有心，有心即乖道，无念即无心，无心即真道”；如何息妄心？即“若见妄想及见灭者，不离妄想”“一法不断，一法不得，即为圣也”“为愚痴众生，教令念佛。若有道心之士，即令观身实相，观佛亦然。夫言实相者，即是空无相也。"[①]第三，神秀一系提出了"无情有性"的命题。先生认为，神秀系所谓一切法（存在）都体现佛性，佛性普遍显现于一切存在（一切法）中，这就是禅宗的无情有性说。先生高度评价了这一学说，认为尽管天台宗湛然也同时提出了这一学说，时间先后上无法断定谁拥有发明权，但推动了人类认识的发展水平，是达到了前所未有的高度。

3. 习禅方法。小乘破我执，大乘破法执，北宗禅法的习禅方法自然也是主张力破法执，只不过神秀一系教引学人的方法更具有自身的特点。先生对北宗习禅方法的看法也可谓新颖。北宗禅法主张息妄心，但在具体修习时又教人不用以息妄念的方法来见心，而是从本体上体认心之非妄，不把"心"当作实体，亦不把佛当作实体。这种方法与神秀的"无心论"是内外相统一的。先生进一步指出，神秀的这一禅法已经超过道信、弘忍的息妄法，并且进一步提出动静皆禅，动中有禅，静中有禅。

此外，神秀的禅法还讨论了佛与众生的关系，认为识心本体即是佛，即可得到彻底解脱，因此求道不必外求，返求自己即可，这与他的"无心论"也是一致的。

潘桂明继承先生的观点，认为神秀禅法体现了对东山法门的承续关系，只不过神秀对"心"的认识更具规范化、程序化了。[②]赖永海提出《大乘北宗论》讲不起心，《观心论》讲禅理，即息灭妄

---

① 菩提达摩：《绝观论》，《大正藏（补编）》第十八卷，第693页上。

② 潘桂明：《中国佛教思想史稿（第二卷）·隋唐五代卷（下）》，江苏人民出版社，2009年，第569~570页。

念，念尽即觉悟。[①]这些研究都是在先生对神秀禅法研究的基础上的进一步阐释和延伸。

（四）对南、北二宗关系的再认识

1. 对“南顿北渐”的重新审视。20世纪80年代后期的西方学界，对“南北顿渐”的研究取得了突破性的进展。他们认为神会的顿悟思想与早期禅宗思想并不矛盾，他反对“北宗”的渐修并不代表惠能南宗对北宗进行的斗争，神会强调顿悟更多是一种策略和修辞，而不是修行和教义上的考虑。我国学界对北宗禅的研究并不系统，大体上对北宗的“渐修说”有两种看法，一是“渐修渐悟”，一是“渐修顿悟”，大多数学者持后说。侯外庐在1957年曾经对“南顿北渐”的范式提出过质疑，并以《大乘无生方便门》与《菩提达摩南宗定是非论》作为对比，提出南、北二宗实是“人根有利钝，道无南北”（语出《参同契》）的主张。[②]先生在1990年对南、北问题的重新审视，可看作是我国学界重新为“南顿北渐”正名的滥觞，并且成为学界普遍认同的观点。他对“南顿北渐”的看法主要包含三个方面的内容：

第一，认为“南北两宗的宗旨相去天悬地隔，南宗重言下顿悟，北宗渐次修习”的说法是学界长期的误解。南、北禅法作为禅宗的两大支派，其共同的地方更多于相异的地方，甚至他们之中很多精辟的见解并没有什么差别。所谓“南顿北渐”，也仅仅指的是

① 赖永海主编：《中国佛教通史》第七卷，江苏人民出版社，2010年，第170页。

② 侯外庐主编：《中国思想通史》第四卷（上），人民出版社，1959年，第270页。

二者在修禅倾向上有所差异，并且这种差异主要表现在禅宗后期。

第二，顿悟、渐修的思想在神秀、惠能时代都有。渐修是顿悟的手段，顿悟之后也需要通过渐修来提醒自己，巩固顿悟的成果。先生认为“南北两派的差别是存在的，但不很大”，并不像“神惠等人描绘的两派有着是非真伪的大问题”。先生的主张与西方学界的观点不谋而合。

第三，先生以《观心论》中的净、染二心的角度对顿悟渐修进行了分析。习禅者净心是成佛的基础，“制三毒”也是北宗的重要禅法。世界的净、染不在外界而在内心，只要摄心离念，便能得到解脱，这说明神秀也是主张顿悟的。所谓“修心”“观心”都是为了明见本心、舍染求净。只不过神秀以后的继承者更加强调观心修净的渐修功夫，加之南宗禅誓要与北宗禅划清界限，使得原本相照应的两种禅法彻底分道扬镳了。

2.“南北之争”的实质问题。先生首先提出了南北之争的几点原因：其一，神秀系的活动区域接近政府中枢，其宗教倾向自然也受到帝王贵族的影响，并能及时迎合他们的需求，先生论及密宗在玄宗朝受到重视，北宗禅师亦多有兼习密宗或是参与密宗经典的翻译工作就是例证，由此神秀系能够得到上层的支持，历久不衰；其二，神秀、义福、普寂等北宗禅师，寂灭后即得到朝廷的追谥，而南方如惠能、行思、道一等禅师的谥号，则都是在他们死后很久才追加的，明显反映出南宗在政治上处于劣势的情形；其三，南、北二宗争夺法统是在神秀、义福死后才逐渐激烈的，此时南方禅学势力不断向北方扩张，有逐步占领全国的趋势，尽管南、北两宗在禅学思想上并不是根本对立，即使在学术上有争论，也不至于上升到你死我活的地步，只有政治地位的不对等，才是最终导致二者逐渐演变为势不两立的仇敌的关键原因。由此，任继愈先生提出，南北之争实质是一场政治地位的争夺。先生的这一主张已得到学者们的共识，杜继文、魏道儒的《中国禅宗通史》在先生研究的基础上，就南北之争的政治因素和社会背景做了更进一步的剖析，[①]使南北之争的真相愈见清晰。

20世纪90年代后，我国学界展现出了对北宗研究前所未有的关注，北宗的研究逐渐形成规模，任继愈先生的研究对后来学者们对北宗的进一步探讨，以及对整个禅宗的重新审视，产生了深远的影响。

四、“禅宗与中国文化”的定位

这一时期，学界从不同视角对禅宗与中国文化给予了很大的关注。任继愈先生提出中国文化的发展有过两个高潮时期：

> 第一个高潮在春秋战国时期，持续时间约三百年，第二个高潮在隋唐时期，持续时间约二百年……以中华文化为主体，吸收和改造外来文化，丰富了中国传统文化的内容，使中国文化精华部分（哲学）提高到了一个新的认识层次。禅宗的形成

① 杜继文、魏道儒：《中国禅宗通史》，江苏人民出版社，2008年，第218~226页。

和发展，体现了中国文化发展的第二次高潮。①

任继愈先生对禅宗与中国文化的研究，主要聚焦在两个问题上：一是禅宗生产和生活方式的中国化；二是基于前者基础之上发生的禅宗思想的中国化。前文已提到，自道信以下，禅宗团体采取的是自给自足的生产生活方式，这一变革使禅宗进一步与中国社会经济结构相协调。中唐以后，禅宗进一步把世俗社会的生产和生活方式移植到佛教内部，僧众之间也仿效封建宗法制维系着法脉传承关系。相比佛教其他宗派，禅宗的世俗化更为彻底，自给自足，不靠他人，很大程度上避免了与其他宗派、政府豪权的利益之争，从而获得了更大的生存和发展空间。因此，先生强调，禅宗思想的中国化，首先在于它生活方式和生产方式的中国化。

禅宗思想的中国化，不仅是禅宗本身为了适应中国社会历史的发展而大胆变革，从而形成具有中国特色的佛教宗派，更重要的是，它对中国文化的精华部分——哲学产生了巨大的影响。先生认为，禅宗哲学对后来的理学起了决定性的影响。

佛教自传入中国起，就努力改造着自己的说教内容和形式，以求适应中国的环境。禅宗在正式创宗之前，是以佛教的禅法和禅宗早期的禅学形式参与其中的。随着人类认识的不断深入，中国哲学家从关心天地万物构成的宇宙论阶段，发展至探究世界构成理论依据的本体论阶段，中国哲学利用佛教的思想资料完成着自己的进程，到南北朝之前已经基本完成进入到考察自身认识能力、认识的

① 任继愈：《禅宗与中国文化》，《社会科学战线》，1988年第2期，第81页。

可能性和局限性的人性论阶段。印度佛教有很多关于心理活动的记载，这就帮助中国哲学从本体论进入心性论。

南北朝至隋唐，中国哲学由本体论进入心性论。“佛教理论的重心已由般若学的本体论转入涅槃学的心性论，开展佛性问题的探讨。佛性论的实质即心性论”。佛性论由中国哲学中一个支流上升为主流，至隋唐时期发展成为完整的心性论，从而把中国哲学的发展向前推进了一大步。南北朝时期，佛教心性论还带有外来文化的某些生硬痕迹，如“阿赖耶识”，与中国哲学的传统观念不甚衔接，禅宗明确提出“明心见性”的新范畴，以及“心性”“本心”“识心见性”“顿悟”等的论述，使佛教心性论中国化。隋唐佛教在理论上最大的贡献在于心性论的建立，而首功应推禅宗。此外，与禅宗同样建立在小农经济基础之上的还有净土宗，但对中国文化的影响来看，禅宗的影响更多表现在思想方面，而净土宗则在信仰方面影响更多。宋明理学是沿着心性之学而下，“与儒家的纲常名教相结合，从而形成了新的宗教哲学。社会上叫理学，元朝人称为道学，西方学术界称为新儒学，以区别于孔孟的儒学”。[①]任继愈先生称其为儒教，并且认为，儒教还吸收了佛教其他宗派以及道教的思想，但主要脉络来自禅宗。禅宗提出的心性论，使它在中国哲学史上的地位远高于它在佛教中的地位，是中国文化的一个重要组成方面。

① 任继愈：《佛教与儒教》，《文史知识》，1986年第10期，第11页。

结 语

自任继愈先生 1957 年发表《禅宗哲学思想略论》，迄今已半个多世纪了。先生以马克思主义唯物史观、阶级分析法对禅宗的思想和发展所做的研究，其结论具有客观性、合理性与科学性，为学界的后继学者们提供了认识论和方法论的指导。

吕大吉先生在《中国现代宗教学术研究的百年回顾与展望》一文中曾说："1949—1976 年是马克思主义指导下的宗教研究"，包括宗教学在内的文化学术都具有两个共同特点，即指导思想的马克思主义一元化和学术研究的政治化。[①] 任继愈先生对禅宗以及整个佛教的研究不可避免地受到当时意识形态的影响。但是，任继愈先生作为中国马克思主义宗教学的开创者，作为我国以马克思主义历史唯物主义和辩证唯物主义方法来研究宗教的奠基人，他所强调的马克思主义立场和方法，仍是指导我们研究禅宗、研究佛教，乃至"研究整个世界宗教的根本，是我们一直所拥有的'活的灵魂'"。[②]

---

① 吕大吉：《中国现代宗教学术研究的百年回顾与展望》，《宗教与民族》（第一辑），宗教文化出版社，2002年，第7页。

② 卓新平：《在"纪念任继愈先生诞辰一百周年座谈会"上的致辞》，《世界宗教文化》，2016年第2期，第4页。

任继愈与《道德经》

习五一

各位老师：

大家好！任继愈先生在当代中国文化思想领域，辛勤耕耘一生，硕果累累。为传承这些宝贵的精神财富，学术界同仁组建《任继愈文集》编委会。按照编委会的分工，我们承担第一卷《宗教研究与科学无神论》编辑工作。边干边学，这项工作为我们学习任继愈先生关于宗教研究与科学无神论的论述，提供了便捷途径。

2012 年 7 月，在“任继愈先生的为人与为学”学术研讨会上，我以“简论任继愈先生的科学无神论与宗教研究”为题，主要讲述了两点体会。第一，“研究宗教，批判神学”。这是任继愈先生为纪念毛泽东主席逝世一周年撰写文章的主标题。2014 年是毛泽东主席关于《加强宗教问题的研究》批示五十周年。根据毛泽东主席的批示精神，先生创建了世界宗教研究所。毛泽东主席批示的精神，对于创立当代中国马克思主义宗教学具有战略性的指导意义。任继愈先生成为当代中国马克思主义宗教学的奠基人。回顾这些年宗教研究领域中的风风雨雨，我赞同杜老师的判断，“我们部分地贯彻了‘研究宗教’的要求，但忽略甚或完全忽略了‘批判神学’的任务”。第二，“科学无神论是我们国家的立国之本。”任继愈先生生前三十年如一日，担任中国无神论学会的理事长。他多次论述科学无神论的道理。他指出，无神论就是实事求是，认为世界上没有鬼神“上帝”，也没有天堂地狱，不存在任何超自然的力量；人类的命运掌握在自己手里。正如《国际歌》中所唱的：“从来没有什么救世主，也不靠神仙皇帝，要创造人类的幸福，全靠我们自己。”

今天，我的发言是去年学术研讨会的续篇。继续谈一谈我们学习任继愈先生关于宗教研究与科学无神论论述的思想收获。

老子的《道德经》与孔子的《论语》，是先秦诸子百家中最重要的两部著作。这两部经典影响中华民族长达两千多年。中国古代经典文献中，思想家注释最多的著作有两部，一部是《易》，一部是《老子》。注释《易》的古书多达三四千种，注释《老子》的古书也有千余种。我想，一方面，这两部经典文字简约而含义丰富，引发后人多种诠释；更重要的原因是，由于人类社会的发展，每个时代都有新的内容，思想家借用古代名著，阐发自己的思想。我认为，根据不同时代的丰富注释，认识各个时代的学术发展轨迹，可以获得丰富的智慧，延续中华民族文化的悠久传统。

任继愈先生一生都在不断研究老子的《道德经》，“学无止境，永远不知足”。他的《老子今译》出版于1956年；《老子新译》出版于1978年，其修订本出版于1985年；《老子全译》出版于1992年；《老子绎读》出版于2006年，时年先生已九十岁高龄。先生认为：老子代表弱势群体说话，“同情弱势群体，这是马克思主义最根本的原则”。他指出：

> 中国的哲学流派不少，号称百家，其实只有两家，一个是儒家，一个是道家。儒家受到朝廷的重视，后来成为指导人们政治生活的国家宗教（儒教），孔子被尊为儒教的教主，皇帝到孔庙也要参拜。另一流派的老子，它的社会基础是农民。道家成为在野的主流。老子后来也被道教推奉为教主，或称为“太上老君”。老子一派以广大自耕农为其社会基础。

任继愈先生思考老子的哲学，首先想到中国从古以来就是以农立国。农民为国家做出最大的贡献，直至付出生命。他说：“有名的英雄可爱可敬，是学习的榜样。还有更多的默默奉献者也是英雄，他们就是几亿农民，值得永远纪念。”因此，在学术研究上，先生选择了老子的《道德经》，而不是孔子的《论语》，为此辛勤耕耘一生。

关于先生研究“道德经”的学术贡献，我简要地讲三点。

一、“尊道贵无”的智慧

老子的《道德经》是一部关于伦理道德的著作吗？仔细读一读，其主旨不是论述伦理修养，而是一部原创性的思辨哲学著作。其特点是探求世界万事万物的规律。它以生活实践为切入点，引导人们进入高度抽象思维的境界。老子论述的“道”是天地万物的总根源。

春秋战国时期，“天道观”是哲学探索的重要范畴。先秦诸子如老子、孔子、墨子、庄子、荀子、韩非等，在其著作中都论述“天”和“天道”。百家齐放，百家争鸣，创立了不同的学派。将“道”作为最高的范畴，集中阐发，老子是第一人。任继愈先生认为：“老子开创了中国哲学本体论的先河。”[1]

“道”本来是指人们行走的道路，是普通名词。老子第一次赋予“道”以行而上学的概念。《道德经》中“道”的含义十分丰富。

道——混沌不可分，无名。

道——本来存在，自然。

道——构成万物的原始材料。

道——不同于任何具体事物，无形无象。

道——事物的规律。人、物、自然社会都离不开道。

老子的“道”同先秦的“天”一样，含义十分复杂。从哲学上分析，至少有四种含义。其一，形而上学的本体观念，简称为“道”。其二，一切有规律的法则，统称为“道”。其三，社会共同遵守的伦理规范，也称为“道”。其四，神秘不可知，奥妙不测，可称为“道”。

“道”是精神性的还是物质性的，老子的表述含混不清，然而，这就是当时人类社会认识的前沿水平。老子之后，在中国哲学史上，一些哲学家诠释“道”为精神性的，是产生宇宙万物的源泉，构建精神本体论的哲学路线。有学者认为，宋明理学构建的“理”本体

---

① 任继愈：《老学源流》，《任继愈宗教论集》，中国社会科学出版社，2010年，第585页。

论含有此类因素。一些哲学家将“道”理解为“元气”，是物质性的，是构成宇宙万物的元素，构建具有唯物主义色彩的哲学路线。

关于“道”的解释，无论是重视精神性的，还是重视物质性的，哲学家们都认为它是运动变化的，而非僵化静止的。宇宙万物包括自然界、人类社会和人的思维等等，都是遵循“道”的规律而发展变化。

有哲学家认为，老子所说的“道”与“德”之间的关系，相当于儒家所讲的“理”与“性”之间的关系。“道”具有形而上学的超越性，而“道”寓于天、地、人、物之中就是“德”。因此，“道与德无间”，它们的区别仅是“道”是超越的，而“德”则是内在的。这种“道”与“德”的同一关系，儒家哲学表述为“天命之谓性”，“性与天道合一”“性即理也”。因为，超越的“天道”或“天理”，就在人性之中。所以，有了这种“内在的超越”，人们可以依靠“自力”，而不必依靠“上帝”的“救赎”来实现人生和社会的理想。①

因此，在一些西方哲学家的眼中，中国的传统文化缺乏“宗教性”，至少缺乏唯一至上的创世神。“五四”新文化运动时期，英国著名哲学家罗素来华访问，发表演讲盛赞中国的传统文化。他说：“中国的运气真好。”其理由为：第一，远离欧洲，避免了宗教战争的影响；第二，历史上没有产生过“和欧洲一样险毒的宗教”。他希望中国能够保持这种没有宗教的文化传统。②

老子在探索宇宙万物的根源时，将其概括为“道”。这种抽象

① 李存山：《老子哲学与中华精神》，《光明日报》，2012年9月20日。

② 《罗素先生的演讲》，《少年中国》，第2卷第8期。

的概念，与各种具体的事物不同，它难以用通常的语言表达。老子尝试用否定性词语去描述“道”，如“无名”“朴”“无用”“无象”“无形”“无状之状”“无物之象”“大象无形”等。老子强调人们无法感知“道”，因为它没有形状和形象。老子用否定性方式描述“道”。有学者认为，老子的形而上学可以称为“无形之学”。

任继愈先生认为，除“道”的概念外，老子另一个贡献是第一个提出了“无”的概念，“这是中国哲学史第一座里程碑”。[①]人类认识过程总是由具体事物开始，由微细到宏大。据中外数学史记载，人类先认识自然的实数，形成“1、2、3……”数的概念，而“0”的概念形成较迟。因为“0”没有形象，也找不到与“0”相当的实体对象可供对照。人类社会的认识水平，随生活实践不断深化，从“有”到对立面的“没有”，在生活中经常遇到。而将“没有”抽象到“无”的概念，作为认识的客体对待，是人类社会认识水平的飞跃。老子提出的“无”，就是一次哲学上的飞跃。

老子的“无”具有“有”所不具备的“实际存在”，总称为“无”。老子思考的宇宙起源模式是：

> 有物混成，先天地生，寂兮寥兮，独立而不改，周行而不殆，可以为天下母，吾不知其名，字之曰道，强为之名曰大。[②]

① 任继愈：《关于〈道德经〉》，《任继愈宗教论集》，中国社会科学出版社，2010年，第590页。

② 《老子》二十五章。

天下万物生于有，有生于无。[1]

道生一，一生二，二生三，三生万物。万物负阴而抱阳，冲气以为和。[2]

老子认为，“道”是浑然一体，出现在天地之前，无声无形，独立存在，永不改变，循环运动，永不停止。它是宇宙万物的母亲，天下万物都生于实有，实有出自虚无。《淮南子·天文训》解释说：“道始于一，一而不生，故分为阴阳，阴阳和而万物生。”有学者认为，“一”“二”“三”，可能分别指未经分化的“气”、分化之后的阴阳二气、阴阳相结合而形成的“和气”。这种“和气”产生万物。从古至今，人们对“一”“二”“三”的解释分歧很大。

“道”作为永恒的本体，循环运动，永不停止。这种宇宙起源的玄想，是古代中国哲人的天才思维。它具有模糊性，也缺乏科学的论据和逻辑推理，然而它也难以证伪。这里的“无”，具有规律性，也称为“道”。老子认为，“无”也是“道”，“道”也是“无”。“无”并非空无一物，它与“有”都具有总括万有的品格。老子称为“无状之状，无物之象”。它不同于“有”，所以：

视之不见，名曰夷，听之不闻，名曰希，搏之不得，名曰微。此三者不可致诘，故混而为一。[3]

---

① 《老子》四十章。

② 《老子》四十二章。

③ 《老子》十四章。

看它看不见，这叫无形，听它听不到，这叫无声，摸它摸不着，这叫“无体”。这三种特性不可思议，难究其竟，所以它们混而为一。

老子的“无”具有多样性的积极意义。老子将“无”的原则用于治国。他提出了“无为而治”的思想。老子说：

> 圣人处无为之事。[①]

> 道常无为而无不为。[②]

> 为无为，则无不治。[③]

> 吾是以知无为之有益。不言之教，无为之益，天下希及之。[④]

> 取天下常以无事。[⑤]

> 我无为而民自化，我好静而民自正，我无事而民自富，我无欲而民自朴。[⑥]

老子的“无为”，不是一无所为，而是用“无”的原则去“为”。“道”永远是“无为”的，然而却成就了所有的事物。遵循“无为”

---

① 《老子》二章。

② 《老子》三十七章。

③ 《老子》三章。

④ 《老子》四十三章。

⑤ 《老子》四十八章。

⑥ 《老子》五十七章。

之道，天下就会太平。

清静“无为”的益处，天下难得。老子认为，只要我无为，人民自然归化，只要我清静，人民自然框正，只要我无事，人民自然富足，只要我无欲，人民自然淳朴。

老子的“尊道贵无”是肯定生活，不是消极避世。战国末年出现的黄老学派，讲治道，重刑名，在民生凋敝时期，有利于安定社会、发展生产。汉初崇尚黄老无为的理念，“文景之治”，古称盛世。“无为”的思想对恢复生产、医治战争创伤、安定社会，效果显著。然而，黄老学派不同于老子之学，讲无为之外同时讲刑名，刑名之学是法家思想。司马迁将老子与法家并列，将老子与韩非同传，遭到后人的批评，认为分类不当，但也事出有因，两者确有内在的联系。

二、“柔弱胜刚强”的思辨

中国古代哲学中辩证法思想丰富多彩。辩证法中有刚健为主的一派，以儒学的《易传》为代表；以柔弱为代表的一派，则源于老子。中国哲学有以伦理实践为主的流派，起源于孔子；以高度抽象思辨为主的流派，则起源于老子。老子的抽象思辨发展到魏晋时期，形成魏晋玄学，以王弼《老子注》为高峰，开创了中国哲学史的新阶段。

《吕氏春秋》将老子的哲学概括为“贵柔”，可以说是独具慧眼。“贵柔”的确是老子哲学辩证法的特点。老子说：

> 人之生来也柔弱，其死也坚强。草木之生也柔脆，其死也枯槁。故坚强者死之徒，柔弱者生之徒。是以，兵强则灭，木强则折，强大处下，柔弱处上。[①]

> 天下之至柔，驰骋天下之至坚。[②]

老子用人生、草木比喻说明，柔弱保持生命，坚强归于死亡。军队强大就会被消灭，树木强盛就会被砍伐。因此，强大者处于下势，柔弱者处于上势。天下最柔弱的，能驰骋于天下最坚强的。老子“贵柔”的哲学强调，生命和事物的活力在于“柔和性”，在于善长处于卑下和弱势的位置。

老子以“水”为例，说明“柔弱胜刚强”[③]的辩证法。他说：

> 天下莫柔弱于水，而攻坚强者莫之能胜，其无以易之。弱之胜强，柔之胜刚，天下莫不知，莫能行。[④]

天下没有比水更柔弱的，然而攻击坚强的力量没有能胜过它的，因为它的力量无可取代。弱之所以能胜强，柔之所以能胜刚，天下没有人不懂，却没有人照着做。老子“贵柔”的哲学认为，水是最柔弱的，但是它蕴含着无限的冲击力，能够攻下最强硬的堡垒。

老子思想来源于荆楚文化，其重要的标志之一是对“水”的歌颂。

---

① 《老子》七十六章。

② 《老子》四十三章。

③ 《老子》三十六章

④ 《老子》七十八章。

荆楚水乡，以水滋养万物，远远超过北方中原地区。孔子也提到“水”，他说“仁者乐山，智者乐水”，比喻水与智者的情质。老子对“水”的赞美，大大超过生活在北方邹鲁地区的孔子。老子认为，“水”最接近于“道”的本质。他称赞“水”的美德：

> 上善若水，水善利万物而不争，处众人之恶所，故几于道。居善地，心善渊，言善信，与善仁，正善治，事能善，动善时。夫唯不争，故无忧。①

高尚的善像水一样。水善于滋养万物，而不与万物相争。它处于众人厌恶的低洼之地，所以与“道”很相似。居住，安于卑下；存心，宁静深沉；言语，诚实可信；交往，仁慈友爱；为政，清静安定；做事，无所不能；行为，择时而动。唯有不争，方能无过。

老子认为，“道”的功能表现在柔弱，其运行规律是朝反方向运动。他说：

> 反者道之动，弱者道之用。②

相反，是“道”的运动所在，柔弱，是“道”的力量所在。老子认为，柔弱不争，是“道”的根本作用。在通常思维中，对于有与无、动与静、实与虚、阳与阴、上与下、直与曲等事物的两面因素，人们往往肯定和偏爱的是前者，而老子更肯定和钟情的是后者。在事物的转化中，他认为柔弱者实际上更具有生命力。老子“贵柔”

---

① 《老子》八章。

② 《老子》四十章。

的辩证法体系是中国古代农民求生存的经验总结。任继愈先生指出："反映农民呼声最早、最系统的是《老子》。"[①]

在东西方哲学中，这种思辨方式是非常独特的。这种"柔弱胜刚强"的思想，是弱势群体的辩证哲学。以退为进，以守为攻，以屈为伸，以弱为强，以不争为争，建立起中国古代"贵柔"的辩证法体系。它与儒家"尚刚健"的辩证法体系并列。儒、道两家优势互补，相辅相成，丰富了中华民族的文化宝库。

三、传承与创新

中华民族文明史长达五千年。随着社会的不断发展，思想学术不断与时俱进。春秋战国时期孔子、老子的思想，两千多年来，各代的思想家不断注释，以述为作，给古代经典赋予时代精神的诠释，成为中国学术思想发展的一种传统模式。每一个新时代的解释都注入那个时代的新思想。

学术界长期流行一种见解，认为老子、庄子为道家。这是一种误解。春秋战国时期，只有老子学派、庄子学派。老子与庄子没有直接的传授关系。老子与庄子从未自称为"道家"，只有儒家自称为"儒"，墨家自称为"墨"。儒、墨各有传承，系统清楚，号称"显学"。汉代司马谈在《论六家要旨》中，第一次提出"道家"

① 任继愈：《〈老子绎读〉前言》，《任继愈宗教论集》，中国社会科学出版社，2010年版，第610页。

的名称。这反映出汉朝政治统一后，思想趋向统一的思想潮流。汉初，道家是吸收儒、墨、阴阳、名、法各家思想而创立的新体系。老子、庄子都早于阴阳、名、法，前人如何承袭后人的思想呢？汉初的道家是黄老思想的一个分支，与先秦的老子、庄子没有传承的关系。

老子是哲学家，没有创立宗教。东汉末年，以《老子》为经典的信徒仅限于巴蜀地区的五斗米道，影响地区仅限于汉中地区。相传张陵祖孙作的《老子想尔注》，其中关于"道"的大义虽然取自《道德经》，但同时增加许多神秘内容，使"道"具有人格化的成分。中原广大地区的道教信徒信奉的是《太平经》。有学者认为，这部一百多卷汇编而成的《太平经》书，来源繁杂，很难找到老子思想的痕迹。[①]

老子是如何被供奉为道教领袖的呢？任继愈先生认为，从时间推断，应在东汉时期。"老子被道教奉为神，与先秦的老子无甚关系，而是与西方的佛教与本土的黄老信仰搭伴，以教主的形象出现的。"[②]汉初的统治者大力倡导黄老之学，黄帝和老子被追溯为道家的源头。《道德经》由早期道教派别中的必读经典，成为道教神学家解释道教信仰的理论之一。

根据学者的研究，早期道教的三部代表作，即《太平清领书》《参同契》《老子想尔注》，其中并不包括《道德经》。南北朝至

① 熊德基：《〈太平经〉的作者和思想及其与黄巾和天师道的关系》，《历史研究》，1962年第2期。

② 任继愈：《道家与道教》，《任继愈宗教论集》，中国社会科学出版社，2010年版，第546页。

隋唐时期，道教思想的主流是“重玄之道”，即通过阐发老庄哲学，建构道教的理论体系。此后，《老子》《庄子》《易》成为道教经典的主流。

在当代中国，随着中华民族的复兴，饱含东方智慧的《道德经》日渐显赫，成为当代道教神学家的思想资源。许多道教神学家本着与时俱进的精神，研究《道德经》，提出许多新的阐释。

有道长认为，“道法自然”是道教的重要教义之一。“因为自然不受人乃至神灵意志的制约，它以‘无为’为法则，这也是‘道’自然而然的本性”。[①]这位道长将“道法自然”中的“自然”，等同于现代科学通用的“自然”，这显然与老子的原文有差异。老子说“人法地、地法天、天法道、道法自然”。[②]其大意是，人以地为法度，地以天为法度，天以道为法度，道以其自身为法度。哲学家解释说，所谓“自然”，就是应然之然，是事物发展应该呈现的本原状态。老子所说的“自然”是宇宙万物的本性和本然的范畴，并无近现代科学所指的自然界的含义。当然，这位道长用“道法自然”宣传环境保护事业的意图，是值得尊重的。

在《道法自然与环境保护》一书中，张继禹道长表达对当代社会环境保护的关切。他认为，“人类因科学技术的强大和自我意识的膨胀，忽略了大自然本身固有的规律，背离了老子所说的大道，对自然无止境地掠夺，到头来只为自己挖掘了一座座难以跨越的陷

① 袁志鸿：《我对一些道教教义学习、理解和认识》，中国道教协会道教文化研究所等编：《道教教义的现代阐释》，宗教文化出版社，2003年，第409页。

② 《老子》二十五章。

阱。现代人类只有改变观念，采取新的发展模式，才能真正地避免走向毁灭，重造辉煌。”[①]“道法自然”，根据道教教义的解释，人与万物都是由道所生，万物皆生而有道。这种“道法自然”，有顺应自然的思想，蕴含着生态伦理因素。

我认为，“道法自然”可以解释为尊重事物发展变化的规律。这一古老的理念，与现代社会可持续发展的思想，与倡导人与自然和谐相处的思想，可以形成跨越时空的呼应。

老子之学之所以万古长青，正是源于历代思想家不断注入新元素，并给予新解释，使其获得新的生命力。因此，老子之学的生命力主要不是考古研究的对象，而是人们生活中的精神营养。各种注释无不具有时代的烙印。如近代翻译家、思想家严复以进化论的观点点评《老子》，为近代中国的启蒙革新思想寻找理论根据。

老子的《道德经》是中国传统文化的瑰宝。中华民族高度文明起源于春秋战国时期。这一时期正是人类社会走向高度文明的时期。西方的古希腊文明，相继出现苏格拉底、柏拉图、亚里士多德；古印度次大陆诞生释迦牟尼，中国涌现出老子和孔子。在古代社会交通隔绝的环境中，东西方文明独立发育成长。历史说明，世界文明的起源是“多元化”的。全球化的今天，各种文明不断交流，将推动人类社会走向更高的文明。

——原载《科学与无神论》，2014年第5期

① 张继禹：《道法自然与环境保护：兼论道教济世贵生思想》，华夏出版社，1998年，第8页。

世纪老人的嘱咐

任继周

继愈二哥走了五个年头了，悲痛逐渐淡去，我们似乎仍然平静地生活在一起，从未分离。心灵的对话突破了人天之隔，我们在共同观察着世界，感悟着身边发生的一切。

先公后私、先人后己是他的习惯。他原来设想等主编《中华大典》的任务完成后，花上一两年时间写一本二三十万字的小书，阐述自己对人生最简约的理解。不幸的是，他承担的任务还没有完成，就匆匆离去，未来得及把他想说的话说出来。我怀念他，总想把他没有说出来的话替他说出来。否则，他的一些想法就此流失，将是社会的损失。但我做不到。二哥博闻强记，思想似大海，我难以望其际涯。更何况他研究的是哲学，我是草学，两者相去甚远。但在日常生活中，从孩童到老年，我们就共同的所见所闻，常有交流。这就是我们思想的“最大公约数”，我们“原生态”的“思想特区”。在这里，我们常有说不完的话，我的怀念就从这些对话开始。为了行文简便，我把我的话略去。

一、所谓第一名，仅仅“不是坏事”而已

20世纪40年代初，二哥从西南联大哲学系毕业，在四川南溪李庄的中央研究院历史语言研究所攻读研究生。我在江津的德感坝国立九中读初中。南溪和德感坝都在长江边上，相距不远。有一次他专程从李庄到江津看来我，在德感坝“鸡鸣早看天”的小店里，忍受着臭虫的叮咬，住了三天两夜。他看了我的日记，找我的老师和同学谈话，得知我是全班“第一名”（当时学校从不排名次，但发放某一社团给流亡学生赠送的助学物品，僧多粥少，只能发给班级第一名。我因获得赠品才知道我的名次）。他对我说：“你是全班第一，这不是坏事，但不能说明你就学得很好了。学无止境，人生是长跑，你才刚刚起步，要踏踏实实学习，养成读书习惯，把身体锻炼好。”我牢牢记住，所谓“第一名”，仅仅“不是坏事”而已。从此，我一直以学习和工作的实际质量来要求自己。1995年，我当选中国工程院院士。他看我忙得团团转，送我一副对联：“涵养动中静；虚怀有若无。”这几个字是我晚年的定海神针，使我觉得思想澄明开阔起来，又不由得想起七十多年前“不是坏事”这句收敛含义的话。

这一点他自己做出了榜样。他说话从不滔滔不绝，北大哲学系主任王博说他说话有点木讷，这与他在课堂上流畅透彻的讲课相比判若两人。我深知，他敏思而饱学，远在常人之上。他说话有点木

讷，不是思想迟缓，而是思维过快、过深，瞬间有好几个思维层次奔涌而出，他的脑子里要经过一番挑选才能说出口来。因此，说话有时不够畅达，过分简略，点到即止，甚至有时令人觉得他有些矜持。这与他从不自诩的内敛性格有关。1944年母亲在西安病逝，我从重庆到西安奔丧，他也从昆明到西安探视父亲。我们同在一室、一个大床上，住了一个多月。有人向他约稿，他大概每周写一到两篇短文。我见他写一篇关于《红楼梦》的文章，篇幅较长，引用书中的大量诗词。他在稿纸上打个引号就往下写，从不迟疑，也不查书。我惊奇地问他："你连这些东西都能背得？"他平淡地说："不是背得，看书时印象深的就记住了。忘记的还是比记住的多。"

他沉潜治学，曾把自己的书房叫"潜斋"。后来"潜"成习惯，连"潜斋"的名字也不要了。

二、政治家应是优秀思想的实践者

"文化大革命"末期，我轻度中风，住在北京中关园他的家中求医，前后三个多月，这也许是我们一生中谈话最多的时候。"文化大革命"中"四个伟大"，即"伟大的导师、伟大的领袖、伟大的统帅、伟大的舵手"的口号很突出。其中，三个伟大是既成事实，可以理解，但他对"伟大的导师"的提法深感忧虑。他说从西周《尚书》的"皇族有训"，到秦始皇的"以吏为师"，再到宋以后把儒家宗教化，一直到今天，是一脉相承的。同时，还流行另一句话作为"四个伟大"

的诠释：“毛泽东主席的话理解的要执行，不理解的也要执行，在执行中加深理解。”他说这就是奥古斯汀阐述基督教“理解为了信仰，信仰以便理解”的中国版。他担心这是个危险的信号，因为即使在中国政教合一的皇权时代，也是明君与贤相并出，明君需贤相辅弼。汉以后孔子逐步走上神坛，是“万世师表”，挂牌的导师是孔子而不是掌权的帝王。他说，政治家应是优秀思想的实践者。一个人政治领袖、思想导师双肩挑，国家很危险。后来有人恭维他为“大师”，他说现在中国没有大师，今后二三十年内出不了大师。于是，他献身为后来人铺路的工作，整理古籍，守望着未来的新人。

他作为哲学家，远远超越了时人对“文化大革命”悲剧的一般理解。他说社会如此无序，少数领头人固然难辞其咎，但更应该探索其深层根源。没有广泛的社会基础和长久的思想积淀，不至于闹到这一步。他追本溯源，从汉武帝的“罢黜百家，独尊儒术”，到宋代把儒家彻底改造成了儒教，孔子的神坛越筑越高，把华夏文化引入歧途。这个深厚的思想基础，五四运动未能撼动，新社会也无力摆脱。他说：“记忆犹新的‘十年动乱’期间的造神运动之所以得逞，千百万群众如醉如狂的心态，它的根源不是佛教，不是道教，而是中国儒教的幽灵在游荡，只不过它是以无神论的面貌呈现在人们面前的。”他的这种积累多年的思想积淀，“文化大革命”以后终于喷薄而出。1978年科学大会以后，他首次提出“儒教是宗教”的学说，此后义无反顾地投入对儒教的论证与挞伐。从1978年到2009年去世，他连续发表了二十几篇论文。最初几乎是孤军奋战，以后逐渐得到社会的响应。难以想象一个耄耋老人是以怎样的苦心和坚韧支撑下来的。何况他还承担着主编《宗教词典》《中华大藏经（汉文部分）》《中华大典》等典籍的重担。于是，他不得不每天早晨四点钟就起床伏案工作，直到住进医院。

由于他对“十年动乱”的深刻理解，他相信历史终究会回归正道。“文化大革命”前半段他在五七干校劳动，后因眼病回到北京。他的中关园宿舍被分出大半，他就在书架包围中蜗居静思。他说文化是最本质的东西，发乎中形乎外，不管戴什么帽子，披什么外衣，明眼人一眼就看得明白。他是曾被毛泽东主席称为“凤毛麟角”的人，“文化大革命”中找他的人不少，某杂志请他做主编，他都称病不出。他说“文化大革命”的势头不管多么强大，都是违反历史规律的，是一股逆流，不能掺和进去。斗人的人和被斗的人都是时代的牺牲品，都是受害者，后果只能是两败俱伤。“文化大革命”的结局验证了他的话。

当时不仅“阶级斗争年年讲，月月讲，天天讲”，而且“阶级斗争一抓就灵”，成了解决问题的万灵药。他认为，将斗争如此绝对化，违反了辩证法，将使社会充满仇恨而被撕裂。

他尊重儒家人文关怀的“普世价值”并恪守勿渝。台湾一学者主编的《国学基本教材》请他作序，他欣然命笔。北大筹办国学院，他积极参与。但他不认为源于小农经济的“农耕文明”能够适用于工业化时代。也不同意不同文化会“三十年河东，三十年河西”来回搬家。他说，文化是在多种文明碰撞融合中不断更新发展的。新旧文化之间是“方死方生，方生方死”的蜕变，所谓“横扫一切”“先破后立”“一刀两断”，只能是空想。

三、有了“道”世界就比较安全了

晚年他谈得最多的是《老子》。他说老子是弱者求生存的“一部空前的哲学著作”。出于对社会的关怀和知识分子本身的地位，半个多世纪以来，他没有离开过《老子》，直到晚年还出了《老子绎读》这本极其简约的解读老子的书。因为“迄今为止，老子提出的为政不要过多地干扰，乱出点子，让农民自然生生发育，在稳定中进步，仍值得借鉴”。他说：“反映农民呼声最早，最系统的是《老子》。”儒家讲天、地、人“三才”，这还不够。老子讲天、地、人、道“四大”。“道法自然”，有了“道”这个基本规律的管束，世界就比较安全了。

算来快一个世纪了，我与二哥继愈——两个耄耋老人的对话，实际是他对我的嘱咐，经常在我耳边回响，是怀念，也是慰藉。

时代楷模　历久弥新

张新鹰

我2008年调到院网络中心之前，在世界宗教研究所整整三十一年，其间在任继愈先生亲自领导下工作了十年。1987年先生离开宗教所以后，我继续参与他所承担的一些学术工程，继续得到他的指导和关怀，直到2009年先生与世长辞。

当年任继愈先生逝世后，宗教所举办过一场追思会，时任中国社科院常务副院长王伟光同志还到会发言。十年过去，中国特色社会主义跨进了新时代，宗教所也迎来了新机遇。此刻，我们越加怀念任继愈先生，对他的认识和理解也更加全面、更加深入。

我以为，先生在宗教研究领域最大的贡献，是构建了我国宗教学研究的学科体系和组织体系。落实在宗教所的研究室设置，具有很强的系统性、前沿性，如民间宗教、儒教，都是国内首创，反映了先生超前的见识和过人的胆略，当时和者盖寡，今天则已成为中国特色宗教学体系中重要的学科生长点。先生还主动利用改革开放前期宗教所在本专业的实际领头地位，对国内宗教研究机构的设置和研究人才的使用，结合历史特点和地域特点，统筹布局，大力扶持，积极实现分工合作，共同发展。如四川大学宗教所的设立和定向，云南东巴文化研究所的设立和定向，陕西社科院历史宗教所的设立和定向；对东北萨满教研究的支持，对西北五省（区）伊斯兰教研究的支持，对敦煌吐鲁番文献研究的支持；力推北京大学建立宗教学教研室直至成立宗教学系。如此等等，无不浸透了先生的心血和智慧。我国宗教学研究事业能在三四十年中从无到有、从小到大，取得长足进展，直至成为习近平同志“5.17”讲话中提出“要加快完善”的哲学社会科学支撑学科之一，与先生作为当代中国马克思主义宗教学奠基人的擘画开创之功是分不开的。“前人栽树，后人乘凉。”我们至今还在享受着先生洒下的余荫，即使有人没有意识到或不愿承认，也无法改变客观的历史真实。

任继愈先生的思想品格及其学术成就给我个人最大的教育启迪，是其中体现的中国知识分子的家国情怀，“以天下为己任”“为生民立命”的社会责任心、历史使命感。先生做学问，绝不做死学问、空学问，而是始终贯穿理论与实际相结合，基础研究同样要为现实服务的主线。众所周知的一个例子就是20世纪70年代末“儒教是教”说的提出。先生的本意完全是为了启发理论界和他一同反思“文化大革命”中覆盖全国的极“左”狂潮背后所反映的封建主义思想的深刻影响，试图从国民宗教传统和深层社会心理的角度揭示“群众运动”异变为全局性悲剧的历史文化原因，努力防止类似的事件重演。尽管先生的具体论证和某些观点存在可商榷之处，但先生对“文化大革命”极“左”社会思潮及其表象追根溯源式的挖掘清理，给学术界提供了一个以马克思主义辩证唯物论、历史唯物论为指导，解放思想，实事求是，独立思考，独立判断的研究典范，其意义早就超出了先生的初衷，更不要说“儒教是教”说如今对于中国宗教学理论体系、话语体系的建设发挥了何等重要的作用！

还有，20世纪90年代中后期率先发起的对“新有神论”扩展蔓延的关注和抨击，21世纪初直到逝世前夕为重建科学无神论学科的多次上书中央乃至抱病奔走，都是源于先生敏锐地觉察到神秘主义、宗教极端主义对人民利益和社会安定造成了严重威胁，他自感有义务为国家寻找应对这些挑战的战略策略思路，特别是要下大力气培养青少年的马克思主义科学世界观，摆脱蒙昧主义的侵扰。这些事实，处处印证了先生作为一位学术大家的高度理论自觉和文化自觉，更表现了他坚强的道义风骨和担当意识。

任继愈先生留给我们的精神遗产取之不尽，树立的学术风范仰之弥高，带给我们无穷的榜样力量和启迪价值，使我们看到一位通身充满“古仁人之风”的中国文士，在正心诚意接受了马克思主义之后，如何一生矢志不渝，沿着从近现代到当代的中国社会主义历史发展道路上下求索、奋力前行，最终成为集创新发扬中华优秀文化传统的学术巨匠与共产主义先锋战士于一身的时代楷模。先生作为中华人民共和国老一代先进知识分子的生命典范，不会随着他离开我们的时间日见增长而渐行渐远，而是会以他历久弥新、愈益清晰的光荣形象，永远活在共和国宏伟的科学文化事业之中，活在一代代后人心头。

——原载《世界宗教文化》，2019 年第 4 期

导师任继愈的“五不五要”

李　申

一、不考外语，要熟练应用古汉语

一个偶然的机缘使我成了任继愈先生的学生。而我之所以选择报考他的研究生，基本原因就是他不要求考外语。我知道自己外语不好，又多少懂点古汉语。然而，他的主张最终未被通过。我接到通知，还要考试外语。

硕士生入学考试，我的外语通过了。博士生入学考试，也通过了。博士学位要求两门外语，也通过了。自然，都很勉强。不过，后来中国社会科学院破格提拔副研，要考试两门外语，我也通过了。然而学习期间，我一直为外语苦恼。总觉得我这个专业，花许多力气学外语，就像穷人买冰箱，不仅无用，还要养着。但是，我到底没把两门外语“养活”。现在，除二外英语偶尔还能蹦出几个单词，作为第一外语的俄语则已经完全“落叶归根”到我的俄语老师那里去了。我想，如果能像任继愈先生主张的那样，不让我们这些专业的学那么多外语，把学外语的时间用来阅读更多的元典该多好。

我的专业是“中国哲学史”，古汉语必须学好。入学考试的古汉语试题，主要是今译古文。入学以后，我们又测试古汉语。试题只有一道：今译一篇古文，没有语法之类。那意思非常明白，就是要求我们能熟练应用，不必懂很多语言知识。

数年以后，中国社会科学院破格提拔正副研究员，要测试外语。照顾我们这些学中国文化专业的，可用古汉语代替二外。我当时赌气，坚持考二外英语。而我的一些考古汉语的朋友，一个都没有通过。后来，我见到修语言学的朋友，他说：“那题是我出的，你们还能及格？”我庆幸自己没有撞到朋友的枪口上，可也不知道当事者为什么让语言学家来为难我们。

二、不试怪题，要测出学生水平

我报考的专业是“中国哲学史”。初试时没有可能品味试题。复试时新增的“中国历史”试题，印象颇深。题只有一道：“讲讲中国历史上的重大事件。”考生们议论纷纷，以为这道题可以做一辈子。我当时偷懒，认为既然是个无底洞，也不必沉得太深，中午时我就交卷了。有的考生一直做到晚上。

入学以后，有一次研究生院开会。教务长岑明同志在会上说，今年的研究生试题，宗教研究所的最好。没有偏题怪题，能够测出应试者的水平。懂得多的能充分展示才能，懂得少的也不会一无所知。

回忆中国哲学史初试的题目，确实如此。

这些年来，自己也忝居导师之列了，也见了不少试卷。偏题、怪题总是难免。每当这个时候，我就会想起自己的入学考试，怀念我的导师任继愈先生。

三、不张扬，要担当

我们研究生入学之初，有位同学让任继愈先生讲讲毛泽东主席接见的情况，他没有接茬，不愿张扬自己。但是带研究生，却尽力而为，过量担当。

“文化大革命”后中国社会科学院宗教学系第一批研究生共二十三人。我原来的计算，挂在先生名下的，有十七人。后来，任延黎学兄告诉我，他们基督教研究专业的，导师也是任继愈先生。因为当时有资格带研究生的，所里只有他一人。后来，先生曾和我谈及这件事，他说：“我很对不起你们，人多，只能‘放羊’了。不像□□那时候，就他一个。每周到我家来。我坐在这儿，他坐在那儿，手把手教他……”说到这里，我们两个都沉默了。我不知道如何安慰先生，也不好意思跟他说，研究生院普遍认为他是最负责任的导师。先生继续说：“如果我不挂名，许多青年就没有求学的机会。”这大约是他唯一可以自我安慰的理由了。

今天的人们未必理解，在中断了多年的大学教育以后，青年们求学的渴望有多么迫切！

四、研究生不必上课，要多读书

正式的学习生活开始了。依先生的主张，研究生不必由老师上课，至少是不必上很多课。他自己做研究生时，就是导师开个书单，自己看去。这个主张也没有得到批准。我们照样得上课，修够学分。但在上课之外，他要求我们每人每月要交一篇读书报告。

先生给我们介绍那些著名学者时，总是说：“他读了很多书。”我硕士毕业论文是关于王夫之的，他作为导师介绍我的情况，只说了一句：“他把王夫之的书都读了。”不久，我随他到湖南衡阳开王夫之学术讨论会，回程住在岳麓书院，谈及会议情况，临睡前还是对我说：“不多读书，成不了大器。”

五、硕士研究生不必写论文，要注译一本古书

先生起初告诉我们，毕业时不必写论文。每人找一本古书，标点、注释，译成现代汉语。他说，要研究传统文化，必须真正读懂古书，真正读懂古书的重要标志，是看你能否把古汉语译成流利的现代汉语。所以，他要求每人注译一本古代文献，既培养认真阅读古文献的习惯和能力，对社会也是个贡献。不过他这个主张也被否定了，我们还得写论文。

时至今日，别的专业不敢说，就中国哲学史这个专业的硕士阶段来说，一篇学位论文实在不如让学生认真标点、译注一本古书。

结　语

上述任继愈先生的“五不五要”，三个“不”都被否定了。正因为被否定，所以我印象特深。至于那不张扬但勇于担当的人生态度，则时时刻刻影响着我。

2014 年 8 月 23 日星期六

作为导师的任继愈

李　申

任继愈先生是个学者，在研究和教授学生之间，他更重视的还是做个导师。在他看来，自己所研治的传统文化和宗教学两个领域，无论是方法的运用、资料的准备还是历史的条件，都还不很成熟。因而，他给自己规定的任务，不是亲自创造新的学术体系，而是积累资料，培养人才，为我国学术今后的重大发展，为将来能够出现更高水平的学术成果做奠基的工作。为了这个目标，他苦心孤诣，终日孜孜，燃烧着自己。我认识任继愈先生，也是从做他的学生开始。我所能写的，也就是亲见亲闻的几件事。

一

1978年，我国恢复研究生招生制度，世界宗教研究所共招收了二十三名学生，挂在先生名下的就有十七个。后来，他和我谈起这件事，心情沉重地说："我对不起你们。带你们不像带□□，那时就他一人，每周到我这儿来，他坐在那里，我坐在这里，手把手教他。你们，我只好‘放羊’了。”我听着先生的话，心情也沉重得几乎能听见自己的心跳。接着，先生又补充说：“如果我不这样，很多青年就没有求学的机会。”要知道，当时的世界宗教研究所，有带研究生资格的，只有他一个人。

先生的自责，每个字都重重地敲打在我的心上，使我永远不能忘怀，因为我知道，我们做研究生的三年，从研究生院到我们每个挂在先生名下的学生，都认为先生即或不能说是最好、最认真的导师，也是最好、最认真的导师之一。

首先是考试命题。我们进入中国社会科学院研究生院不久，教务长岑明先生一次在大会上讲话说道，研究生的入学试题，以世界宗教研究系的中国哲学史专业最好。这是我听到的院方对我的导师的第一次公开赞扬。

为了带好这么多的学生，他一周要给我们上三次大课。听讲的不仅是他带的几个专业，也包括其他专业的学生。他是当时上课最多的导师。有一次，他患了感冒，讲课时不断咳嗽，症状分明，相当严重。讲完课，我陪他出来去找车，碰上司机去加油未回。那一天是初冬，北风凄厉，在寒风中，我们等了大约半个小时。

就先生的本意说，他主张研究生不必听课，导师指出个方向，自己研究就是。但是，现实的情况使他非上课不可。为了使我们在有限的时间里有尽可能多的收获，他不仅深思熟虑所讲的内容，而且认真思考表达的方式。他声音不高，但发音准确，穿透力极强，使听讲者极易听清；他话语不多，但思路清晰，使听讲者极易明白。

他最大的特点还是从来不说半句话。如果我们稍加注意就会发现，不少人，甚至一些非常优秀的学者，在表达自己的学术主张时，特别是那些较新的主张，常常会说半句话。但先生从不这样，这一方面是由于他的聪明才智，另一方面也是他认真备课的结果。我们听先生讲课，不仅获得知识，也亲身感受到他那儒雅的风度、严谨的学风，尤其是他对后来者的一片热忱和期望。因此，这也是一种精神的享受，思想的升华。

我的专业是中国哲学史，对先生有关中国哲学方面的主张特别留心，记得也较为清楚。我做研究生时，中国哲学史界讨论的重要问题之一，是唯心主义的作用。当时不少老师都主张唯心主义有积极的作用，因为其中有唯物主义因素。这种说法其实仍然是表彰唯物主义，并没有真正揭示唯心主义的历史作用。先生在给我们讲课时说，唯心主义的结论是错误的，但它提出的问题是重要的，是哲学发展中的必要环节。就像一个小孩，随着智力的进步，逐步学会了撒谎等毛病，撒谎当然不好，但这对于小孩来说，是一个智力的进步。唯心主义也是人类认识进步的表现，它的出现推动着人类认识的深入。我至今还认为，在我所接触的范围之内，对唯心主义历史作用的论述，还是先生讲得最好，最为透彻。而先生对唯心主义作用的主张，是他的一贯主张，他把哲学的历史看作人类认识不断深入、不断提高的发展史。然而，由于种种原因，他只能在有条件去“成一家之言”时，才把自己主编的新的中国哲学史命名为“中国哲学发展史”。

我们是“文化大革命”后的第一批研究生，鉴于“文化大革命”

及其之前学术界空疏之论过多的教训，先生要求我们每人注释一部古书，逐字逐句地抠求。后来，由于研究生院有统一要求，这个主张未能实行。但他要求我们每月读一本古书，写出一篇读书报告，以培养我们认真读书的作风。他常常教导我们要多读书，说读书不多成不了一流学者。我们赞扬他过去的学生，他也是首先指出那个学生肯用功读书。

由于我们经历不同，各自有着不同的缺点和毛病。中国哲学史专业五个人呈交的读书报告，我和另外一位同学的字写得龙飞凤舞。他批还了这两份报告，要求我们首先把字写清楚。他说："字首先是给人看的，所以第一要求是要写清楚，让人看懂。由于职业的关系，你们将来要经常和出版社，和排字工人打交道。字不清楚，书就容易出错。"在先生教导下，我们两个像小学生一样，读了三年书，练了三年字。

我们做研究生时，岁数偏大，而且也都有了不少人生阅历，往往自视甚高，写起文章来心气所至，议论横生。先生像整枝打杈一样，删改着这些枝指蔓条。他说学术文章，不要求文辞华丽，而要意思准确；不能有枝蔓，而要逻辑清晰，语言简练。他要求我们除了专业书籍，还要读鲁迅、毛泽东的文章，读古代司马迁、韩愈、苏轼、朱熹等人的文章。文化界多承认朱熹的学术，很少有人称赞他的文章。但在先生看来，这位学术大师，其文章也是好的，至少对我们这些以学术为生的人，是为文的榜样。

三年倏忽，很快就到了毕业前夕。我的一位研究伊斯兰教的同学说，他把自己论文初稿送给先生看，第二天就送了回来。上面不仅随处批注着先生对论文本身的意见，而且标点的错误也都一一改正。我的这位同学，每念此事，都感动不已。我们知道，先生为了批改他的论文，又度过了一个几乎是不眠之夜。

二

任继愈先生是中国传统文化研究领域著名的学者，他主编的《中国哲学史》四卷本作为大学教材，影响了不只一代学者。至今为止，大约已经发行了十版以上，并且现在仍然不断发行新版。虽然这部著作和其他著作一样，带有不可避免的时代烙印，但它那立论的准确、根据的充分、分析的深入和逻辑的严密，仍然吸引着大学的老师和学生。

任继愈先生把中国哲学史看作中国人民的认识发生发展的历史，一些学者所轻视的汉唐哲学，他认为正是发展中的一个必要环节。是他，首先把佛教、道教哲学，把军事辩证法，把自然科学和中国哲学的关系引入中国哲学史，从而极大地丰富了中国哲学的内容，扩大了研究者的视野。

中国的传统文化，是儒、佛、道三教鼎立，它们共同影响着中国古代人民的思想和生活方式，甚至直到今天，这样的影响仍然存在。为了能够真正体现古代“三教并立”的特点，任继愈先生以十数年之功，清理了佛教这个资料异常丰富、思想非常难解的研究领域，结果就是他那数篇著名的有关汉唐佛教的论文以及后来的结集

《汉唐佛教思想论集》。他对佛教思想的研究，不仅使他成为中国用马克思主义研究佛教的真正奠基人，也使他成为中国马克思主义一般宗教学的真正奠基人和开创者。他对佛教的研究，也使人们开始不再把佛教仅仅看作是外来的文化，而认识到佛教也是中国传统文化不可分割的、有机的组成部分，从而科学地、实事求是地确定了中国佛教的历史地位。这不仅对于一般中国传统文化研究，而且对于佛教自身，也都是一种非常的贡献。

人们常说“著书立说”，然著书而不立说者有之，立说而不著书者也有之，先生是既著书又立说的学者。近二十年来，他所立的最重要的学说就是“儒教是教”说。由于历史的原因，至今学术界还一般认为中国古代是个“非宗教国”（陈独秀语），对于“儒教是教”说难以接受。然而近年来，理解和接受“儒教是教”说者逐渐增多，相信随着时光的推移，“儒教是教”说必将得到更多的理解和支持，而中国传统文化的研究也必将有个根本的改观。

一个学者，毕生有如此的学术成就，哪怕是其中一项，也足以成为一流学者，而不枉此生。然而，任继愈先生念念不忘的，是他那“培养人才”的目标。他把著书的过程作为培养人才的过程，为此，他在主编完《中国哲学史》四卷本之后，又组织了主要由一些中青年学者参加的两套著书班子，分别编写《中国佛教史》和《中国哲学发展史》。我1981年研究生毕业，参加了《中国哲学发展史》的写作班子。

就这些年来所见，所谓主编者，情况也不一样，有主而不编者，有编而不主者，甚至还有不主不编而名为主编者。任继愈先生作为主编，不在上述之列。那时候，我们每周例会，几乎只有一件事，就是讨论书的编写。先生也几乎是每周必来，主持大家的讨论，讨论有时是激烈的争论，许多问题就在这样的讨论中得到解决。先生要求我们有什么想法要先讲出来，和大家讨论。这样深入的讨论使我获得了极大裨益，他使我更加深入地了解我的导师和师兄弟们那些最新也是最深的研究成果，也使我从中体会到他们治学的态度和方法。后来，由于现实情况的变动，每周讨论不可能了，我们还是定期组织一些讨论，让大家在动笔之前充分阐述自己的意见，接受别人的批评和建议。有一次我对先生说，毕业了，我才知道怎样做学生。先生回答说，他也就是希望通过集体编书培养人才。他列举了几个名字，说他们就是通过集体编书而成长起来的。

把编书的过程当作培养人才的过程，是先生做主编的特点。为了这个目标，他不仅经常主持我们讨论，在讨论中发表自己的主张，而且特别认真地对待我们每个人所撰写的初稿。

记得我接受了写作任务之后，就加紧工作，不久就交上了初稿。自以为有所新见，颇为自得。然而好长时间，不见先生回音。我日益不安起来，我开始担心自己的“产品”是否合格。后来，初稿发还了。先生说，主要的缺点还是我没有把写书和写论文区别开。一篇独立的论文，必须把该讲的讲清，但是写书，要考虑到有些内容已在别的章节，要和上下衔接。我向先生表达了我的不安。先生鼓励我克服自己的缺点，再做下去。第二稿，就好一些了，先生加了许多批注，和批改我的学位论文一样。就这样，反复了三四次，直到先生认为满意为止。

起初，我以为自己是个新手，所以先生删改较多。后来我发现，对我师兄们的初稿，先生照样是一丝不苟，多次修改，有时先生还亲自动手，重写有关的章节段落。他不仅自己修改所有的稿件，还要求我们相互修改。许多稿件，我们都相互传阅过，也都非常直率地提出过自己的批评和建议。他撰写的部分，以及他撰写的其他文章，也常常交给我们修改。他常说，一个人的文章，不能拒绝别人修改。为了鼓励这种学风，他在公开场合还不止一次地讲过："我的文章也经×××修改过。"他希望大家在这样的反复切磋中得到提高。

从做学生这一面说，我感到在先生主持的写书班子中，比我做学生时得到了更多的指导，也有了更快的提高。由于写作的需要，我涉猎了中国哲学的各个方面。我常想，假如由我自己来安排自己的写作，很难去涉猎包括佛教、道教在内的许多方面，或者即使涉猎，也是浅尝辄止，不会像先生那样的认真和深入。

如果要做个比喻，那么，《中国哲学发展史》的写作班子就是一个学术研讨班，先生就是这个研讨班的导师。参加过这个研讨班的我的师兄弟们，如今许多都成了国内外知名的学者，不少人都程度不同地感受着这种研讨带给自己的好处。记得我的一位师兄在离开这个写作班子时，发自内心地说，他的成长，主要就是在写作班子中的几年。先生培养人才的目的，可说是得以实现了。

三

要培养人才，首先是要树立一个远大的目标。先生在一篇文章中说，熊十力先生勉励自己的学生，做学问就要立志，做第一流的学者，要像上战场一样，义无反顾，富贵利禄不能动其心，艰难挫折不能乱其气。这其实也是先生的自道，是他对自己学生们的期望。

要成为一流的学者，最基本的要求还是要多读书。他要求我们，不仅要认真钻研本专业领域的著作，而且要读一些其他领域里的著作，至少要读相关领域里的著作。要研究中国哲学，首先要通晓西方哲学；要研究哲学思想，必须认真研究当时历史的各个方面。在写作《中国哲学发展史》的过程中，他要求我们首先要通读每个时代的正史，读相关的历史著作。他甚至还要求我们读一些文艺作品。由于精力所限，许多书难以细读，但他主张我们经常到图书馆里翻翻，扩大自己的视野。这样的广泛通读中，我发现了以前研究中国哲学史在资料运用方面的局限，并且接受了先生所提出的"儒教是教"说。也正是在他的影响下，我认真通读了几部西方哲学史，读了几十部西方哲学的原著。我深深感到，这对于提高自己的思维能力和鉴别能力，都有莫大的益处。

我研究生毕业已经多年，有些问题仍然是把握不大。每当这个时候，我就把自己作品的初稿送给先生审阅，而他也仍然一如既往地认真批改，并且因为我已经不再是一个学生，要求就更加严格。记得我将《阴符经》译成现代汉语时，他要求我不仅要准确传达原意，而且要尽量体现原文风格。他逐字逐句帮我斟酌，有时会拿出几种方案让我选择。一遍不行就再来一遍，我一直改了五六稿，直到再也无法更进一步为止。

除了我的学位论文和为《中国哲学发展史》写的初稿，先生为我的作品用力最多的，当是《论语全译》一书。《论语全译》本是一套丛书的选题之一，起初曾找了几位学者，但都因为译本太多、难以突破而没有接受。然而，这书又必译不可，最后只好确定先生亲自动手，由我协助。动手之前，先生和我反复讨论过译文的指导思想，先生认为，《论语》《孟子》风格不同。孟子英才勃发，为文气势恢宏，如江河奔流；孔子博大精深，谈吐高迈淳厚，语气舒缓从容。译文一定要传达出孔子的风格。我每译出一段，就送先生修改。像以前一样，先生所改之处，我有不同意见的，就再译再议，直到意见较为一致为止。因此，这部书的译文，可说完全是在先生指导并且亲自参与下写出来的，先生对这部译稿，也较为满意。和出版社签订的合同也是由先生署名，最后成书也理应由先生和我共同署名。但是先生坚持这部书由我单独署名，而我也仅仅能把这部书产生的全过程写进后记，以此来作为先生辛劳付出的回报。

先生在他的学术生涯中，为别人修改的文章、著作不知多少，而他也几乎是有求必应，从不推辞。他把这些都看作他为国家培养人才的工作，所以心甘情愿，不计得失。不过在他那里，也有一样是不好求的，那就是请他作序。凡是请他作序的书，他都要先看原稿，觉得自己能作才作。许多书稿也就这样白白占去了他那早已紧张得如同压缩饼干的时间。一方面是不想再占用先生过多的时间，另一方面也是由于我的研究先生都大体了解，所以我有一本书请他写推荐书时，就没有把书稿拿去。时间过去了许久，推荐书并没有写来，我这才意识到，我不能破这个例。于是，我赶快把书稿送去。推荐书很快写好了，书稿也很快退了回来。书稿上和往常一样，随处可见先生精心修改的手迹。

四

任继愈先生爱惜人才，是早已口碑在外了。记得我研究生刚刚毕业，参加了一次国务院系统机关党委的选举，先生是候选人之一，他的优点之中有一条就是爱惜人才。我们上一代学者之中，只听说许多人得过他的帮助。他帮他们解决家庭困难，帮他们到更适合发挥自己长处的地方工作。许多人因了这种帮助而夫妻团圆，工作安心。在我们这一代，他一如既往。我们考研究生的1978年，由于人才经过了十年积压，录取名额有限。因此，尽管他带了十七名学生，许多有才的青年仍然无法留下。为了使这些青年人尽其所长，他尽力把他们推荐到其他大学和研究机构，推荐到国家有关部门。那一年，从他那里推荐出去的大约有十几个，不少人如今也都是学术带头人，是国家机关的骨干。

作为导师，他不仅指导学生们的学业，而且尽其所能，帮助学生们解决生活上的困难。我的一位师兄曾经告诉我，“文化大革命”时，红卫兵抄了先生的家，他的存折上只有六百元钱。他和夫人冯钟芸先生都是北京大学的教授，却只有这么一点存款，红卫兵们曾经追问过他：钱都到哪里去了？红卫兵们没有得到答案，却是我在一次偶然的机会中得到了一点线索。有一次，王生平同志告诉我，说李泽厚在大学时生活困难，先生每月给他补助一部分生活费，李至今对此事感念在心。至于这样的事情还有多少，我没有调查，也就不得而知了。但在我们同学之间，我知道得就多一些了。

我参加先生主编的《中国哲学发展史》，在稿酬分配时，依照一般情况，主编应提取百分之十五左右的主编费，然而我参加的几次，先生作为最认真负责的主编，却一分钱也没有提过，全由我们这些作者分掉了。而他的稿酬，不是上交公用，就是在年终时分给自己那些生活困难的学生，我得到这样的稿费共有两次。有一次，一位得到这样稿酬的同志心中不安，跑来征求我的意见。我对他说，这是老师给的，不可不接受，也不可说谢谢的。我的另一位同学方广锠对我说，他上研究生时生活困难，先生知道了，也是每月补助他一定的生活费。他说，他也要这样对待自己的同事和学生。我想，这大概就是先生所希望的。

我们做研究生时，给我们讲课的老师们的报酬标准，是每个小时二元。先生每周三节课，每节课按三小时计，他每月至少有七十二元的酬金。这在当时一个大学毕业生每月才五十六元工资的情况下，是个不小的数目。后来，研究生院规定，每个导师每月最多只能得到三十元酬金，他仍然是每周三节大课。然而这些酬金，他大约都交到所里做了特别经费，甚至根本就没有到过他的手里，有一次，我们的学术秘书对我说，以后凡是先生的讲课费都交给他，反正先生也不要，而他每次来看我们都得管司机吃饭。我就把先生的酬金都交给了这位学术秘书。这样大约有一年时间，又换了一位学术秘书，我又照例把先生的酬金交给了他，并说这是前任秘书的意思。这位学术秘书严厉地说："他胡闹！谁的酬金就是谁的。”他大约把这些酬金都如数交给了先生，而先生，大约也又如数交给了研究所。

先生年轻时就已经是著名学者，所以工资涨得较快，他认为自己不必涨这一级工资，就把增加的那一部分交了党费。到我做他的党小组组长时，工资已经改革，那一级已经不存在了，我只依照规定收取，而先生则把他要交的那一部分直接交到了研究所党委。事后我有些愧疚，觉得不该违背先生的意愿。

任继愈先生对待自己的学生，可以说是关怀到无微不至。我有两位师兄，他们的妻子生病，先生亲自为他们寻访药方，并常常到家里看望。有一次，电梯坏了，先生已近古稀之年，视力又严重阻碍，还是登上了七层楼前去看望。这是我从师兄弟那里偶尔听来的，至于这样的事情有多少，我不知道，也不想去调查。我了解自己的导师。

先生对待别人如此，对于自己，其刻苦的程度若非亲见，实在是难以想象。作为一名成就卓著的学者，他的许多文稿却都是写在一些废信纸的背面，写在用过的信封里层，或者是写在一种粗糙的黄纸上。那种纸，研究所里没有，市场上也很少见，我不知他是从哪儿买来的。内部往来的信件，他都是用的废信封，并且要求我们也这样做。我知道这些情况的时候，提倡艰苦奋斗的宣传口号还余音在耳，然而我仍然感到非常吃惊。至于今天，我就不知道他人会如何感想了。记得不久前，我在一本书中读到，第二次世界大战期间，英国首相丘吉尔曾经下令，公用信封必须翻过来再用一次。他认为，问题还不在于一个信封值多少钱，而在于要人们懂得节约国家经费当中的每一分钱。几年前一份报纸也报道说，德国下野首相勃兰特，招待我们一个代表团吃饭，饭后把盘子擦得干干净净，说这都是他的党员们交的党费。当时我以为这大约是领袖人物表率罢了。后来，我到德国开了几天会，发现德国的教授们也都把盘子擦得干干净净。会后，我们到一个中国餐馆吃饭，陪同的克劳赛小姐不仅要我们把盘中的菜吃完，而且菜汤也要喝净。我们语言不通，只好撑胀肚子勉强自己。事后每当念及此事，我都对德国民族充满了敬意。

任继愈先生平素不苟言笑，繁忙的工作，紧张的学术研究，把他的时间挤成了“压缩饼干”。为了保证工作的需要，他早就取消了午睡；为了少受干扰，他每天四点钟起床，从事自己的学术研究。这样的情况，使他没有时间去谈天气，说风月。我从1978年跟他读研究生，后来又一直在他的指导下工作，至今已二十年了。这二十年里，除了工作、学术，我们几乎没有谈过天，聊过家常。有一次，我和一位记者谈及此事，她吃惊得有点儿不能相信。然而，这的确是事实。自然，先生也有轻松的时候，也有开怀欢笑的时候，但这样的时候太少了。

先生说过，他从步入学术研究领域之始，看到满目疮痍的祖国，就怀抱着一种沉重的历史责任感。随着年龄和阅历的增长，我才知道这样的责任感有多么沉重！

先生平素不苟言笑，正襟危坐，有人因此觉得他难以接近。只有我们这些当学生的知道，在他那严肃的外表下面，对学术、对青年，对国家和人民，有一颗多么炽热的心。

二十年来辨是非

——庆祝研究生院建院二十年学习小结

李 申

1978 年 10 月，命运中一系列偶然的事件，把我送进了中国社会科学院研究生院。从那时到现在，有二十年了。二十年来，如果说还有些许进步，那么，就是我多少明白了一点自己该做些什么，也就是说，辨出了一点是非。值此建院二十周年之际，仅以此向我的母校——中国社会科学院研究生院，以及母校的老师和学友们汇报。

一、治义理不轻视考证

入学后不久，导师任继愈先生曾打算让我们在毕业时不做论文，而注释一本书。一面培养踏实认真的学风，一面也对社会有所贡献。这个方案未能得到院方的批准，我注释《老子衍》的工作却已经开始，不愿中途撒手，就接着做了下去。此后，注释又变成了今译，而且不只一本：《阴符经》《论语》《孟子》《四书集注》《太极图说》《通书》。其中两部已经出版，四部依合同2008年也该出版。

为写论著而读书，不懂的地方可以放过；注释古书，难点可以回避；但要认真今译，就必须字斟句酌，偷懒不得。由注释到今译，字字扣求，句句斟酌，首先不是为了别人，而是为了自己弄清问题。译注《老子衍》，对写《王夫之与老庄哲学》帮助很大；在撰写《中国哲学发展史》“唐代道教”部分时，我译了《阴符经》；撰写《易图考》（前身是《话说太极图》），我译了《太极图说》《通书》。在接受国家重点项目、撰写《中国儒教史》之前，我译了《论语》《孟子》和《四书集注》。这些有点拙笨的工作，对我理解自己要做的题目有很大的帮助。

这种事做下去，逐渐培养了一种作风，一种刨根问底的习惯。最初是由于外在的督促，后来才比较自觉。刚毕业时，有一次先生拿来《文物》上一篇文章，内容是评说王夫之为“安远将军”祝寿的《双鹤瑞舞赋》。“安远将军”是康熙平定吴三桂叛乱的将军尚善。于是该文说，王夫之晚年为了祖国统一大业和清朝政府和解了。我认为不可能，因为在撰写硕士论文《王夫之与老庄哲学》时，我不仅读了与这个题目有关的王夫之的著作，而且读了王夫之诗文等一般认为和论题无关的全部著作，对王夫之的为人也有较深入的了解。不过，我对这一问题并未引起重视。后来，先生让我认真研究一下，我才字斟句酌地读了那篇《双鹤瑞舞赋》。赋很难读，几遍之后，我终于认定“安远将军”是吴三桂方面的人。我钻了一个月的图书馆，并向研究清史的专家求教。其最终成果，就是那篇《吴三桂起兵反清期间的王夫之》。

后来得知，《双鹤瑞舞赋》是一位湖南老乡送给毛泽东主席的，当时他批示说，此件只宜保存，不宜传播。假如他知道自己的老乡王夫之并未和清朝和解，当会感到安慰。当时已有不少先生据王夫之与清朝和解说撰写了论文，编定了王夫之年谱。后来，他们都改正了自己的主张。

这件事对我影响很深，我进一步懂得，在学术研究中，对原始文件，特别是关键性的原始文件，必须字斟句酌，不可人云亦云，仓促立论。假如大家都仅据《双鹤瑞舞赋》是给安远将军的，就说王夫之晚年与清朝合作，将给王夫之的研究造成很大的混乱。

然而，我的专业是中哲史，考证不仅非我所长，而且我也和许多从事哲学专业的人们一样，从心里轻视考证，认为那是初级的、不很伟大的工作。所以，当时我想，此事以后，我要好好研究我的本业，不再做考证了。然而，又是偶然的事件，使我陷入了一个更大的考证工作之中。

《中国哲学发展史》写到宋代，分配我写“周敦颐”一节。周氏著作不多，有关周敦颐的大事，就是他的代表作《太极图说》被说成是传自陈抟，传自道教。对这件事，大家都众口一词，我也完全不必费事，很轻松地就可完成任务。然而，从一字一句注释、翻译古籍中所养成的习惯，使我不由自主地要问：根据何在？

主要根据一是黄宗炎说陈抟曾在华山石壁上刻有《无极图》，一是毛奇龄说《道藏》中有一唐代的《真元妙经》，里面就有《太极先天之图》。黄氏所说是无根之言，可以不必重视。但毛奇龄所说，却是“真赃实据”（毛奇龄语）。于是，我找到了《真元妙经》，字斟句酌，也无所发现。由于“近水”之便，使我得以先睹《道藏提要》底稿。其《真元妙经》提要指出，该经出于周敦颐之后。对于提要作者，任务只是提要。而这个提要对我却像入山探宝者发现了洞口。根据我对道教的了解，我断定，定是道士利用了周敦颐的《太极图》。依据我的判断，我翻阅了《道藏》，终于发现了一系列道士把周氏《太极图》改造成丹图、无极图等的确凿证据。

周氏被奉为理学开山之祖，《太极图》又是他的代表作。《太极图》问题，不仅是宋明理学研究中的重要问题，而且是道教研究和易学研究中的重要问题。在这些领域，虽然至今仍有人坚持周氏《太极图》来自陈抟，来自道教，但要拿出可靠证据，却一个也没有。

有关《太极图》的考证，不仅在我国，而且在周边几个国家，如日本、韩国等，造成了重要影响。不少著作，或明或暗，也都不再讲周氏《太极图》源于陈抟、源于道教了。

学案如同法案，法案证据错误就要冤枉好人，学案根据错误议论也不会正确。

这件事的成功使我高兴，也使我震惊。我决心将《周易》图像学中三大图系彻底弄个清楚。在数百部著作中，筛选出一百多万字的资料，收集到四千余幅图像，它们不仅进一步证实了我对周氏《太极图》的考证，而且在《河图》系，《先天图》系，我又有新的发现，有些发现比《太极图》渊源问题更加重要，不过其结果还在出版之中，这里就不多讲了。

这件事使我进一步明白，学术研究必须首先考察自己的出发点。

这些出发点往往是先辈所传、共同认可的结论。在这些问题上，容易人云亦云。而弄清这些出发点，正确的加以坚持，错误的加以纠正，才可能使我们的议论趋于正确。具体地说，就是治哲学史的，不要轻视考证，而应该亲自做点考证，不然的话，在对史实的认定上，就只能接受人家的结论。同时，我觉得做考证工作的，也应懂些哲学，才能较为准确地揭示对象自身的内在矛盾，做出正确的判断。

二、博通与专精互进

广博之弊，漫无所归；专精之弊，局于一隅。去其弊，则博通适为专精之助，专精可为博通之基。

我正式进入中哲史研究的第一个题目，是“中国古代哲学和自然科学”，原因在于我是学自然科学出身。然而，中国古代科学和我大学的专业可说完全是风马牛不相及，我希望有一段学习中国古代科学的时间，然而事实上不可能，只好硬着头皮干下去，其间的困难也是“哑人饮水，冷暖自知”。单是导师给我开的必读书，就有一二百部，而实际上需要读的还要多很多。我必须先读外国的科学史和科学哲学著作，然后读中国科学的各种通史和专史、专著，然后才能进入原著，去从事我的研究。这样读书的结果，就是在我的论文出世之后，科学史界的朋友说我未讲外行话，而席泽宗院士邀我参加了由他主编的《中国科学思想史》，全书七章，我撰五章。

传统观念认为，西方哲学以自然科学为基础，中国哲学和自然科学无关。因此，有些前辈学者认为自然科学是中国唯物主义哲学的基础，已经是中国哲学研究中的重大突破，然而我的考察发现，中国哲学中不仅被认为是唯物主义的哲学和自然科学相关，被认为是唯心主义的哲学和自然科学也密切相关。自然科学的发展程度构成了哲学思想借以发展的现实基础，各种不同倾向的哲学都会从中利用自己要利用的东西。这个发现得到了学界前辈的充分肯定，随着研究的深入，认为中国哲学和自然科学无关的声音逐渐低微了。

然而对我来说，收获远不止此。在研究过程中我就发现，由于对自然科学注意不够，对中国哲学中许多概念的理解往往也不能深入。比如，气、道、理等这些基本的、又内涵非常丰富的概念，不少研究只能根据直接的研究对象概括出这些概念内涵的几个方面，却难以再深入追问这几个方面有什么内在联系。比如，看到治气、乱气、善气、恶气这些说法，就只能将它们归入神秘主义一类，或者是以现代哲学概念为框架，依它们和现代概念的相似程度，分别归入不同的“小方格”。对自然科学的研究使我对这些概念的理解深入了一步，有些也得到学界的某些响应和赞同。从这个角度看待研究自然科学与研究哲学的关系，则一般的哲学研究是直接去采摘“花叶”,而研究自然科学却是要去扒开泥土,研究哲学问题的“根部”。我把它称之为“哲学发生学”的研究。直接采摘花叶，可以编织出美丽的花环，但只有研究过泥土之下的情形，才能更加深入地认识那些花叶。而一般说来，要深入理解哲学的概念和命题，必须借助这种发生学的研究。这是科学的研究，不是传统的经学式的发挥。

哲学不只发生于自然科学的成果，一切现实生活的生产和再生产都是它借以发生的基础。因此，对于古代的事情，是懂得越多越好。由于研究工作的需要，我还较多地涉猎了道教等传统文化领域，这对我考证《太极图》的渊源，弄清宋明理学中“气质之性”的由来，有极大的帮助。

对关键文献字斟句酌的研究，给我理解相关问题提供了一把钥匙；而较为广博的涉猎，为我在某一问题上的深入提供了路径。这是因为研究对象本身和其他文化现象是一个整体，相互之间有着内在的联系。

三、深入到儒教

也是由于刨根问底的习惯，有一次在翻阅正史中的《礼乐志》时，我惊奇地发现“礼志”的内容不是如我想象般讲述如何作揖打拱的礼仪，而首先是讲述有哪些神灵和如何祭祀他们。而“乐志”部分的内容则完全是祀神歌词，这些歌词讲述着人们对神灵的虔诚，讲述着神灵如何歆享人们的献祭。这使我突然想起儒者常说的制礼作乐，难道儒者们所制的礼乐就是这样的吗？而制礼作乐是儒者们协助圣帝明王要完成的最重要的事业。礼乐内容如此，那么儒者们对神灵的态度究竟如何呢？还在做中学生的时代，我就从一些历史著作中得到的知识当中了解到儒者们是不信神的，中国古代主流文化不是宗教文化，因而可说中国古代是个无宗教的国度，这是我们中国人非常值得引起骄傲的事。随着年龄的增长和知识的增多，又不断巩固着我这个观念，但《礼乐志》中的记载使我对中国古代无宗教的结论发生了真正的怀疑。

《礼乐志》和其他志书，是我们做哲学论文时一般不必读或很少读的书，然而此刻我觉得，它是我必读之书。我在做“中国哲学与科学”题目时，曾经认真读过几部天文学史，读过正史中的《天文志》和《律历志》。曾经发现，中国古代天文学，一半是科学，一半是宗教或神学。在“礼志”中我发现，《天文志》中的星宿，多是“礼志”中的神灵。天文官员在祭祀时的主要任务，就是用他的天文知识来安排神位。而在研究《律历志》时发现，中国古代历法用阴阳合历，目的是要准确推算日食、月食，因为日月食是天人感应中最重要的事件。频繁改革历法是中国天文学史上的奇特现象，其直接动因乃是“改正朔、易服色”以接受天命的一部分。那么，中国古代的主流文化到底是什么性质？这使我产生了更大的怀疑。于是，我回头求之于著名儒者的言行。

在我过去曾经多次读过并认为已经非常熟悉的儒者们的著作中，我发现他们其实是信神的，包括被认为是伟大无神论者的王充。王充不相信天人感应，却不否认“上帝”的存在。而儒者们那些过去被认为是无神论者的行为，其实只是反对淫祀，目的是维护正统信仰，就如基督教的反对女巫和异端。

读正史《礼乐志》的发现，使我进一步想到了儒教的经书和经注，这是一个非常庞大，也是一个非常烦琐、甚至庞杂的知识领域，也是我们很少涉足的领域。我们过去的研究，主要是取材于子书，这从现有的几部中国哲学资料集就可以看得出来。子书中存在着我们研治中国哲学所需要的许多直接材料，然而要据此认识中国传统文化的本来面貌，就非常不够。在研究中我发现，古代出将入相、于平治天下建立功勋的儒者，才是第一等的儒者，如辛弃疾所说："功名乃是真儒事。"这些人，往往是不著书或很少著书的。第二等是对儒经注释有所贡献的儒者，他们才有资格获得儒者的最高荣誉：从祀孔庙。如同今天只有在某个科学门类有所实际发现的科学家才有资格做院士一样，而在古代从祀孔庙，可比今天做院士要难得多。一个时代的院士数百上千，古代两千多年从祀孔庙的不过一百多位。子书在古代的地位是非常低的，读子书常常遭到正统儒者的反对。清代中期兴起的儒者研究子书的风气，曾经引起作为封疆大吏的儒臣张之洞的极大忧虑。这样的发现使我明白，儒教的经书是独尊儒术后每一个儒者的必读书，儒经的内容构成了中国古代文化的大背景。那些不是异端的儒者们所著的子书，乃是对经义的发挥，因而必须和儒经联系起来才能明白它的意义。与此相关，我也才明白，我们今天所研究的那些哲学内容，主要是古代儒者为了论证儒经的信条对自然界和社会做出的探索。而儒者们研究学问，平治天下，都是在"上帝"的名义下进行的。所谓"天降下民，作之君，作之师，唯其克相'上帝'，宠绥四方"。皇帝是天作之君，儒者是天作之师。君的任务是辅佐"上帝"，儒者的任务就是辅佐君主。

哲学和宗教的关系，类似于儒者和"上帝"的关系。不明白这种关系，或者不承认这种关系，就不能深入理解哲学自身。比如说，中国哲学中，天，是和气、道、理同等重要的概念。但什么是天？前辈学者告诉我们，天有义理之天，有宗教之天，有自然之天等等，并且把宗教之天和自然之天严格区分。然而，在列入国家祀典的祭祀神谱中，和天一起的还有地。宗教之地不就是那个自然之地吗？和地一起，还有日月星辰，还有高山大河，这都是儒教神谱中的神灵，同时也是自然之物，这些宗教的日月星辰、山川河海，不就是自然之日月星辰、山川河海吗？那么，有什么根据说宗教之天和那个自然之天不是一个天呢？而当有人在谈论自然之天时，又怎能说他不信宗教之天呢？在我们看来，古人所论不过是自然现象，在古人的自我意识中，这些自然现象不过是宗教之天的功能，是老天爷的旨意。在古人，只是一个天，对天的区分是我们研究者做出的。这个区分有时可为研究提供某些方便，但不应因此割裂那本来是统一的东西。

天是中国哲学的基本概念，“天人合一”是中国哲学的基本命题之一，在天的概念上不能正确理解自然之天和宗教之天的关系，也就很难正确理解“天人合一”这个命题的内涵。

“儒教是教”说首先是把宋明理学作为所指的对象，这个问题曾经引起过强烈的反驳。然而，反驳者很少提到，在程颐那里，天、理、帝（“上帝”）、性、乾、神、鬼神等等，乃是同实异名的概念。明确地说，理或天理，就是“上帝”。在我所见的论著中，大约只有王国维，这位以考证见称的学者，在他早期为数不多但水平极高的哲学论文中，明确地指出过，宋明理学的理，就是“上帝”。在这时，我深深感到研究中国哲学不仅需要研究自然科学，研究点道教、佛教，还应懂得一些一般宗教学的知识。在这里，广博，是我们深入理解中国哲学中一些关键问题的必要前提。

四、从“儒教是教”出发

国家独尊儒术，被认为是遏制宗教、使之不能在中国发展的基本原因。与此相关，经学，主要指汉代经学，则被认为是儒术非宗教化，也就是使中国文化非宗教化的基本原因。一些经学史著作认为，汉代经学中的“天人之学”，乃是经学别传。

由于研究的需要，我涉读正史《五行志》。《五行志》所载，全是天人感应的具体事例，也就是“天人之学”的具体说明。起初是为了从中寻找有关科学问题的材料，后来发现，这些具体事例的理论根据乃是《尚书大传》。而《尚书大传》乃是伏生所传，汉代经学《尚书》学的正宗。进一步的研究发现，汉代经学中，《周易》学讲象数占验，《诗经》学有“五际”之说，《礼》学讲明堂灾异，《春秋》学更是灾异感应的渊薮。因此，“天人之学”乃是汉代经学的核心和灵魂，是汉代经学的主要内容。《中国哲学发展史》把汉代经学称为“神学经学”，是非常正确的。所谓“神学经学”，就是儒教的经学。因此，汉代经学没有阻止儒学的神学化，反而是儒学神学化的一个阶段。

儒教是中国古代的主导文化，儒教的影响贯彻于传统文化的方方面面。认识到“儒教是教”，古代天文学的内容和社会地位就容易得到理解，而正史中为什么要载入《天文志》，《史记》中为什么把天文志叫作《天官书》，也就得到了很好的说明。而古代法律中为什么把宗教罪作为“十恶”大罪，那也是由于中国古代法律本质上也是一种宗教法律。

中国古代发达的学问之一是史学。依古代儒者的分类，《春秋》《左传》是经，那么，中国的历史学之父就是司马迁。司马迁作《史记》，不是像古希腊的历史学之父希罗多德，为了使古代的英雄事迹不致湮灭，而是要“究天人之际，通古今之变，成一家之言”。这话不知读过多少遍，但总觉得不能得到满意的解释。接受“儒教是教”说后，一起回头来看《史记》，才理解了什么是“究天人之际”。原来，司马迁的《史记》虽然是记述史事，但目的不是述史，而是要立言。立言，就是如同《荀子》《孟子》那样的立言。然而，司马迁借用孔子的话说：“与其托之空言，不如见诸实事之深切著明也。”也就是说，他不愿意凭虚立言，而要通过历史事实来立言，所立之言，就是他的“究天人之际”。所谓“天人之际”，就是人与天的关系，他要弄清，一个朝代，一个家族，为什么盛，为什么衰，为什么兴，为什么亡？要弄清这些问题，他就不能用《春秋》那样的编年体，而要一个个地加以考察，于是有纪，有传，并且在纪、传之后加以评说，指出他们的兴亡盛衰和天意的关系。思考至此，再次使我感到兴奋和宽慰，因为虽然我在做中学生时就知道是司马迁开创了历史记述的纪传体，但我始终也弄不明白他为什么要用这样的体例。虽然可能在一些先生看来，这不过是小事，但我仍然感到一种梦醒的喜悦。并且知道，是“儒教是教”说帮助我弄清了这些问题。

“儒教是教”说，由于它正确地揭示了中国传统文化的本来面貌，因而使我在面对传统文化各个方面的时候，才会顿觉豁然开朗，以往许多不易理解的问题也都得到顺理成章的解释。

五、我应该做什么

有人说，知识像一个气球，气球不断增大，它接触的未知面也随着增大。“儒者是教”说使我弄清了许多问题，同时也使我产生了许多新的问题。特别是在两宋时代，我发现王安石的学说在北宋中后期，乃是居统治地位的学问，并在南宋仍然继续了相当长的一段时间，此后才是程朱理学的统治。王安石也曾做过孔庙的“配享”，和颜回、孟子一起坐在台上享受祭祀，而朱熹最高做到“先哲”，和子路、子贡等人并列。然而，现今讲述宋代学术史，特别是儒学史的著作中，王安石学说的地位很少能和他当时的实际相称。至于王安石之前的儒者，就更少涉及。现存《十三经注疏》，有四部经疏都是宋代初年的儒者所写。于是，就有一个疑问：我们今天的各种学术史到底应该如何写？是应该反映历史全貌，还是只注意几个制高点？就宋代来说，还有一个重大问题，那就是王安石学说为什么竟被程朱代替，这个转变的历史意义何在？

程朱代替王安石，一个重要原因，是程朱派学者把北宋灭亡的原因归于王安石学说误国。然而，南宋中后期是程朱学居统治地位，为什么无人把南宋灭亡的原因归于理学，并且在元代还更高地举起理学的旗帜？明朝灭亡，不少儒者归罪于王守仁学说，并且殃及朱熹。这些儒者不尚空谈，注重实行。他们的后继者形成了乾嘉学派。然而，鸦片战争失败，又有人把原因归于乾嘉学的无用。儒者以平治天下为己任，却一次次地被批评为误国。那么，儒术的作用究竟如何？进而，学术和国家的治乱兴亡究竟是什么关系？

有人把明清之际的学术思潮称为“实学”，实学的特点之一，是注重对自然科学的研究。此一时期，正是西方近代科学发生发展的时期，中国就在这一时期落后了。那么，这种重视科学的“实学”为什么没有把中国科学引向前进？

子曰：“四十不惑，五十知天命。”我如今五十已过，迷惑却日益增多，不敏若是，何暇他顾。于是我想，我的任务，就该是努力去解除这些迷惑，把历史事实弄清楚。并且认为，弄清历史事实，应当也是一般历史学科的目的。在这里，我甚至主张应该为学术而学术。因为“学术”这个词，在西方语言中，就是“科学”。科学的一般原理，初起时很难说它有什么用处，然而这里用得着庄子的判断：无用者乃是大用。急功近利的目的是搞不成科学的。我这里说的不仅是自然科学，也是社会科学。

一般说来，学术，也就是科学，其目的没有不是为人所用的。我们“古为今用”的口号也是完全正确的。问题是怎么用？借历史搞影射，是一种用，然而却不能入学术，不能入科学之列。影射发展到极端，就是“文化大革命”中的评法批儒，那是古为今用的杰作，也是学者们应该经常对照的殷鉴。在这里，错的不是“古为今用”的口号，而是用历史者没有把历史事实搞清楚。而搞清历史事实，以便使今人应用时有个较为可靠的参照物，乃是我们从事历史学科研究的学人的基本任务。

所谓“研究”，就是把问题弄清楚。研究是为了应用，但研究者却未必去亲自应用。为了应用而专门分出一部分人从事基础研究，从事知识生产，乃是社会分工进一步发展的结果，也是社会进步的表现。这和古代社会不同。中国古代的知识者叫作“士”，虽然士不都是读书人。士本是最低一级的官吏，后来才成为“四民”之首。士也生产知识，但知识生产不是他们的正业，他们的正业是出仕，为当时的国家服务。把专事知识生产的知识分子和古代的士人等同起来，是历史性的错误。

士人取得知识，主要是应用，所以古代有“经世致用”之说。“经世致用”的前提是“经”已经存在，并且被认为是穷尽了一切真理。士人们的任务，就是用它来治世。在夺取政权的年代，中国共产党提出了“理论联系实际”的口号，其目的是要求党的各级干部要用马克思主义的理论解决中国的实际问题。对于我们专事知识生产的学人来说，也存在着如何用马克思主义的立场、观点、方法指导我们研究的问题。但除此以外，我们还负有生产理论的任务。马克思主义没有穷尽真理，毛泽东思想、邓小平理论也没有穷尽真理。在哲学、经济学、文学、历史学、宗教学等方面，都需要我们去建立新的、更全面、更深刻的理论体系，这是今天的历史赋予我们知识分子的使命，也是我对自己该做什么的认识。这个认识是否正确，希望能得到诸位师长、学友的批评、指正。

李申 1998 年 8 至 9 月

诚者物之终始

——任继愈先生的治学之道

李　申

人的自然条件有差异。任继愈先生天资聪颖，四岁就能看《三国演义》。然而，从小学到大学，他的学习成绩并不是最好的。后来跻身学术之林，其中自然条件优秀者，更是车载斗量。但最终能够出其类而拔其萃，所依赖的除自然条件和勤奋之外，就是一个“诚”字。

一

“诚者，物之终始”，是《中庸》里的话，下半句是“不诚无物”。意思是说，要想成就一件事，必须有真诚的态度。没有真诚的态度，也就不会有这个事物。如果化为中国共产党人长期坚持的一句话，那就是“世界上怕就怕‘认真’二字，共产党就最讲认真”。

先生起初相信儒学可以救国。他不仅读了许多儒学的书籍，而且照着去做。先生辞世以后，人们回顾他的一生，发现他身上有许多儒家所提倡的优秀品质，就是他早年真诚相信儒学的结果。

然而，现实粉碎了儒学可以救国的梦想，是以马克思主义为指导的中国共产党人所领导的革命斗争拯救了中国。中华人民共和国成立前后大约有五六年的时间，先生几乎没有写作。他在学习，在思索。他积极参加了马克思主义的学习运动。和他当年曾经认真地阅读儒家著作一样，这一时期他认真地阅读了许多马克思主义的著作。那时候，许多马克思主义的著作尚无汉译本，他就去读外文原著。一个中国传统文化专业的教授读外文原著，其难度如何，圈内的人都会有所体会。

经过这一番学习思索之后，他接受了马克思主义，并且向自己仍然信奉儒学的老师，也是向自己的过去告别。他的真诚得到了老师的高度赞扬，认为他“诚实无欺，有古人之风”。

有些人不理解，任继愈先生并不是所谓“尊孔派”，而他的身上恰恰保留了许多儒家优秀的品质；而有些自称或被称为“尊孔”的人，身上却少有儒家的优秀品质，多见市侩型的恶习。要理解这种现象，需要的是马克思主义的分析态度。至于当事人，还有一个诚与不诚的区别。孔子说：“古之学者为己，今之学者为人。”也就是说，有些所谓“尊孔”者，不过是做给别人看的。这样的人，马克思主义自然学不好；儒家的东西，也仅仅是张扬自己、牟取私利的手段而已。

二

先生接受马克思主义以后第一个学术成果，就是他的《汉—唐中国佛教思想论集》。其中许多文章得到了毛泽东主席的高度赞扬，认为他讲清了许多梁启超所没有讲清的问题。梁启超二十出头就显赫于中国政坛，其聪明少人能及。在佛教研究中，梁氏缺乏的不是智力，而是有效的思想武器。

马克思主义世界观的基础，是科学无神论。以马克思主义为指导的宗教学，批判有神论、宣传无神论，是分内之事。毛泽东主席对于中国宗教学研究的重要指示之一，就是“批判神学”。然而，马克思主义的批判不是简单地反对，特别是作为一个学者，首先应该像马克思批判资本主义一样，科学地说明神学问题。《汉—唐中国佛教思想论集》是中国马克思主义宗教学的第一部文献，也是批判神学、宣传科学无神论的第一部文献。

马克思主义宗教学批判的对象，是神学，即宗教的世界观，而不是宗教，更不是一般的宗教信仰者。马克思当年说的“批判宗教”，指的也仅仅是宗教观念，使用的也仅仅是“批判的武器”，而不是“武器的批判”。然而在“文化大革命”中，党的宗教政策也遭到了破坏。作为世界宗教研究所的第一任所长，先生被剥夺了领导权，他只能心情沉重地看着那些“为神效劳”（恩格斯语）的行为而无能为力。作为曾经受到毛泽东主席表彰的红色教授，他只要稍微表示一点对于当时以“左”为荣的做法的支持，立刻就会青云直上。但是，他没有。因为他清楚地知道，那些极“左”的做法是不正确的。

“文化大革命”以后，情况变了。经过拨乱反正，原来被认为是光荣的事情，现在倒了过来。“左”成为新时期要反对的主要错误倾向。这时候，一些人把批判神学、宣传科学无神论也视为极“左”倾向的继续。中央党校理论刊物《理论动态》发表署名文章，认为“批判神学”是“荒唐”的，“宣传无神论”是“错误的，行动上是有害的”，并以此为契机，开始了所谓“无神论无人讲”的时代。然而，先生明确指出，马克思主义宗教学本质上就是科学无神论。批判神学，宣传无神论，帮助群众摆脱愚昧，树立科学的世界观，是一个马克思主义宗教学学者义不容辞的责任。

就在这一时期，先生创建并且坚持出任中国无神论学会的理事长，直到去世。所以，他能在“法轮功”围攻中南海的当天，和学会其他同仁一起，及时向中央领导反映“法轮功”的性质、面貌，并提出中肯的建议。

先生在宗教学方面的成就，是因为他真正弄懂了马克思主义的宗教观，并且真诚地相信马克思主义的宗教观是真理，而不是人云亦云，随波逐流，甚至仅仅用马克思主义的词句装饰门面。

三

先生以马克思主义为指导研究中国哲学的最初成就，集中体现于四卷本的《中国哲学史》，这是当时以马克思主义清理中国哲学的代表作，为培养中华人民共和国的哲学人才，发挥了不可替代的作用。然而这部书是教材，观点要求稳妥，先生学习马克思主义的成果，并没有完全体现出来。

中国学者接受的马克思主义，大多也是从苏联学者那里转来的。学习的成绩不容否认，也有不少缺点。在哲学研究领域，日丹诺夫代表苏共中央关于哲学发展历史就是唯物主义和唯心主义斗争史的判断，对于中国学者而言是经典性的。然而，1957年1月11日，先生在《光明日报》发表《试论中国哲学史的对象和范围》，指出日丹诺夫的框架忽略了辩证法和形而上学的矛盾，没有给唯心主义以一定的历史地位，还会在社会历史观方面留下空白。当时有人批评先生此文，忘了“阶级斗争”这个纲，宣传了修正主义，但先生坚持自己的主张。他相信，自己的结论来自对马克思主义的认真钻研和理解。

为贯彻自己的学习成果，“文化大革命”刚结束，先生就开始组建新的班子，撰写《中国哲学发展史》。之所以要加上“发展”二字，是因为在先生看来，列宁关于哲学史就是人类“整个认识的历史”这个判断是正确的；而认识是个不断发展的过程，不仅仅是两大学派的斗争。在发展中，为哲学，也就是为人类的思维发展做出贡献的，不仅是唯物主义和辩证法，也有唯心主义和形而上学。

这是体现先生自己主张的“一家之言”。至于发展的过程，先生起初描绘成从“元素论”到“元气自然论”再到“元气本体论”的过程。晚年，他把这个过程描绘成奠基（先秦）、成长（秦汉—

鸦片战争）和转变（鸦片战争以后）三大时期。并且指出，一些研究者留恋先秦哲学，不喜欢秦汉及其以后的哲学，是不对的。

先生描绘的中国哲学发展过程，无论在多大程度上符合中国哲学的实际，都是一个严肃的学者诚实探讨的成果，而不是随风摇摆、媚上媚俗的虚妄之作。

“文化大革命”中，鉴于1970年庐山会议上“天才论”问题对全党的不良影响，毛泽东主席号召全党学点哲学。依据这个指示，受国务院系统委托，先生主持编一本简明的中国哲学史。就在编写过程中，开始了“批林批孔”运动，中国哲学的历史被说成儒家和法家两家斗争的历史。1973年7月，贯彻儒法斗争线索撰写的“简明中国哲学史”出版。10月，先生主编的《中国哲学史简编》出版，却只字未提儒法斗争。12月，《红旗》杂志发表署名文章，批评有的哲学史不讲政治思想，是“典型的资产阶级的哲学史”，是“两条路线的长期斗争在哲学战线上的表现”。当时由党刊发表这样的言论，将要出现什么样的风暴，经历过“文化大革命”的人几乎都会知道。然而，先生虽然“担惊受怕”，但没有修改自己的著作。这不仅是因为他不会为迎合一时的某些需要而牺牲实事求是的科学精神，还因为他坚信自己对于哲学历史的理解是正确的。

先生最为学界所瞩目的成果，还有“儒教是教”说的创立。自从1978年提出这个论断以来，在二十年左右的时间里，公开著文赞成这个论断的，大陆学界只有四个人。批评的声音，则来自四面八方。不论是学界以内还是学界以外，提起先生这个论断，不少人下意识地认为不过是个笑料。然而，先生没有因为少人支持而修改自己的主张，他深信自己的判断是正确的。中国，不可能超越历史的发展阶段，在两千多年以前就成为一个无宗教国。提出并且坚持这个论断，不仅因为先生有着深厚的宗教学修养，更表明先生对于历史唯物主义的深刻理解和坚定信念。这些年来，学界赞成“儒教是教”说的，已经形成了一支庞大的队伍。它被整个学术界所接受，只是早晚的事情。

《中庸》指出，“诚则明”，说的是真诚的态度有助于正确地认识事物；“明则诚”，说的是正确的认识有助于坚持获得的真理。既“诚”又“明”，就能为人类认识世界做出较大的贡献。

——原载《学习时报》，2009 年 12 月 28 日

诚实无欺古人风
——任继愈先生的学术贡献简评

李　申

任继愈先生是以马克思主义为指导在宗教学和传统文化研究领域都做出了划时代贡献的学者。他对中国哲学的研究，是用马克思主义清理传统文化的经典之作；他对宗教的研究，开辟了中国宗教学以马克思主义为指导的新方向；他关于儒学性质的判断，划出了重新认识中国传统文化性质的新时代；他领导的古籍整理工程，为以后的学术研究积累了可靠而丰富的资料。任继愈先生的成就，也是新中国的成就，马克思主义的成就。

用马克思主义指导中国哲学研究的优秀代表

青年时代的任继愈把追求真理作为自己人生的目标，经过二十多年的艰苦探索，最终接受了马克思主义，并且认真而不是敷衍地学习马克思主义，深刻而不是浮浅地理解马克思主义，真正把马克思主义的立场、观点和方法，贯彻到自己的学术研究之中。

任继愈先生的专业是中国哲学，其学识在学生时代就受到前辈们的赏识。20世纪60年代，教育部请北京大学、中国人民大学和科学院哲学研究所这三家前辈云集、人才济济的学术单位组成写作班子，由任继愈先生做主编，编写《中国哲学史》教材。经二年努力，教材编成，到1996年，该书共印刷十三次。1997年修订，2003年又发行新版。这是以马克思主义为指导研究中国哲学的经典之作。

用马克思主义指导哲学研究，当时主要是学习苏联学者的做法。苏联学者把恩格斯关于在欧洲“近代哲学”中才“十分清楚地提了出来”的唯物主义和唯心主义的分野，推广到全部哲学，认为哲学从一开始就清楚地划分了唯物主义和唯心主义两大阵营。任继愈先生根据他对中国哲学的深刻了解，认为列宁所说的哲学史是“整个认识的历史”，符合中国哲学的实际。他认为，中国哲学的发展，有一个从“元素论”到“精气论”，到“元气自然论”，到“元气本体论”的过程。晚年，他又把这个过程描述为奠基、成长和转变三大时期。然而《中国哲学史》是教材，不能完全贯彻个人的主张。“文化大革命”结束以后，先生即组织班子，编写“成一家之言”的《中国哲学发展史》。书名特意加上“发展”二字，体现了先生对于中国哲学历史的基本认识。

依据对于马克思主义的深刻理解，任继愈先生率先把对中国古代自然科学的研究、辩证法的研究、社会历史观的研究纳入中国哲学研究范围，自觉地把佛教哲学作为中国传统文化的有机组成部分，不仅扩大了中国哲学的内容，而且实事求是地反映了中国哲学的面貌。

“文化大革命”“批林批孔”运动中，江青把毛泽东主席关于先秦时期儒家和法家学派斗争的评价扩大到整个中国哲学的发展。从1973年到1976年，以所谓“儒法斗争”为主线描述中国哲学发展的论文、专著成千上万。任继愈先生在此一时期主编的《简明中国哲学史》，完全不讲儒法斗争，保持了学术的严肃性。

有几分证据说几分话，不说自己没有想通的话。在不能说话的时候可以不说，但决不乱说。这是任继愈先生一生坚持的学术原则，也是他做人的原则。

在马克思主义指导下清理中国传统文化，包括中国哲学，是一项长期而艰巨的任务。在这一方面，任继愈先生的工作，是他那一代学人中做得最好的一位，也为后人积累了极其宝贵的经验。

中国马克思主义宗教学的开创者和奠基人

以研究为目的，而不是以信仰为目的的宗教学，在中国早有开展。用马克思主义观点指导宗教研究，则是任继愈先生开辟的新方向。这个新方向得到了毛泽东主席的高度肯定，也得到了国际学术界的高度肯定。

任继愈先生在大学时代就从熊十力等先生那里系统地学习过佛教哲学。后来读研究生，又师从以研究佛教著名的学者汤用彤先生。1955年到1963年，任继愈先生一连写了关于中国佛教的禅宗、法相宗、天台宗、华严宗等一系列论文，集为《汉—唐中国佛教思想论集》出版。这些论文不仅被毛泽东主席评价为“凤毛麟角”，当时日本研究中国佛教史的权威学者、日中友好佛教协会会长冢本善隆，也曾带着《汉—唐中国佛教思想论集》从日本来到中国，登门和任继愈先生商讨，并以此为契机，建立了中日佛教研究互相交流的长期机制。

在这些文章中，任继愈先生肯定了宗教的产生是人类历史上的进步现象，宗教观念在历史上曾经发挥了它应有的作用。但是，宗教所许诺的幸福，只是一种幻想。对于苦难中的人民，是一种安慰，但解决不了问题。马克思主义的基本立场，就是要人们抛弃幻想的、虚幻的幸福“花朵”，去摘取真实的“花朵”。

任继愈先生在宗教研究中，把马克思主义的历史唯物主义具体概括为“用历史说明宗教”。依据这个原则，任继愈先生说明了前辈学者未能深刻说明的佛教的产生和发展、分裂和盛衰，说明了佛教到中国以后所发生的种种演变，为一般的宗教学研究做出了榜样。

毛泽东主席在关于建立宗教研究机构的批示中指出，要“批判神学”。因为神是不存在的，神学对于人民群众的思想，是有害的。我们是无神论者，应该向群众宣传这个真理，鼓励人民群众摆脱思想枷锁，自己解放自己。1979年，任继愈先生发表《为发展马克思主义的宗教学而奋斗》，指出“马克思主义宗教学本质上是一种科学无神论”。离开科学无神论的思想立场谈论马克思主义的宗教观，只能是把马克思主义当作一种装饰和旗号。

以科学无神论的立场研究宗教，批判神学，宣传无神论，这和执行党的宗教政策，是一个问题的两个方面。不仅互不矛盾，而且缺一不可。所以，任继愈先生在创建“中国宗教学学会”并担任会长同时，也创建了“中国无神论学会”并担任理事长。1999年，任继愈先生和无神论学会的同事们在“法轮功”围攻中南海的紧急关头，向党中央和国务院报送了关于“法轮功”性质和内容的研究报告和建议，为党中央正确决策、维护国家的安定团结，尽了一个学者的责任。

任继愈先生把无神论宣传的必要性和重要性概括为“摆脱愚昧”。他发表于《人民日报》的《不仅要脱贫，而且要脱愚》一文，得到了江泽民同志的高度赞扬。一些专家学者，甚至党的中高级领导干部支持“法轮功”的教训说明，在宣传无神论问题上，“脱愚”不仅是文化程度不高的一般群众的事情，也是许多在自己专门领域知之甚多，甚至是权威，但在宗教和无神论问题上非常无知的人们的事情。

目前，所谓“软安全”包括思想安全问题，已经成为关系国家安全的重要问题。形势要求我们把科学无神论的研究和宣传作为一项重要的工作认真做起来。恩格斯和列宁都曾经特别指出宣传无神论的必要，强调一般的马克思主义宣传不能代替科学无神论的宣传。2003年，胡锦涛同志在对任继愈先生等关于加强无神论研究和宣传必要性的来信上也批示，要求把无神论研究和宣传教育纳入“科学研究规划和宣传思想工作的总体部署，锲而不舍地进行”，强调这与党的宗教信仰自由政策“并不矛盾”。在这个问题上，我们任重而道远。

以马克思主义为指导清理传统文化资源的、高瞻远瞩的学术研究领导者

任继愈先生是从旧社会过来的知识分子，曾虔诚地相信儒学可以救国。然而中国多难的现实，中国共产党人领导的中国革命的胜利，使他最终放弃了对于儒学的信仰，而接受了马克思主义。他亲眼看到中国共产党人为挽救祖国危亡，找到马克思主义这个思想武器并且取得成功，亲身经历了中国知识分子如何为了救亡图存而追随共产党、接受马克思主义。他曾认真阅读大量古代名著，甚至照着去做。所以，在他的身上，保留着许多为人高度称赞的传统美德：律己以严，待人以诚；严谨治学，高尚做人。对祖国对人民有着满腔的赤诚和热爱，对权势对流俗则没有丝毫的奴颜和媚骨。在中国历史上，能够完美实践这些美德的也不多见。但是，对于中国传统文化的深刻理解，对于中国社会的深刻洞察，使先生清醒地知道，要救国、强国，靠儒家的办法是不行的。先生曾经写道：

> 我过去一直是儒家的信奉者，新、旧中国相比较，逐渐对儒家的格、致、诚、正之学，修、齐、治、平之道，发生了怀疑，对马列主义的认识，逐渐明确。
>
> ……由于参加了土地改革运动，与农民共同生活在一起，

> 思想感情有了很大的变化，从此真正感到过去儒学家讲的“修身、齐家、治国、平天下”以及“天地万物一体之仁”，“亲亲而仁民，仁民而爱物”都是假的。即使古人真正这样想的，也救不了天下，救不了人民，只能把旧中国拖向苦难的深渊。

至于孔子，在任继愈先生看来，他维护旧制度，在政治上是保守的。相信天命鬼神，在哲学上属于唯心主义。作为教育家，孔子私人办学扩大了受教育范围；其教学方法“体现了尊重客观事实，反对主观成见的正确的思想方法”。作为历史学家和文献学家，孔子整理古代遗留的文献，为我们保存了许多可靠的研究上古历史的资料。孔子改良主义的政治路线，“对于缓和阶级矛盾有一定的作用，在政治上也有一定的进步意义”。但是，清理传统文化不能以回到孔子为目的。

基于对文化问题的长期观察和深入思考，任继愈先生发现，文化的传播，就像水和电的流动一样，存在一个“势差”规律。就像水向低处流，电流向低压走一样，文化传播也总是先进的文化流向文化落后的地区，并且取代落后文化。落后文化向先进文化的回流，是非常薄弱的，只能作为文化先进地区人们欣赏的古董或玩物，而不能真正支配他们的基本观念和生活方式。因此，要使中国在独立富强之后在文化上也为世界做出较大的贡献，只有在马克思主义指导下发展社会主义的新文化。

任继愈先生深信，中国文化绝不仅仅是博物馆里的文化。但是，需要正确清理才能成为建设新文化的重要资源。他相信，中国在经济建设上取得重大成就之后，也会有一个新的文化高潮。他给自己规定的任务，是为这个文化高潮准备资料。为此，他不仅自己动手，整理和今译了《老子》《肇论》、范缜《神灭论》等一系列古代哲学名著，还主编和领导了《中国古代哲学名著全译丛书》《中华大藏经（汉文部分）》《中华大典》《中华大藏经（汉文部分）续编》《中国科学技术典籍通汇》《国家图书馆藏敦煌遗书》等大型和超大型的传统文化资料整理工程。清理传统文化资源为建设社会主义新文化服务，任继愈先生的学术贡献是最多的。

对传统文化的深入清理使任继愈先生发现，中国古代也是一个宗教观念统治的时代。中国不可能超越历史发展阶段，在古代就成为一个“无宗教国”。和他率先把对自然科学和辩证法的研究纳入中国哲学研究一样，这个结论起初也几乎是遭到所有学者的反对。几十年过去了，这个结论得到了越来越多的承认。这是运用历史唯物主义原理所做出的关于中国传统文化性质的科学认定，是任继愈先生对于清理传统文化的划时代贡献。

立志为祖国的繁荣昌盛努力工作的学者们永远学习的榜样

任继愈先生把整个的生命和全部的精力，都献给了祖国的学术事业。他自从接受马克思主义以来，就矢志不渝地相信自己获得的真理，毫不动摇地坚持着自己获得的真理。在“文化大革命”的天风海浪中，他坚守着自己的信念，不去趋炎附势；在“有神论有人讲、无神论无人讲”的年代里，他坚守着自己的信念，不去随波逐流。为了真理的信念，他坦诚地和传统思想分道；为了真理的信念，他承受着权势和各方面的压力，忍受着学生和朋友的叛离。他是毛泽东主席所说的“独立支撑的大树”，是坚持马克思主义指导学术研究的一面旗帜。他的学术道路，属于中国学术发展之河的深流，不属于表面飞溅的浪花和光怪陆离的泡沫。他的人格，是经历了数千年封建社会，又经历了上百年半殖民地半封建社会，现在力求发展的中国人民最可宝贵的人格。无论为学还是为人，任继愈先生都是那些真正愿意献身学术、真正愿意为祖国的繁荣昌盛而努力工作的学者们永远学习的榜样。

——原载《人民日报》，2009年10月16日，标题为《人民日报》所定

任继愈学术成就概览

任继愈（1916—2009），山东平原县人，中国共产党党员。哲学家、宗教学家、历史学家，中国马克思主义宗教学的开创者和奠基人。历任北京大学教授，中国社会科学院研究员。当选为国际欧亚科学院院士。中国社会科学院世界宗教研究所所长，国家图书馆馆长。国务院学位委员会哲学组召集人，社会科学基金宗教学组召集人。中国宗教学会会长，中国无神论学会理事长，中国哲学史学会会长。在哲学、宗教学和古籍整理领域都有独特建树和卓越贡献。主编的《中国哲学史》（四卷本）教材曾经培养了一代又一代新中国的哲学工作者，数篇关于中国佛教的学术论文被毛泽东主席誉为“凤毛麟角”，后结集为《汉—唐中国佛教思想论集》，成为中国马克思主义宗教学奠基之作。领导了《中华大典》《中华大藏经（汉文部分）》及其续编等大型古籍整理工程，是为清理传统文献用力最勤、贡献最大的学者。接受马克思主义以后，始终如一地坚持用马克思主义指导学术研究，坚持在宗教学研究中“用历史说明宗教”“批判神学”的科学无神论的立场，提出了对塑造健康民族精神影响深远的“不仅要脱贫，而且要脱愚”主张。2009年7月11日逝世。

一、成长经历

任继愈先生于1916年出生于山东省平原县。远祖任士凭在明代曾是礼部右侍郎，此后世代书香传家，是当地的大族。父亲任箫亭因为在这个封建大家庭中备受歧视，遂决定投考保定军校，为第二期步兵科学员。1937年，任国民革命军第48师142旅少将旅长，参加了惨烈的南京、武汉保卫战。因伤亡过大，其所在部队被取消番号。1940年任军事参议院少将参议。1941年任军法总监部西北办事处少将处长，由于不满意国民党腐败，1943年愤然辞职，靠租种西安某寺土地、养羊、种树，维持生计。中华人民共和国成立后参加中国国民党革命委员会，曾任西安碑林区政协委员。任继愈先生认为，自己的父亲作为一个曾指挥千军万马的将军，在困难的中华人民共和国成立前夕，却背着一个褡裢挨家挨户送羊奶，是坚持了传统道德中“有所不为”的古训，即在最困难的时候，也不做自己认为不该做的事。母亲宋国芳不识字，但理解并且支持丈夫的行为。任继愈先生把自己接受的家教总结为“忠恕”之道，认为“忠”就是做人实在，“信得过”；“恕”，就是对人宽容。这样的做人原则也贯彻于任继愈先生的一生。

任继愈先生在家乡读完了小学和初中。在家里，他活泼好动，经常带着弟弟们玩耍，并且花样众多，使母亲也非常开心。在外边，却不喜欢看热闹，勤于动脑，喜欢读书。他曾想过砖头翻转时，上面爬着的蚂蚁会不会头晕？喜欢读鲁迅的书，认为鲁迅思想深刻，文辞坚美。他也读了郭沫若、郁达夫等许多“五四”时期著名作家的文章，读了《史记》《汉书》以及《四部丛刊》中的许多古代典籍。传统观念和现代思想，都影响着少年时期的任继愈。

学校教育使他获得了知识，也培养着人格。小学曹景寅老师讲解《论语》中“巧言令色，鲜矣仁”，讲解《孟子》中“胁肩谄笑，病于夏畦”，抨击社会上逢迎拍马的可耻现象，使任继愈先生终生印象深刻。

1931年夏天，任继愈先生到北京，就读于北平大学附属高中。第一任校长宗真甫曾留学法国，不仅法语发音优美，而且国学底子深厚，所写关于《墨子》的论文很有见地。学校教师多是北京大学毕业，学校有民主作风，不提倡死读书。在这里，任继愈受到了良好的教育，并阅读了梁启超、胡适、唐兰、冯友兰等人的哲学著作，特别是他们研究老子哲学的文章。高中期间，日本侵略者占领我国东三省，又向北京步步进逼，北京“学潮”频繁，附属高中的学生总是参加，引起当局不满。所以，该校只招了两届学生就关门停办。

1934年，高中毕业的任继愈先生在国难日深的时刻，考入了北京大学哲学系。在他看来，哲学是追求真理的学问。他一心想追求救国救民的真理，崇敬斯宾诺莎“为真理而活着”的坚强精神。当时的北平形势日益紧张，日本侵略者的飞机常常掠过学校上空。1937年夏天，日本侵略军终于占领了北平。北京大学先是迁到长沙，不到一年，又迁到昆明，和清华、南开一起组成联合大学，称“西南联大”。

同学们到达长沙以后，分几路去昆明。其中愿意步行的，组成“湘黔滇旅行团”，简称“步行团”，历时六十八天，全程三千三百六十里。任继愈先生参加了步行团。抗日战争爆发半年多来，耳闻目睹的是这些生活于社会最底层的人们在支撑着战场上的局面。他要亲眼看一看，底层民众的情况是怎么样的，是什么精神在支撑着这个民族。三千里行程，看到的是中国农村的破败、农民的贫穷，他心情非常沉重。那时候，他相信儒家，相信中国哲学和中国文化仍然活着，富有生命力，不仅是被考古的对象和可资利用的资料。但是，那些高深的真理和贫穷愚昧的现实状况是一种什么样的关系？应该弄个明白。从此以后，他带着一种沉重的心情投入到对中国传统文化和传统哲学的研究之中。

西南联大初期，政治上比较自由，学术活动也比较活跃。以长沙到昆明“步行团”的一部分同学为骨干，在中共地下党的领导下，形成了进步学生组织，开展了许多学术文化活动和抗日宣传活动。皖南事变以后，学生组织“群社”被解散，联大陷入“沉默”。然而，国民党正面战场上的节节败退，统治集团的严重腐败，政治压迫的严重，甚至连“五四”青年节也被取消，使学生们对于国家前途和命运充满担忧，常常因为一些偶发事件爆发学生运动。1941年12月，太平洋战争爆发，许多滞留香港的爱国人士无法脱身。行政院长孔祥熙却用飞机抢运自家的女佣和洋狗。联大学生带头，发动了“讨孔”大游行。1944年，先是为反对国民党当局取消“五四”青年节的禁令，联大学生举行了数天的纪念“五四”活动，年底又举行了纪念“护国起义”的大游行，并公开喊出了“打倒专制独裁”的口号。1945年，联大学生运动更加高涨，国民党反动派为镇压反对内战的学生运动，制造了血腥的“一二·一”惨案。联大师生数十名死伤。在追悼烈士的大会上，任继愈先生写了一副挽联，挂在山墙的高处。挽联写道：

挟书者族，偶语者诛，驱四万万人民尽效鹦鹉舌、牛马走，转瞬咸阳成灰，千古共笑秦王计；

杀身成仁，舍生以义，将一重重悲愤化作狮子吼、杜鹃魂，行看中国再建，日月长昭烈士心。

这副挽联写后不到四年，也就是转瞬之间，果然“咸阳成灰”，中国迎来了“再建”，中华人民共和国成立了。

过去只是不满于国民党的腐败，现在看到的是中国的新生。过去寄希望于儒学的真理，然而使濒临最危险时候的中华民族终于站立起来，以平等一员自立于世界民族之林的，是中国共产党。这一切是怎么发生的，真理到底在哪里？任继愈和许多从旧社会过来的知识分子一起，如饥似渴地投入了新的学习运动：学习马克思主义。

当时，北京大学和清华大学的教授们采取讨论会的方式学习马克思主义，两周一次。学习马克思主义多年的艾思奇、胡绳、侯外庐也常来参加，给大家介绍马克思主义的知识，解答学习中提出的问题。参加者无所顾忌，气氛活跃而自由。任继愈先生当时作为北京大学教授，积极参加了学习活动。那时，马克思主义的中文译本不多，他就读外文版本。理论学习之外，他还积极参加了土地改革运动。过去只是看到中国共产党解决了中国的救亡问题，现在又从理论上认识了马克思主义。和农民共同生活的经历，使他在感情上也发生了变化。数年以后，他终于抛弃了对于儒家的信仰，成为一个马克思主义者。他写信给自己最为敬重的熊十力先生说，您讲的儒家、佛教哲学，我不再相信了。我要重新学习。任继愈先生为人的坦诚，得到了老师的赞扬。熊先生在回信中赞扬他“诚实无欺，有古人风”。

1956年，任继愈先生完成了从一个儒家信仰者到马克思主义者的转变，他加入了中国共产党。从此以后，他的学术研究也开了一个新生面：以马克思主义为指导，清理中国传统文化。

二、主要研究领域和学术成就

任继愈先生的专业是中国哲学。为了弄清中国哲学中的问题，他深入研究了佛教哲学。在1942年完成的学位论文《理学探源》中，先生认为佛学是理学的重要源泉，并且对佛学进行了深入的探讨。此后，又在报刊上发表过研究佛学的论文。而当他接受了马克思主义以后，有关佛学的研究也有了根本突破。1957年开始，距离完成学位论文十多年以后，他连续发表的研究佛学的论文受到毛泽东主席的关注，称他的佛学论文如“凤毛麟角”，并且指示要建立宗教研究机构，任继愈先生成为中华人民共和国成立之后以马克思主义为指导的世界宗教研究所第一任所长。

和毛泽东主席的批示差不多同时，受教育部委托，任继愈先生出任《中国哲学史》（四卷本）教材的主编。这部教材一版再版，培养了一代又一代哲学人才。

从此以后，任继愈就主要活动在中国哲学和宗教学的学术研究领域，对于清理中国传统文化，做出了特殊重要的贡献。

（一）主编《中国哲学史》（四卷本）、《中国哲学发展史》（七卷本，已出四卷）

这些成果是用马克思主义清理中国哲学遗产的优秀代表，用马克思主义如何指导中国哲学史研究，现成的蓝本就是苏联的研究成果。依据苏共中央政治局委员日丹诺夫的定义，哲学史就是唯物主义和唯心主义斗争的历史。起初，中国学术界都接受了这个原则。但是，在研究和教学实践中也逐渐发现了问题。

1957年初，在“中国哲学史座谈会”上，不少学者对这个原则质疑，其中以任继愈先生的质疑最为明确。他指出，这个定义揭示了哲学发展的真理，但不够全面。第一，它忽略了哲学在社会历史观方面的建树；第二，忽略了辩证法和形而上学的斗争；第三，没有给唯心主义以应有的历史地位。哲学史研究，应该根据列宁在《哲学笔记》中的判断，把哲学史看成人类认识的“发展史”，去探讨这个发展过程。当时有人提出，是不是大家对日丹诺夫的定义理解有误？任继愈先生明确指出，如果很多人都做同样的理解，就未必不是定义本身的问题。由于任继愈先生对定义的质疑最为明确，论说也最为透彻，实际上成为质疑日丹诺夫定义的代表者，他也因此受到领导的“告诫”，说他忘记了“阶级斗争”为纲，是修正主义观点。

然而，任继愈先生在学习马克思主义过程中的实事求是态度，还是得到了有关部门的承认。数年以后，教育部把编纂《中国哲学史》教材的任务交给了他。在这部教材中，他尽量纳入历史观、辩证法问题，并且给唯心主义学说以一定的历史地位，遂形成了中国哲学史教材内容大体分为自然观（世界观）、辩证法、认识论和历史观四大块的框架结构。而在实际写作过程中，又采取了实事求是的原则。比如，魏晋南北朝部分就没有完全按照四大块，而是根据实际情况描述当时哲学的发展。因而，《中国哲学史》（四卷本）是中国学者从苏联接受马克思主义研究方法之后又有自己创新成果的一个范例。

1973年，在“文化大革命”中，教育部又委托任继愈先生主编《中国哲学史简编》。由于该书没有理会“四人帮”授意的以“儒法斗争”为主线的指导思想，刚刚出版就受到当时《红旗》杂志几乎是点名的批判。某大学哲学系也准备召开批判会。只是由于“文化大革命”结束，才避免了一场厄运。

由于《中国哲学史》（四卷本）是教材，必须照顾当时大多数的认识水平和理论观点，所以在许多问题上无法完全体现自己对于中国哲学的理解。“文化大革命”一结束，任继愈先生就组织班子撰写《中国哲学发展史》。特意加上的“发展”二字，表明了任继愈先生对于中国哲学史的基本看法：中国哲学，是一个由低到高、由浅入深的不断发展的过程。该书给予汉代、唐代哲学以应有的地位和应有的篇幅，加重了自然科学对于中国哲学发展影响的研究，淡化了唯物主义和唯心主义的斗争，反映了任继愈先生对于中国哲学的“一家之言”。

（二）用历史说明宗教，开创中国马克思主义宗教学

佛教传入中国以后，佛教哲学逐渐融入中国人民的思维，成

为中国传统文化的组成部分。在任继愈先生以前，不少研究者认为佛教是外来文化，在中国哲学著作中少提甚至不提佛教哲学。任继愈先生明确把佛教作为传统文化的重要组成部分，把佛教哲学作为中国哲学的重要方面，并进行了深入的研究。他的研究论文结集为《汉—唐中国佛教思想论集》，1963年出版。该书出版以后，日本资深佛教研究学者冢本善隆带着密密麻麻圈点的《论集》来到中国，专程拜访任继愈先生。因为用历史唯物主义的观点研究佛教，对于中国和国际佛教研究领域，都是一项开创性的工作。《论集》不久就译成日文，并且以此为契机，建立了“中日佛教学术会议”，分别在两国轮流召开，成为国际学术交流的一个成功范例。

“文化大革命”以后，任继愈又主编《中国佛教史》（八卷本），已出三卷。受教育部委托，由任继愈任总主编，编纂《佛教史》《基督教史》《道教史》《伊斯兰教史》以及《宗教学原理》，作为大学的选修教材。为了给刚刚开始的中国马克思主义宗教学提供理论武器，任继愈先生组织世界宗教研究所研究人员集体编写了《马恩列斯论宗教》。为了给初涉宗教学的学者们提供有关宗教学的基本知识，任继愈先生组织当时所能找到的全国范围内的力量，主编《宗教词典》，后来又扩大为《宗教大辞典》《佛教大辞典》。这些辞典，有的被盗版，有的被抄袭。它们的内容，也得到了非马克思主义甚至反马克思主义研究者的承认。因为其持论之严谨，学术立场之公正，是中外学术界的一致评价。

为了发展中国的马克思主义宗教学，在任继愈先生领导下，制订了我国宗教学研究的第一份规划，成立了“中国宗教学学会”并担任第一任会长，培养了数十名硕士、博士研究生。如今活跃在中国宗教学研究领域的学术带头人，多数出于世界宗教研究所系统。

任继愈先生，是中国马克思主义宗教学的开创者和奠基人。

（三）坚持科学无神论，把“批判神学”作为马克思主义宗教学的基本任务之一

毛泽东主席明确指出，共产党人可以和宗教信徒建立政治上的统一战线，但是不能赞同他们的有神论。在1963年年底《关于加强宗教研究问题的批语》中又明确提出了“批判神学”的任务。1978年底，鉴于“文化大革命”后期有神论泛滥的现实，成立了“中国无神论学会”，任继愈先生担任理事长。1979年，发表《为发展马克思主义的宗教学而奋斗》一文，指出“马克思主义宗教学本质上是一种科学无神论”，从而把坚持科学无神论立场作为马克思主义宗教学的基本原则。

1980年，宗教界领袖在人大提案，要求取消1978年宪法中公民有“不信仰宗教、宣传无神论自由”的条款；第二年，任继愈先生联合一批学者提案，认为不应该取消这个条款。为捍卫科学无神论事业，尽到了自己的努力。

由于种种原因，从20世纪80年代初开始，逐渐形成了“有神论有人讲，无神论无人讲”“有神论有钱，无神论无钱”的局面。特异功能、伪气功等新兴有神论到处泛滥，传统有神论也迅速发展。中国无神论学会也处于非常困难的境地，终于停止了活动。但是，任继愈先生仍然坚持着他的无神论立场，并于1988年发表《关于宗教和无神论

问题》，呼吁加强无神论宣传，并且指出宣传无神论不仅是必要的，而且是有效的。无神论宣传不能完全消除有神论，就像医疗不能消灭疾病一样，但医疗可以使许多人恢复健康。无神论宣传也可以扩大无神论的思想阵地，使更多的人树立起科学的世界观。

面对日益猖獗的有神论思潮，在任继愈先生领导下，重建了中国无神论学会，实行社会科学家和自然科学家的联合，把反对特异功能作为当时的首要任务。在“法轮功”围攻中南海的紧急时刻，中国无神论学会向党中央送上了关于“法轮功”问题的报告，为党中央决策提供了资料依据。

粉碎“法轮功”以后，任继愈先生又领导中国无神论学会创办了《科学与无神论》杂志，抵制了形形色色的有神论观念，为中国无神论教育、宣传事业做出了应有的贡献。

（四）正确认识中国传统文化性质，提出“儒教是教”说

儒教是不是宗教？是正确认识中国传统文化性质的基本问题。从汉代董仲舒独尊儒术到清朝灭亡，中国的儒者都认为，儒教是和佛教、道教，还有基督教、伊斯兰教一样性质的社会现象。不同的仅仅是，在儒者看来，儒教是正教、大教，而其他宗教不是。外国学者，包括传教士，除了利玛窦及其追随者之外，也无人认为儒教不是宗教。利玛窦的意见在天主教内部延续二百余年的所谓“礼仪之争”中也被否定。这就是说，从罗马教皇到中国的天主教，多数传教士都不否认儒教的宗教性质。

正式否认儒教是宗教，开始于梁启超于1902年发表的《保教非

所以尊孔论》。此后是蔡元培，否认“儒教是教”。再后就是陈独秀，明确指出，儒教之教只是教化之教，不是宗教之教。由于这三位无论在政治上还是在学术上都非常强而有力的人物的推动，“儒教不是宗教”的判断几乎是未加讨论，就被中国学术界广泛接受，成为撰写中国各种历史问题的立足点和出发点。中国历史问题的研究者，几乎都以中国古代是“无宗教国”而感到自豪。

在这样的情况下，提出“儒教是教”说，其遭遇也就可想而知。在近十年的时间里，全是反对的声音；在近二十年的时间里，支持“儒教是教”说的，全国也只有屈指可数的三五人。然而，任继愈先生一直在坚持自己的观点。他指出，宗教、迷信和神权，是人类历史上不可避免的现象。迄今为止，还没有发现哪一个民族、国家对宗教有过免疫力，只不过在不同国家和不同地区，宗教具有不同的表现形式罢了。

因此，儒教是宗教的结论，不仅是对于一个具体研究对象性质的认定问题，而且还是关系着历史唯物主义一般原理的问题，即一个历史悠久、幅员辽阔的大国，其思想发展能否脱离人类思想发展的普遍规律？同时，儒教是宗教的论断还提出了宗教学上一个重要问题，即是否只有像基督教那样的宗教才是宗教？在一般宗教学原理上，也具有重要的理论意义。

时至今日，承认儒教是宗教的学者成倍地增多起来。这个判断得到中国学术界的全面承认，只是个时间问题。这也是任继愈先生对于中国马克思主义宗教学的重要贡献之一。

（五）整理古代文献，为文化高潮准备资料

先生从进入学术研究领域开始，就注重资料工作。他要求说话必有根据，根据必须是全面理解，而不能断章取义。为了准确全面地理解古代文献，他认为应该进行逐字逐句的古文今译。因为这样的今译，不能偷懒。他亲自实践自己的主张，很早就今译了魏晋时代重要的佛教文献《肇论》三篇和范缜的《神灭论》，数次今译了《老子》。

“文化大革命”中，有人曾经提出和传统文化彻底决裂的口号。先生认为，文化是不能割裂的，但是需要清理。清理可以通过研究，也可以通过文献的整理。相对于故意歪曲或因种种偏见所造成的对传统文化的曲解或误解，让文献把历史真相告诉后人，不失为一种可行的办法。而先生对于文献工作的重视，也就愈益强烈。

1982年，经国务院古籍整理领导小组批准，先生主持“中华大藏经编辑局”，历经十二年编成《中华大藏经（汉文部分）》。当《中华大藏经（汉文部分）》编辑接近尾声的时候，先生又担任了《中华大典》的总主编。这是一部超过《古今图书集成》的最大的类书，共分二十四个典，预计七至八亿字。先生亲自担任其中的《哲学典》《宗教典》的主编。

《中华大典》涉及中国古代文化各个方面。从哲学、宗教、政治、军事，到文学、法律、自然科学、体育、民俗，赖有先生对中国传统文化的全面了解，为《中华大典》的总体质量提供了保证。《中华大典》事务复杂，从各典主编的选任，到最后稿件的审查，先生都要亲力亲为。许多情况下，一般审稿者只需看十万、二十万

字左右，先生往往要翻阅全部稿件。《中华大典》的编纂，耗费了先生晚年的大部分精力。

2006年，《中华大藏经（汉文部分）续编》又逐渐提上日程。《续编》得到了温家宝总理和出版、财政等有关部门的大力支持。不幸的是，项目尚未完成，先生就辞世而去。但是，先生确定的编纂原则和已经完成的部分，都已成为后继者继续前进的基础。

此外，由先生主编的古籍整理项目，还有《中国科学技术典籍通汇》《国家图书馆藏敦煌遗书》等等，也都规模宏大，具有极高的学术价值。

先生一贯认为，随着国家的富强，中国一定会有一个新的文化高潮。为中国新的文化高潮准备资料，他感到的是一种幸福和责任。

（六）提出“不仅要脱贫，而且要脱愚”的主张，为中华民族精神健康毕生奋斗

20世纪末，任继愈先生在《人民日报》发表《不仅要脱贫，而且要脱愚》一文，论述科学无神论宣传的必要性和意义。该文指出，“一个国家，不仅落后要挨打，愚昧也要挨打”。在愚昧的基础上，也难以真正摆脱贫困和落后。要摆脱愚昧，重要举措之一，就是进行科学无神论世界观的宣传和教育。

该文所说的“愚昧”，主要是指20世纪末流行多年的所谓“特异功能”现象。而所谓的“特异功能”，按照其支持者的解释，就是超出人体正常功能的功能，实际上就是超自然力、“神迹”。这就可以明白，为什么到了后来那些特异功能大师们都纷纷自称为

“神”，直到李洪志，说自己是比耶稣、释迦都伟大的“神”。由于其支持者不具有相应的知识，反而把这种新的有神论形态，认为是最新的科学发现。其流毒之广、危害之深，更是超越了中华人民共和国成立以后所有的封建迷信活动。

特异功能现象，是有神论形态之一种。这种现象提醒人们，愚昧，不仅是受教育水平不高的人群中存在的现象，那些受教育程度很高，甚至具有科学家头衔的人群之中，也存在着愚昧现象。随着知识量的增加，知识的分化日益细密。人们在一个领域里是智慧的，在另一个领域里则可能是愚昧的。而人类迄今为止最大的愚昧事件，莫过于自己造出一个“神”，然后拜倒在它的脚下，听从“神”的、实际上不过是神职人员的指示。如果这些神职人员当时是代表先进思想的，他的指示也可能是智慧的，尽管这种智慧也是有缺陷的。愈到近代，所谓“神的指示”对人头脑的束缚，也就愈加难以忍受，科学冲破神学的束缚，也就成了近代社会诞生的第一缕阳光；摆脱神祇观念，也就成为人类脱出愚昧的最为重要的事业。

马克思在《哥达纲领批判》中指出：“资产阶级的‘信仰自由’不过是容忍各种各样的宗教信仰自由而已，工人党则力求把信仰从宗教的妖术中解放出来。”[①] 之所以要把信仰从“宗教的妖术”中解放出来，就是因为有神论信仰是一种愚昧。而从古以来，追求知识，摆脱愚昧，就是志士哲人的奋斗目标。任继愈先生“不仅要脱贫，而且要脱愚”的主张，既是从古以来人类追求智慧的延续和发展，

① 《马克思恩格斯选集》第2版，第3卷，第317页。

也是对中华民族精神健康的殷切期盼。

从《汉—唐中国佛教思想论集》的出版到“不仅要脱贫，而且要脱愚”主张的提出，任继愈先生在哲学和宗教研究方面所做的工作，如果要归结为一句话，那就是：为中华民族脱出愚昧，走向智慧，也就是走向真理，而奋斗终身。

三、主要论著

[1] 任继愈 . 老子今译［M］. 上海：上海古籍出版社，1956.（1978. 老子新译 .［M］. 上海：上海古籍出版社，1992. 老子全译 .［M］. 成都：巴蜀书社；2006. 老子绎读 .［M］. 北京：北京图书馆出版社）。

[2] 任继愈 . 汉—唐中国佛教思想论集［M］. 北京：生活 · 读书 · 新知三联书店，1963.（1994. 北京：人民出版社，第四版）。

[3] 任继愈 . 中国哲学史论［M］. 上海：上海人民出版社，1981.

[4] 任继愈 . 任继愈学术论著自选集［M］. 北京：北京师范学院出版社，1991.

[5] 任继愈 . 任继愈学术文化随笔［M］. 北京：中国青年出版社，1996.

[6] 任继愈 . 念旧企新：任继愈自述 .［M］. 太原：山西人民出版社，1997.

[7] 任继愈 . 天人之际：任继愈学术思想精粹 .［M］. 上海：上海文艺出版社，1998.

[8] 任继愈 . 竹影集 . [M] . 北京：新世界出版社，2002.

[9] 任继愈 . 皓首学术随笔 · 任继愈卷 . [M] . 北京：中华书局，2006.

[10] 任继愈 . 任继愈宗教论集 . [M] . 北京：中国社会科学出版社，2010.

[11] 任继愈 . 宗教学讲义 . [M] . 北京：国家图书馆出版社，2013.

[12] 任继愈 . 魏晋南北朝佛教经学 . [M] . 北京：国家图书馆出版社，2013.

[13]任继愈.中国哲学史（四卷本）（主编）. [M] .北京：人民出版社，1963.（1996第四版；2000第十九次印刷；2003年修订版。）

[14] 任继愈 . 中国哲学史简编（主编），北京：人民出版社，1973.（1974 第二次印刷；1978 修订版；1984 第三次印刷。）

[15] 任继愈 . 中国哲学发展史（先秦、秦汉、魏晋南北朝、隋唐卷）（主编）. [M] . 北京：人民出版社，1983—1994.

[16] 任继愈 . 中国佛教史（一、二、三卷）（主编）. [M] . 北京：中国社会科学出版社，1981—1988.

[17] 任继愈 . 中国道教史（主编）. [M] . 上海：上海人民出版社，1990.

[18] 任继愈 . 宗教词典（主编）. [M] . 上海：上海辞书出版社（1985 第三版），1981.

[19] 任继愈 . 佛教大辞典（主编）. [M] . 南京：江苏古籍出版社，2003.

[20] 任继愈 . 中华大典 · 哲学典（主编）.［M］. 昆明：云南教育出版社，2007.

四、参考文献

《我们心中的任继愈》编委会 . 我们心中的任继愈 .［M］. 北京：中华书局，2010.

政协平原县委员会 . 国贤任继愈 . 山东省内部资料性出版物准印证 2011 年德州第 07 号，2011.

陈卫平 . 突破日丹诺夫教条主义的先声 .［J］.《任继愈的为人与为学》，北京：国家图书馆出版社，2013.

杜继文 . 关于我国宗教学的马克思主义研究 .［J］.《任继愈的为人与为学》，北京：国家图书馆出版社，2013.

汝信.《20世纪中国知名科学家学术成就概览(哲学卷)》第二分册.［M］.北京：科学出版社，2014.

任继愈学术小传

一、个人简介

任继愈（1916—2009），字又之，山东平原县人。1934 年考入北京大学哲学系，1938 年于西南联合大学哲学系毕业。1939 年考入西南联合大学文科研究所读研究生，师从汤用彤、贺麟先生。1942 年毕业，随贺麟先生在当时的中央政治学校做助教一年。此后，在西南联合大学、北京大学哲学系任讲师、副教授、教授。1964 年，根据毛泽东主席关于《加强宗教问题研究》的批示，参与创办中国科学院世界宗教研究所，随后任所长，至 1985 年。1987 年，任国家图书馆馆长，至 2005 年。

先后担任国务院学位委员会学科评议组成员和哲学组召集人，国家古籍出版规划小组委员，社会科学基金宗教学组召集人。1999 年当选为国际欧亚科学院院士。曾当选第四至第八届全国人民代表大会代表。

创办和参与创办中国宗教学学会、中国无神论学会、中国哲学史学会等，并先后担任会长、理事长；担任西藏佛教研究会、中国图书馆学会会长、理事长。

其学术方向涵盖中国哲学、宗教和自然科学诸方面，并以整理文献资料作为自己重要的学术使命。

其研究佛教的论文曾得到毛泽东主席的高度称赞，主编的《中国哲学史》（四卷本）长期作为大学教材，获国家教育部特等奖；主编的《中华大藏经（汉文部分）》上编获全国古籍整理一等奖、国家图书奖荣誉奖等。

二、主要学术经历和学术成就

（一）从信仰儒学到接受马克思主义

任继愈先生家藏有一些医学书籍，青少年时代读过《黄帝内经》，曾想做一名医生。然而，举目所见的黑暗现实，传统文化中主张胸怀大志、正直做人教育的熏陶，新文化运动中鲁迅等人的影响，使先生立志把追求真理作为自己毕生的事业。1934 年，考入北京大学哲学系。当时入学的十几个人，毕业时只剩下了三个人，先生是其中之一。

先生起初信仰儒学，认为其中有中华民族的“真精神”。然而，日本帝国主义的侵略、国民党政权的腐朽、农村的破败和贫穷，儒学拿不出像样的解决办法。先生思想苦闷的时候，迎来了中华人民共和国的成立。和中国共产党人的交往，参加土地改革，刻苦学习马克思主义，这使先生找到了真理，也找到了正确认识传统文化的思想武器。于是，先生成了马克思主义者，并且坚持终生，从未动摇。先生在描述自己思想转变的过程时写道：

> 由于参加了土地改革运动，与农民共同生活在一起，思想感情有了很大的变化，从此真正感到过去儒学家讲的“修身、齐家、治国、平天下”以及“天地万物一体之仁”“亲亲而仁民，仁民而爱物”都是虚的。即使古人真正这样想的，也救不了天下，救不了人民，只能把旧中国拖向苦难的深渊。（《开始学习用马克思主义》）

> 全国解放后，开始学习马克思主义，学着用历史唯物主义来观察社会和分析历史现象。初步学到了这个方法，使我十分振奋。回头来再剖析我中华民族的文化，就有了下手处。过去看不清楚的，现在看得比较清楚了。（《自传》）

1981年，先生把自己在中华人民共和国成立以后所写的中国哲学论文编为《中国哲学史论》。后记中，他回顾自己接受马克思主义的坎坷历程后表示，自己接受马克思主义“完全出于自觉自愿。不后悔，也不退缩”，并以古人“衣带渐宽终不悔”的诗句自勉，表示坚持马克思主义的决心。

（二）对佛教哲学的研究使他成为中国马克思主义宗教学的开创者和奠基人

先生的专业是中国哲学。从汉代开始，佛教传入中国并和中国传统相融合，成为中国传统文化的有机组成部分。先生觉得，要弄清中国哲学中的种种问题，必须深入研究佛教哲学。他的学位论文《理学探源》，就把佛教哲学作为理学的来源之一。接受马克思主义之后，又更加深入地探讨了佛教哲学。有关佛教哲学的论文后来集为《汉—唐中国佛教思想论集》。这部《论集》因其独特的马克思主义视角，不仅在中国，而且在国际上，都产生了广泛而深刻的影响。不仅对于中国哲学和佛教研究有重要的开创性意义，更重要的是开辟了以马克思主义为指导研究宗教问题的新路径。

在先生之前，中国已经有非信仰的学者从事的宗教学研究，比如汤用彤先生，就是不信仰宗教的学者研究宗教学并且卓有成就的代表。但只是从任继愈先生开始，中国学者才开始用马克思主义的立场、观点和方法研究佛教，研究宗教。《汉—唐中国佛教思想论集》是中国马克思主义宗教学的奠基之作，任继愈先生则是中国马克思主义宗教学的开创者和奠基人。

（三）质疑日丹诺夫定义，坚持实事求是的思想原则

先生研究佛教哲学，是为了理解整个中国哲学。中华人民共和国成立以后，中国哲学研究的方法深受苏联的影响。“十月革命”给我们送来了马克思列宁主义，苏联也给我们加载了许多不合实际的教条。1957年，在中国哲学座谈会上，先生旗帜鲜明地批评了被

奉为准则的日丹诺夫对于哲学的定义。先生指出，这个定义有三点不足：第一，忽略了社会历史观的研究。而中国古代哲学偏偏在这方面资源丰厚；第二，中国哲学的唯物主义和辩证法往往结合在一起，但日丹诺夫的定义对辩证法战胜形而上学的内容注意不够；第三，日丹诺夫的定义没有给唯心主义以应有的历史地位。

座谈会后，北京大学哲学系中国哲学史支部于1957年3月2日整理出《中国哲学史座谈会后的一些反映》，最后写道：

> 任继愈同志（北大哲学系教授）对日丹诺夫的定义仍有不同看法，他说“如果这个定义大家都了解错了，可见是定义的问题。例如过去高教部所提的‘全面发展’为什么所有校长都了解错了呢？那不就是因为方针有问题，所以现在才补充上‘因材施教’”。[①]

也就是说，会上质疑日丹诺夫定义的其他教授，会后可能都改变了看法，但只有先生一人还坚持着他的观点，并且用既往的成例证明：不是使用者理解有误，而是定义本身就有缺陷。

1961年，受教育部委托，由先生出任主编，为大学编一份中国哲学教材，这就是著名的《中国哲学史》（四卷本）。该教材出版了多少版，目前尚无准确统计。它培养了一代又一代新中国的哲学工作者，则为广大读者所熟知。

---

① 赵修义等编：《守道1957：1957年中国哲学史座谈会实录与反思》，上海人民出版社，2012年，第32页。

（四）坚持实事求是原则，拒绝按“儒法斗争”描述中国哲学史

1971年，先生又受教育部委托，编撰为普通干部学习哲学使用的《中国哲学史简编》，1973年10月出版。由于该书未能按所谓“儒法斗争”的线索撰写，出版当月《红旗》杂志就发表了显然知道内情的所谓“读者”于八月二十日就已经写好的批判文章，北京大学哲学系也准备要开批判会。先生坚持实事求是的原则，虽然在几年里都处于“担惊受怕”的局面，但始终没有按所谓“儒法斗争”的线索改写他的中国哲学史著作。

（五）哲学是发展的，中国哲学也是发展的

《中国哲学史》(四卷本)和《中国哲学史简编》虽然是先生主编，但由于是教育部委托，是给学生和普通干部编写的教材，所以观点都要求比较稳妥，一些个人见解，不宜发表。因此，在《中国哲学史简编》完成之后，先生就着手准备撰写一部“自成一家之言”的《中国哲学发展史》。书名特意加上“发展”二字，也是表明先生对于哲学历史的基本见解：哲学，当然包括中国哲学，是一个不断发展的思想体系。

迄今为止，中国哲学的研究者还是多喜欢先秦和魏晋时代，认为汉唐时代是哲学贫乏时期。然而，在先生看来，汉代哲学是先秦哲学的发展，唐代哲学是魏晋南北朝时期哲学的发展。后者继承前者，并且都有新的创见。这是一个符合历史实际的见解，对于中国哲学研究具有方法论的指导意义。

（六）儒教就是宗教

先生在中国哲学研究领域最重要的创见，就是发现，中国古代国家独尊的儒术，其实质就是一种宗教。

自从梁启超1902年否认儒教是宗教开始，其后又经蔡元培、陈独秀等继续发挥，这个判断未经讨论，就被中国学者普遍接受。从此以后，“中国古代是无宗教国”“儒教之教是教化之教，不是宗教之教”，就成为中国学者看待中国思想历史的出发点和归宿。然而，在20世纪80年代之初，任继愈先生连续发表《论儒教的形成》《儒家与儒教》等论文，指出中国古代被称为“儒家”或“儒教”的思想派别，有自己信仰的神祇，有自己的经典。和佛教、道教一样，也认为自己经典中的言语，是“放之四海而皆准，质诸古今而不疑”的绝对真理，不容怀疑，也不容讨论。正是这样一种思想方式，严重地妨碍人们独立思考问题、解决问题，阻碍着中国社会的进步和发展，是造成“文化大革命”中一些盲目、狂热现象的思想渊源。

“儒教是宗教”的论断，对于习惯认为中国古代是无宗教国，并且以此为自豪的中国学者，是一种所谓“石破天惊”的论断。当这个论断于1978年底在“中国无神论学会成立大会”上，在“文化大革命”之后于太原市召开的全国性的“中国哲学史学术讨论会”上第一次发表的时候，没有人赞成，也没有人反驳，人们只是感到震惊。

然而，不久之后反驳的文章可以说是铺天盖地。从中国哲学界的泰斗冯友兰、张岱年诸先生，到所谓新进后生，都一齐发声反对，论文数以百计。此后二十年间，公开表示赞成的，只有三五人。不少人认为这是一种奇谈怪论，甚至被一些人认为是笑料。

然而，先生坚持着他的观点。因为他不仅对中国哲学有深刻的理解，对宗教的实质也有深刻的研究。在先生逝世之前，虽然赞成者还不是学界的多数，但已经成为一支庞大的队伍。整个学术界，进而为普通群众所接受，只是个时间问题。因为这个判断不是一个观点问题，而是一个事实。简而言之，就是说，中国古人和其他各古代民族一样，也是信神的。这些被信仰的神祇，最重要的，是北京天坛上祭祀的皇天"上帝"和地坛上祭祀的皇地祇。其下则有天上的日月星辰，地上的山岳江河，人间的圣人、贤人和英雄豪杰。

在先生看来，"儒教是宗教"的判断，不仅是对中国传统文化性质的定性问题，而且关系着马克思主义的一个基本原则：世界上没有哪个民族能够超越历史唯物主义的原理，在古代就成为无宗教国。

（七）不仅要脱贫，而且要脱愚

"文化大革命"后期，一种被称为"宗教狂热"的现象在各地出现。作为研究宗教的学术机构，对此类现象更加敏感。在先生的推动和主持下，1978年成立了中国无神论学会；1979年成立中国宗教学学会。同年，先生发表《为发展马克思主义的宗教学而奋斗》，提出"马克思主义宗教学的本质就是科学无神论"，主张广泛宣传科学无神论，帮助群众树立无神论的科学世界观。先生亲自给北京大学新成立的宗教学专业授课，其讲授内容被整理为《宗教学讲义》，并领导宗教研究所同仁完成了一系列以马克思主义为指导的宗教学著作。这些著作，大多都成为该学科建设的学术范例。

为了使马克思主义宗教学健康发展，先生联合刘大年、谭其骧、刘佛年等作为人大代表的学者提案，要求保留宪法中“公民有宣传无神论自由”的条款。与此同时，宗教界人士则联合向宪法起草委员会报告，要求取消“公民有宣传无神论自由”的条款。中共中央党校理论刊物《理论动态》也发表宗教领袖《对宗教方面的一些理论和实践问题的认识与体会》，主张取消无神论宣传。

在这场要不要宣传无神论的争论中，主张取消的一派取得了胜利。随后，就出现了所谓“有神论有人讲，无神论无人讲”的局面。信仰各种宗教的人数，在十几、二十几年的时间里，都有了十数倍甚至几十倍的增长。

在有神论泛滥的日子里，无神论学会的活动越来越困难，终于在 1987 年最后一次年会以后，停止了活动。

在这有神论泛滥的日子里，一种先被称为“特异功能”，后又被称为“气功”的新的有神论形式日益突出出来。各种各样的气功组织，以算命为目的的“《周易》学会”很快发展起来。这些气功组织发展的最终结果，就是冒出了被称为“法轮功”的邪教组织。许多气功组织的头子都宣称自己是“神”，而“法轮功”的头子李洪志，则自称自己是比释迦牟尼、太上老君都更加伟大的“神”。

鉴于新有神论的日益猖獗和直接危害社会的严重状况，先生于 1997 年联合一批自然科学领域反对特异功能的学者，重建了中国无神论学会，并在“法轮功”组织于 1999 年 4 月 25 日包围中南海的当天，向党中央递交了关于“法轮功”情况的报告，帮助党中央了解了“法轮功”的情况，为粉碎这个邪教提供了必要的信息。

有神论的泛滥，特别是“特异功能”“伪气功”这些本质上是巫术的新型有神论的泛滥，使先生感到，群众的愚昧是和贫穷一样严重的问题。于是，先生于当年6月19日在《人民日报》发表题为《不仅要脱贫，而且要脱愚》的文章。文章受到党和国家领导人的高度重视，在《光明日报》《解放军报》等重要媒体上全文转载。“不仅要脱贫，而且要脱愚”的思想，也日渐深入人心。

（八）为中华民族的文化复兴做资料准备，是我们这一代的光荣使命

先生一向认为，受时代局限，在我们这一代学者中，很难出现影响深远的大哲学家。为以后中华民族的文化复兴做资料准备，是我们这一代学者的光荣使命。

基于这一认识，先生晚年把大量的时间和精力都用于整理古代典籍。他不仅努力为这项工作奔走呐喊，而且亲自主持多项特大项目，制订计划，组织人员，并亲自审阅稿件。他是古文献整理领域用力最多、成就最大的学者。

（九）不断探索，四译《老子》

先生早在高中时代，就关注当时学术界关于《老子》问题的讨论。1956年，为了给保加利亚到北大读书的留学生讲老子哲学，他今译了《老子》，后来又数次修订，直到晚年出版《老子绎读》。

迄今为止，《老子》一书的今译本至少超过十部，然而像先生这样准确而贴切的译文，实在是不多见。笔者曾试着在先生的译文之外换一种译法，也不是不可以，但对比起来，就是不如先生的译文朴实和贴切。

与四译《老子》相伴，是先生对老子哲学的不断探索。起初，他认为老子哲学是唯物主义的。1959年，毛泽东主席接见他，说老子哲学是唯心主义的。1961年，他主编《中国哲学史》，仍然坚持老子哲学是唯物主义的。直到10年以后，他主编《中国哲学史简编》，才觉得两种说法都有道理，如同康德哲学说的“二律背反”。又是数年过去，他最终认为，不能用后来哲学的分派特征去定性老子哲学，应该实事求是地说明老子哲学的贡献以及它的不足。

先生认为，老子对中国哲学的最大贡献，是提出了“无”的概念，这是中国哲学史上的第一座里程碑。在崇无的原则上，老子建立了中国古代“处弱贵柔”的辩证法体系，与儒家《易传》以“刚健”为原则的辩证法体系并列，和而不同，优势互补，丰富了中华民族的辩证法宝库。

先生的结论，对于实事求是地评价古代哲学，批判地继承传统文化遗产，具有重要的方法论意义，也是他于1957年质疑日丹诺夫定义的进一步发展。

（十）文化发展的“势差”规律

先生曾经把中国哲学的发展描述为五个阶段，即“元素论”到“精气论”再到“元气自然论”，然后是“元气本体论”，最后是机械唯物主义。“文化大革命”以后，先生不再坚持“五阶段”说，而是具体地描述中国哲学的发展过程。先生去世前不久，又把中国哲学的发展归结为导源期、奠基期和成熟期三个阶段。也就是说，先生终其一生都在探索中国哲学的发展规律。

而先生晚年最重要的发现，是文化传播的“势差”规律。先生说：

> 高度发展的文化往往影响低度发展的文化，而低度发展的文化，处于被影响的地位。只有由高向低产生影响，而不能使低度发展的文化反过来影响高度发展的文化。[1]

这是一个重要的发现，也是一个中肯的警告：中华民族的文化振兴，只能是用先进的文化替代落后的文化，而不要指望用落后的文化替代先进的文化。而先进和落后的基本区别，就是看它是代表少数人的利益，还是代表多数人的利益。

三、弘扬和普及儒学方面的成就

（一）整理儒学典籍，为文化振兴准备资料

先生一贯认为，要人们热爱传统文化，首先要让人们了解传统文化。不了解，是没法热爱的。不了解而说热爱，不可能是发于真诚。

让人们了解传统文化（其中主要是儒家文化），先生做的第一项工作，就是领导和主持整理古代典籍。他作为《中华大典》的总主编，又亲自担任其中《哲学典》和《宗教典》主编。这两个典中，都专设《儒学分典》和《儒教分典》。他主编的《中国古代哲

① 任继愈：《佛教与东方文化》，《任继愈文集》，国家图书馆出版社，2015年，第425页。

学名著全译丛书》中，入选的也主要是儒家典籍。已经出版的主要儒家文献，有《易经全译》《孟子全译》《四书集注全译》《传习录全译》《孟子字义疏证全译》等。他还亲自参与《论语全译》，并逐字逐句地和作者讨论，要求作者译出孔子从容不迫“慢吞吞”的圣人气象。可惜的是，这本书的书稿，被书社给弄丢了。

先生整理古代典籍，如果说主编《中华大典》等，主要是为学术界服务。那么，古籍今译就是为了让更多人能了解传统文化，了解儒学。

（二）支持经典教育，认为经典教育是孩子们的维生素

传统文化中的经典，不单是儒经，但主要是儒经。因此，经典教育主要就是儒家的经典教育。任继愈先生认为，如果把语文、数学以及理化知识比作是药，那么，经典教育就是孩子们的维生素，是儿童思想成长发育中不可或缺的内容。所以，他支持经典教育，认为应该让孩子们读一点经典，虽然他们暂时未必能够全部理解，但心里埋下了思想的种子，对于启迪智慧，提高道德，都有重要的作用。

（三）身体力行，践行传统美德

鲁迅先生评价柔石说，无论是旧道德还是新道德，只要那些损己利人的，他都挑选上，自己背起来。任继愈先生先是信仰儒学，后来接受了马克思主义，儒学中的优秀传统，马克思主义的精华，一起熔铸着先生的高尚人格。先生在世时，有人把先生归结为对传统文化，当然主要是儒学持批判态度之列。先生逝世以后，人们似

乎是忽然发现，在老一辈学者中间，在践行传统美德方面，先生即或不是唯一最多的，也是最多者之一。

这主要是不少人把先生批判儒教误解为就是批判儒学。在先生看来，儒学是传统文化的主要成分，有精华，有糟粕。糟粕要抛弃，要批判，但是精华要继承。在要批判和抛弃糟粕之中，最重要的就是把经典中的内容做成教条，奉为神意，不可讨论，不可质疑。比如《论语》，从毛泽东主席到习近平同志，都从中汲取着丰富的营养。但是，如果认为《论语》是圣人的经，其中的话都是绝对真理，“放之四海而皆准，质诸古今而不疑”，甚至一句顶一万句，今天只能照办，而不能质疑和讨论，就是把本来优秀的内容变成了宗教教条，把伟大的思想家变成了神祇，这正是历史上已经发生的事情，今天不可加以继承。因此，继承优秀传统，是先生的使命；破除这样一种宗教思维方式，也是先生的使命。只有理解了儒教和儒学的这种区别，才能理解主张批判儒教的任继愈先生为何又最多地继承了儒学的美德和优秀传统，也才能正确地弘扬儒学。

梳理先生践行的传统美德，大约有以下几个方面。

（1）实事求是，坚持真理。作为学者，向社会提供的，是自己的学术。先生一贯强调，有一分材料说一分话，不做无根据的空论。实事求是，只说自己想通了的话。不能说话的时候可以不说，但不能乱说。正是这些为学原则，使先生勇于坚持真理，也不断地修正错误。

1957 年，他质疑日丹诺夫定义，被批判为“修正主义思潮”，但他始终不加改变。直到数年以后，他主编《中国哲学史》，终于突破把哲学史仅仅作为唯物主义和唯心主义斗争的历史，而把辩证法和形而上学的斗争，认识论方面的建树和社会历史观等具有中国特色的内容写进了哲学史，形成了中国哲学史的所谓“四大块”内容，而且给予唯心主义哲学以客观的评价。

在老子哲学定性问题上，尽管毛泽东主席说老子是唯心主义，但他没有想通，仍然坚持着自己的主张，直到后来自己想通，才改变了以往的论断。他发现儒家就是儒教，尽管在二十年里，几乎只有他一个人坚持这样的主张，但他从未动摇。在必须按“儒法斗争”撰写中国哲学历史的时期，他虽然遭到当时最权威的《红旗》杂志几乎是点名的批判，但他仍然立场不变。他作为宗教研究所的负责人，“文化大革命”中被取消了权力，只能眼睁睁地看着破坏党的宗教政策的言行肆虐。“文化大革命”以后，当时那些积极破坏宗教信仰自由政策的人们，又变成了鼓吹宗教优越的先锋。然而，先生仍然坚持着毛泽东主席提出的“研究宗教，批判神学”的原则，组建和重建了中国无神论学会，坚持着无神论的宣传事业。

先生的著作，别人可以不赞同他的主张，但绝没有无所根据的空言，也没有违心趋时的媚言。

（2）清廉自守，淡泊人生。先生有古代士大夫的清高，也有着共产党员的清廉。优秀传统和新道德，在他身上达到了完美结合。

在合作的项目中，能不拿稿费的他就不拿。他认为，国家给予的工资就已经够了。他甚至常常用应得的稿费资助困难的学生，或补充单位的科研经费。而自己则常常使用废纸写作，把旧信封翻过来再用。

《人民日报》报道了先生的清廉，有位身居高位的宗教界人士，不相信有这样的人。经过调查，他实际的清廉，比见报的要更加深厚。

（3）不媚上，也不媚俗，特立独行。一个学者，不媚上有时还容易做到，因为他有自己的谋生之道。但是不媚俗，有人就不容易做到，因为他的作品需要有人买账，有人捧场。任继愈先生是既不媚上，也不媚俗，直道而行的人。

有人觉得先生不好接近，对人不很热情，往往对坐一起而无话说。那种情况，不是因为他太忙，就是因为没有话说，他不会那种无话找话的热情。青年人找他写序，他一定要看完书稿，觉得可写的才写。他从不让人给自己祝寿，即使活到九十高龄。因为他觉得那是展示虚情、聆听假话的场所，他怯于应酬宴会，不得已参加，总是心中不安。后来，干脆宣布不在外面吃饭。应邀参加的会议，如果他觉得不妥，即使全世界所有相关的知名学者都趋之若鹜，他也不去参加。陈来同志讲，一位堪称交际奇才的青年学者，“（北大）校外北京中国哲学史学界的领导人物也都被他的忽悠所迷糊，跟他的关系相当密切”，只有任继愈先生一人不为所动。后来这位学者由于“善为奇诡之事，事发自尽”。①

这样的为人处世，难免会得罪一些人，收获一些非议。然而，先生做不到让“乡人皆好之”，而只能是“乡人之善者好之，其不善者恶之”。（《论语·子路》）

（4）志在高山，志在流水；不以物喜，不以己悲。任继愈先生一生遭受过多少不虞之毁，难以数计，然而他“天风海浪自悠悠”。

① 陈来：《纪念任继愈先生》，《哲人其萎　风范永存》，国家图书馆出版社，2009年，第87页。

他下过干校，而且就在干校期间，视网膜脱落，双眼几乎失明。然而，当记者和他谈起这段经历，他总是显得“云淡风轻”。因为他在干校不仅积极参加劳动，和大家同甘共苦，而且主动冒着风雪去给当地农民治病，在劳动中体会哲学道理，把干校看作是自己接触群众、了解社会，为人民服务的一个机会。

古人赞誉的“不以物喜，不以己悲”，因为他的心志不在个人的命运，而是志在高山，志在流水！

（5）在家也应该是共产党员。儒学主张修身、齐家。先生则提出，“在家也应该是共产党员”。

他在中小学时代就在玩耍中培养弟弟们对知识的兴趣。在极其艰苦的西南联大时期，他刚刚参加工作，就节衣缩食资助弟弟求学。弟弟经济困难，他就加倍负担起赡养父母的费用。他们夫妻之间，真正做到了相敬如宾，在他们家找不到好事者爱听的八卦新闻。

（6）诚实无欺古人风。《诚实无欺古人风》，是《人民日报》给一篇纪念先生的文章所加的题目。此前不久，中央党校《学习时报》也发表一篇纪念先生的文章，题目是《诚者物之终始》。前者源于先生接受马克思主义之后，给自己最尊敬的老师熊十力先生写信，表示自己不再信仰儒学，但师生之谊长存。熊先生回信赞扬先生“诚实无欺，有古人风”。后者则源自《中庸》：“诚者物之终始，不诚无物。”

先生一生，为人，为学，如果用一个字概括，那就是“诚”。他早年信仰儒学是诚，后来接受马克思主义也是诚。对待老师是诚，对同学，对同事，对家人，对学生，对一切和他接触的人，他都出于真诚。在世界宗教研究所的追思会上，和他共事多年的黄心川先生反复强调，任继愈先生的一生归结为一个字，那就是“诚”。

《中庸》还说：“诚者天之道，诚之者人之道。诚者，不勉而中，不思而得，从容中道”；“诚则明，明则诚”。诚是智慧的源泉，也是智慧的归宿。这是儒学的核心要求，也是先生为人为学的基本品质。

诗云：“刑于寡妻，至于兄弟，以御于家邦。”子曰：“书云：孝乎惟孝，友于兄弟，施于有政，是亦为政。”先生以自己的实践，传播着儒学中的优秀传统。他的品德，已经影响了他周围的人们，也影响着那些仰慕先生的人们，今后必将更多地影响那些追求高尚的人们。这就是先生为弘扬儒学所做的贡献吧。

四、主要论著

著有《汉唐佛教思想论集》《中国哲学史论》《任继愈学术论著自选集》《魏晋南北朝佛教经学》《宗教学讲义》《老子绎读》《天人之际》《念旧企新》《任继愈学术文化随笔》《竹影集》等。

主编《中华大藏经》（汉文部分）、《中华大典·哲学典》《中华大典·宗教典》《中国哲学史》（四卷本）、《中国哲学发展史》《中国佛教史》《中国道教史》《道藏提要》《宗教大辞典》《佛教大辞典》等。

——中国国际儒学联合会稿

辞 条

《20 世纪中国学术大典》

任继愈 （1916—2009 年），山东省平原县人，中国马克思主义宗教学研究的开创者。1934 年考入北京大学哲学系，1939 年大学毕业后继续在西南联大北京大学文科研究所随汤用彤先生读研究生，1942 年研究生毕业后留北京大学任教，1964 年奉命组建中国社会科学院世界宗教研究所，1987 年调任北京图书馆。曾任中国社会科学院世界宗教研究所所长，中国宗教学学会会长，国务院学位委员会委员，北京图书馆馆长，北京大学教授，中国社会科学院世界宗教研究所研究员、名誉所长，中国社会科学院研究生院博士导师，中国宗教学会名誉会长，中国哲学史学会会长，中国无神论学会理事长，西藏佛教研究会会长等。

自 1955 年至 1962 年，先后发表《汉唐时期佛教哲学思想在中国的传播和发展》等七篇文章，后集为《汉—唐中国佛教思想论集》，由人民出版社出版。此后不断增补，现已发行第四版。该论集以历史唯物主义的立场，分析中国佛教思想，在中国学术界不仅开辟了研究佛教的新方向，而且一般地开辟了研究宗教学的新方向。这部著作对中国佛教哲学思想的分析，第一次没有把佛教看成是外来宗教，而是把它作为中华民族文化的一部分，把中国佛教哲学作为中国哲学的一部分。这样的主张，现在已经成为中国学术界研究中国佛教的基础。20 世纪 70 年代末始，主编并参与撰写八卷本《中国佛教史》，迄今已出三卷，这是一部以历史唯物主义立场系统叙述中国佛教的著作。该书不仅考察了佛教如何在中国古代社会中发生和发展的历史，考察了佛教和中国固有文化的相互关系，而且精辟地分析了中国佛教的教义、教理和哲学建树。此外，还有诸多佛教论文问世。从 20 世纪 80 年代初到 90 年代中期起，主编一百〇六卷《中华大藏经（汉文部分）》。《中华大藏经（汉文部分）》以赵城金藏为基础，用古代八种佛藏进行对校，为中国佛教研究提供了可靠的资料基础，对整理我国古代典籍也是一项重大贡献。

自 20 世纪 70 年代末，主编《道藏提要》，并于 1991 年由中国社会科学出版社出版。该书仿《四库提要》，介绍明《正统道藏》中每部道经、道书的时代、作者、内容，并附有目录索引，是每一个道教研究者必备的工具书，对于推动道教研究起了重要作用。1990 年，主编《中国道教史》，由上海人民出版社出版。该书是中华人民共和国成立以后第一部系统的道教史，对于中华人民共和国的道教史研究有开拓之功。

1978 年年底，在南京中国无神论学会成立大会上发表演说，提出“儒教是教”说。1979年春，在“文化大革命”之后于太原召开的第一次全国性的中国哲学史讨论会上，当年赴日本进行学术交流时，都以《儒家与儒教》为题发表演说，重申“儒教是教”说。该演说后以《论儒教的形成》为题，发表于《中国社会科学》1980年第一期。从20世纪初以来，中国学术界逐渐形成了一致而强劲的意见，认为中国古代除佛、道而外无宗教，中华民族不是个无宗教的民族，中国文化不是无宗教的文化。这个论点构成了一切关于中国古代历史和文化著作的立论基础。“儒教是教”说的提出，揭示了近百年来鲜为人知的中国古代文化的本来面貌。它指出，中国古代文化和西方基督教文化、西亚阿拉伯文化、印度文化等世界其他民族的古代文化一样，也是一种宗教文化，对“至上神”的信仰，是一切文化建树的灵魂和最后归宿。当年，于《中国哲学》第三期，又发表《儒家和儒教》一文，指出儒家学者，乃是儒教思想体系的物质载体，是儒教教义、教理的创造者和阐释者。此后，又陆续发表《儒教的再评价》《朱熹与宗教》等文。这些论文说明了儒教的性质、发生和发展，说明了儒教的教义、教理和神灵系统、组织结构，从而完成了“儒教是教”说的理论创造。

1981年，主编《宗教词典》，由上海辞书出版社出版。该词典于1995年出增订版，并被台湾出繁体字版，在海内外造成了重要影响。1996年，该词典扩充为《宗教大辞典》，由上海辞书出版社出版。1987年，受国家教委委托，总主编《世界宗教丛书》，包括《佛教史》《基督教史》《伊斯兰教史》《宗教学原理》。该丛书由中国社会科学出版社出版。

自20世纪60年代初始，主编四卷本《中国哲学史》作为大学教科书，该书由人民出版社出版，至今已发行数版，而且不断重印，培养了几代中国哲学史研究人才。自20世纪70年代末开始，又主编七卷本《中国哲学发展史》，已由人民出版社出版先秦、秦汉、魏晋南北朝、隋唐四卷。四卷本《中国哲学史》已把佛教、道教哲学作为中国哲学的有机组成部分，《中国哲学发展史》则更增加了佛教、道教哲学的分量。《中国哲学发展史》还自觉地把儒教作为宗教，指出只有把握古代哲学，特别是宋明以来理气心性之说、天理人欲之辨的宗教性质，才能把握这种哲学的实质。因此，就其实质而言，《中国哲学发展史》的主要内容，乃是以儒、佛、道三教思想为基础的中国古代宗教哲学史。

1964年奉命创建世界宗教研究所并出任所长，提出“积累资料、培养人才”的建所方针。此后，又在宗教所陆续创设佛教、道教及儒教研究室，曾自任主任。确定、组织并实施了《中国佛教史》《宗教学概论》等一系列重要研究项目。1978年，中国恢复研究生制度后，先后任二十几位硕士生导师和近十位博士生导师，培养了一大批宗教学研究人才。（李　申）

中国儒教研究　在漫长的中国古代社会中，人们把儒、佛、道并称三教，并没有觉得有什么本质不同，所争仅在是非；与此相应，是孔、老、释迦均圣，也没有人觉得孔与释、老有什么本质不同，所争仅在高低。明代末年，利玛窦来华，儒服传教，遂倡“儒教非教”说。利玛窦死，继任者立即认定儒教是教，并由此引起中国基督教内延续数百年的所谓“礼仪之争”。然而，直到清朝末年，儒者们仍然认为儒教是和其他宗教一样的宗教。在变法自强的运动中，康有为企图仿基督教模式改革儒教。而其他儒者不仅反对康有为改政，也反对康有为改教，他们把自己的文章集在一起，称为《翼教丛编》。张之洞作《劝学篇》，把“保国、保教”作为自己的基本使命，他担心若不变改，儒者们会像印度婆罗门一样，遁迹山林，抱残守缺。在他的眼里，儒教乃是和基督教、婆罗门教一样的宗教。直到20世纪初，由清朝政府颁布的《学务纲要》中，还明确指出：“外国学堂有宗教一门，中国之经书即是中国之宗教。学堂不读经，则是尧、舜、禹、汤、文、武、周公、孔子之道，所谓‘三纲五常’，尽行废绝，中国必不能立国。”儒教，是和其他国家的宗教一样的宗教，对于生活在君臣父子制度之下的人们，是一个不言而喻的事情。

20世纪之初，梁启超发表《保教非所以尊孔论》，第一个提出“儒教非教”说，在中华民国成立以及此后反对复辟帝制的斗争中，蔡元培、陈独秀等人发展了梁氏的“儒教非教”说。由于陈独秀等人作为中国新文化运动奠基人的地位，他们的观点获得了新一代学者的全体支持。

20世纪70年代末，依赖对中西文化，特别是对宗教问题的深厚修养，任继愈先生从对“文化大革命”的深入观察中，逐步认识到中国传统文化的宗教性质，遂于1978年年底提出“儒教是教”说。继《论儒教的形成》和《儒家与儒教》专论之后，任继愈先生1982年于《社会科学战线》第二期发表《儒教的再评价》，指出儒教的特点，是“宗法思想的宗教化”，同时又为维护宗法制度服务。同年，又于《中国社会科学》第五期发表《朱熹与宗教》，该文分析了朱熹的思想，指出朱熹的思想不是纯思辨之学，而是指导行动的、教人安身立命的学问，因此，它是宗教思想，而不是纯粹的哲学。朱熹的“天”，不具有人形，却具有人性，是封建宗法化的理性之神。1987年，在厦门召开的朱子学国际会议上，任继愈先生发表《论白鹿洞书院学规》，指出朱熹制订的白鹿洞书院学规，其目的不是求知，而是让人成贤成圣，这是朱熹的宗教思想，也是朱熹的政治思想，是朱熹政教合一思想体系在教育问题上的体现。而儒教，就是中国古代政教合一国家的国教。

从20世纪70年代末到80年代末，任继愈先生几乎是一人面对整个学术界，在各种各样不理解甚至激烈反对的声音中，顽强地坚持阐述他的“儒教是教”说。在十年左右的时间里，学术界几乎是步伐一致地反对“儒教是教”说。在各种各样的学术论著中，只要有可能，作者都要以或激烈、或平和的方式，表示自己对“儒教是教”说的反对意见。十年中间，也有几篇专门批评“儒教是教”说的文章，其中较有代表性的是崔大华于1982年发表于《哲学研究》第六期的《“儒教”辨》和李锦全发表于《中国社会科学》1983年第三期的《是吸收宗教的哲理，还是儒学的宗教化？》。崔文认为，儒学的核心是道德和伦理，而不是宗教，特别是宋明理学，没有人格神观念，没有彼岸世界，也没有把孔子当作神等等。李文则认为儒学只是吸收了某些宗教的哲理，并没有使自己宗教化。而一般的反对者大多仍然坚持陈独秀的“儒教是教化之教，而非宗教之教”说，坚持冯友兰的“儒家不信神，儒学起了宗教的作用、但它本身不是宗教”的意见。

有的学者也以基督教为榜样，指出宗教必须有神灵，有宗教组织，有彼岸世界，或者必须是出世的等方面，来说明儒教不是宗教。

在反对“儒教是教”说的论著中，1990 年《世界宗教研究》第一期发表的牟钟鉴《中国宗法性传统宗教试探》别具特色。该文承认中国古代在佛、道二教之外，还存在一个“正宗大教”。认为这个大教对于中国传统文化的意义，比佛、道二教要重要得多。该文详细描述了这个大教的神灵系统，但不承认它是儒教，而认为它是国家官吏系统的宗教，与儒家无关，因为儒者们是不信这些神灵的。

“儒教是教”说所得到的第一位支持者，是何光沪。何于1988年发表《论中国历史上的政教合一》，明确论证“儒教是教”。此后，在他的博士论文中，又坚决而明确地赞同“儒教是教”说。1991年，何将论文整理为《多元化的上帝观》一书，由贵州人民出版社出版。该书在序言中指出，中国古代以在天坛祭祀的“昊天上帝”为“至上神”的宗教体系，就是儒教。儒教尊奉的“天地君亲师”的天，就是“天佑下民”“天讨有罪”的天，是万物的主宰，是有人格、有意志的神。同时，序言还批评了学术界对人格神理解的狭隘。“儒教是教”说的第二位支持者是赖永海。1993年，赖永海《佛学与儒学》出版（浙江人民出版社），该书指出，中国古代文化与世界上许多文化一样，“在相当程度上是一种宗教文化”。孔子和中国古代思想，都没有抛弃作为至上神的天。儒家的伦理、心性问题，其源头在天，是天道演化的产物。研究者只注意儒家对人事和政治的言论，抛弃儒家有关天的言论，是将儒家“拦腰砍断”。这些是在宗教学界最早支持“儒教是教”说的公开言论。

进入90年代，任继愈先生又发表了一系列阐述“儒教是教”说的文章。其中《朱熹的宗教感情》（《群言》1992年第8期）指出，“朱熹奉孔子为教主，把孔子捧为神”。每有大事，朱熹都要向孔圣祭告。孔圣以外，朱熹还祭先贤祠，祭社稷、山川神灵，以祈祷雨水。朱熹对孔子的忠诚，不是一般的学术上的信奉，而是一个宗教教徒对教主的虔敬。从宋代开始，朱熹就是儒者之宗，朱熹的宗教虔诚，也是一般儒者应有的虔诚。这说明了朱熹的宗教虔诚，也就揭示了一般儒者的宗教虔诚。1993年，任继愈先生又在《群言》第二期发表《从程门立雪看儒教》一文，指出程门教人“涵养用敬”，是隋唐以来佛、道二教长期流行的宗教修养思潮，也是宋代儒者普遍实行的修养方法，它是一种内在的对现实世界的超越，而内在的超越，正是中国儒教的特色。

1994年，由任继愈做主编，主要由世界宗教研究所的学者为编委，开始编纂《宗教大辞典》，经过激烈争论，决定将儒教入典。计词条约三百五十，字数约五万。该辞典大约于1999年由上海辞书出版社出版。

1994年，中国广播电视出版社出版了由李申主编的《中国古代宗教百讲》，该书包括儒教、佛教、道教、原始宗教、藏传佛教、伊斯兰教，其中儒教约占四分之一篇幅。1995年，李申在《世界宗教研究》第二期发表《关于儒教的几个问题》，对十多年间学术界对“儒教是教”说的批评做出了自己的回答。该文指出，孔子虔诚地相信天命鬼神，儒者们也都把“昊天上帝”作为自己信仰的至上神。儒者研究政治伦理诸问题，是在遂行“上帝”所赋予的治、教民众的责任。中国古代的国家组织，就是儒教的宗教组织，儒家特别重视的“礼”，就是儒教的礼仪。儒教是一个从外在形式到内在本质都完全合格的宗教。1997年，《中国社会科学院研究生院学报》第一期发表李申《儒教、儒学和儒者》一文，该文介绍了儒教的神灵系统和组织结构，指出儒学是儒教的灵魂，儒者们的任务在生前是遂行“上帝”治理和教化民众的任务，死后以进入孔庙陪同“上帝”享受祭祀为最高荣誉。国家官吏也主要由他们充任，而儒教国家官吏不仅是一种政治职务，而且是一种宗教职务，他们负责制订祭祀礼仪，对儒教教义、教理做出解释，并履行与自己职位相当的祭祀职能。一个独尊儒术的国家的宗教，与儒者没有关系是不可能的，也不符合历史事实。该文被当年《新华文摘》第六期转载，产生了一定的社会影响。

20世纪90年代中期，中国社会科学院进行整顿，在世界宗教研究所要不要保留“儒教研究室”，引起了激烈的争论。院科研局经过调查，最后由院领导做出决定，保留儒教研究室，从而使至今为止全国唯一的儒教研究机构得以幸存。1996年，国家社会科学研究基金评审委员会做出决定，将《儒教史》作为基金重点资助项目。该项目由李申等人负责实施，2000年完成。国家的资助对儒教研究起了重要的促进作用。

从 20 世纪 90 年代中期开始，儒教问题开始引起学术界日益增多的关注。1996 年 6 月 12 日，《文汇报》发表郭豫适《儒教是宗教吗？》一文，该文认为孔子不信神，儒者们也未把孔子当作神，因而儒教不是宗教。同年 9 月 18 日，李申在《文汇报》发表《儒教是宗教》一文，指出儒经中的天命鬼神信仰，是孔子思想的出发点，也是所有儒者思想的出发点。而孔子从汉代起，就被国家列入祀典，和社稷神同级。该文还指出，揭示儒教的存在，是要确认已经存在的客观事实，而只有弄清历史的本貌，才能正确利用传统文化资源。

这一时期，《百科知识》等杂志，《文化报》等报刊，也都发表了有关儒教问题的讨论文章。不少学术会议上，儒教成为激烈争论的话题。1996 年 8 月，在曲阜召开的海峡两岸学者关于传统文化的讨论会上，姜广辉对“儒教是教”说提出了批评。同年 9 月，在为北京大学宗教学系成立所召开的国际学术讨论会上，李申发表《中国有一个儒教》的论文，李仲华发表反论，二李的争论引起了诸多学者的兴趣。1997 年 8 月，在咸阳市召开的“中韩儒释道三教关系讨论会”上，李申发表《朱熹的儒教新纲领》论文，关于“儒教是不是宗教”的问题引起了激烈的争论。8 月 13 日，《中国文化报》对这次会议的报道，首先提到的就是关于儒教问题的争论。1998 年，《文史哲》杂志准备开展以“儒教是不是宗教”为题的讨论笔会。“儒教是不是宗教”的问题正在引起学术界日益众多的关注。

随着儒教问题讨论的逐步深入，学术界逐渐有人以不同方式接受“儒教是教”说。20 世纪 80、90 年代之交，中国古代文化研究领域有人说儒教是“准宗教”或“半宗教”，有的也明确承认“儒教是教”。这些文章多是在论述其他问题时顺便提及儒教问题，明确支持“儒教是教”的言论还不多见。1996 年，谢谦在《传统文化与现代化》杂志第五期发表《儒教：中国历代王朝的国家宗教》一文，该文明确指出，儒教是中国历代王朝的国家宗教，“孔子及其儒家则是传教者，儒家之于儒教，非常类似西方神学之于基督教”。这是在传统文化研究领域明确支持“儒教是教”说的第一篇专论。

1996年至1997年，世界宗教研究所儒教研究室召开了三次关于儒教问题的讨论会。会上，明确表示支持“儒教是教”说的，有世界宗教研究所的重要学者卓新平、李兴华、任延黎、方广锠、金正跃等人，也有美国宗教学专家欧迪安教授。和传统文化研究领域相比，“儒教是教”说在宗教学研究领域能够比较容易地得到理解。而随着研究的深入，“儒教是教”说也必将为越来越多的传统文化研究者所理解和接受。

通观“儒教是教”说在近二十年间的发展状况，虽然到此文写作时为止，明确支持“儒教是教”说的学者在整个学术界还屈指可数，但“儒教是教”说正在被越来越多的学者所接受、所理解、所支持，则是总的趋势。（李　申）

“儒教非教”说　从20世纪初兴起的一种否定儒教为宗教的社会思潮。其最早提出者为梁启超。梁于1896年写《西学书目表》，还完全承袭其师康有为的主张，认为孔子是教主，孔子以前有旧教，就像佛教之前有婆罗门。而当时反对孔教的诸子，也都以创教为事。孔子的弟子，则“皆以传教为事”。太史公司马迁，也是孔教嫡派。戊戌变法失败以后，1901年，梁作《国家思想变迁异同论》，认为西方的君主及人民，皆为神而立，神为国家主体，帝王代天治民，政治是宗教的附属物；而中国的国家及人民，都是为君主而立，君主是国家的主体。帝王是天所委任者，但非天的代理者，因而在中国，宗教是政治的附属物。这是中国“神权大于君权”说的开端，也初步暴露出梁启超和其师康有为的分歧。1902年2月22日，梁启超作《保教非所以尊孔论》，其中认为宗教是“专指迷信信仰而言”。宗教的特点是：“其权力范围乃在躯壳界之外，以灵魂为根据，以礼拜为仪式，以脱离尘世为目的，以涅槃天国为究竟，以来世祸福为法门”。用这个标准衡量，则孔子不是宗教家，孔教也与诸教本质不同。因为孔子所教，“专在世界国家之事，伦理道德之原，无迷信，无礼拜，不禁怀疑，不仇外道”。因此，孔子是哲学家、经世家、教育家，而不是宗教家。说西人常以孔子与苏格拉底并称，而不以之与释迦、耶稣并称，是正确的。并且认为，说孔子不是宗教家，并不损害孔子的形象：“夫不为宗教家，何损于孔子！”从梁氏的论述可知，在当时，认为孔子是哲学家而不是宗教家，被认为是对孔子的贬低。孔子不是宗教家，因而孔教也不是宗教，而当时的保教者着力于设教会，立教堂，定礼拜仪式，制订信仰规条，事事模仿佛教和基督教。在他看来，是对孔子的侮辱，也不能够成功。他说孔子不是神，也没有自称为“上帝”之子。这和耶稣、释迦都是不同的。

梁启超的议论遭到了老师康有为的批评。于是，梁于1902年5月有《致康有为书》，再三辩解“保教”之无益。其中说横滨一地，四年来每年都要花二千余金庆祝孔子诞辰，这是“徒为虚文，浪费金钱”；新加坡花二十余万建一孔庙，他感到可惜。他希望能用这些钱发展教育，做些有益的事。并且表示，要“以数年之功，著一大书，揭孔教之缺点而是正之”。1902年6至7月间，梁氏著《新民说》中《论进步》一节，其中批评汉武“表章六艺”之后，使中国成为黑暗的中世纪时代。但他把罪过归于利用孔教者："吾不敢怨孔教，而不得不深恶痛绝夫缘饰孔教、利用孔教、诬罔孔教者之自贼而贼国民也。"在这里，梁氏不仅否认孔教是教，而且在事实上打响了批判孔教的第一枪。

1907年到1911年，蔡元培在德国留学，撰写了《中国伦理学史》一书，其《第二期　汉唐继承时代》中，认为从汉武帝开始，儒家具有了宗教的形式，儒家言也具有了宗教的性质，把汉武帝独尊儒术称为"儒教之托始"。接着，他论述了"道教之托始"和"佛教之流入"，最后指出："三教并存而儒教终为伦理学正宗。"该书《第三期　宋明理学时代》中，有"儒教之凝成"一条，该条论述了宋明理学对于儒教的贡献，在于把儒教变成普及的宗教，使儒教的教义、教理，深入于民众的思想言行之中。但是，这样的结果是造成了对思想的限制。蔡元培还指出，宋代儒者之所以"终能立凝成儒教之功"是由于他们"真能以信从教主之仪式对于孔子"。他们对孔门诸子，以至孟子，都可以有微词，但是对于孔子之言，则不仅不敢有丝毫违犯，而且也不敢加以讨论。他们的是非，完全以孔子之言为标准。他们的互相批评，不是用逻辑的一贯作为是非的标准，而是以宗教的法则，看其是否符合孔子的教导。

1912年，蔡元培作为中华民国首任教育部长，主张教育应该实行各国都共同实行的思想自由、言论自由原则。而依据这个原则，新的国家，就不能讲忠君，也不能讲尊孔，因为"忠君与共和政体不合，尊孔与信教自由相违（孔子之学术，与后世所谓儒教、孔教当分别论之。嗣后教育界何以处孔子，及何以处孔教，当特别讨论之）。”（《对于教育方针之意见》）在这一时期，蔡元培仍然认为“儒教是教”，他所说的“尊孔”，也就是尊崇孔教。但是，认为不能把尊孔列为教育宗旨。

1916年，当国会重开、孔教会要求定孔教为国教的时候，蔡元培到北京，准备就任北大校长。12月26日，在信教自由会所召开的会议上，蔡元培发表演说，着重论述“宗教是宗教，孔子是孔子，国家是国家”，认为“孔子、宗教，两不相关”，“孔教”二字，不能成立；“国教”二字，也不能成立。他极力论证孔子的学说是教育、是政治、是道德，而不是宗教，也不能用孔子的学说建设宗教。他援引孔子“未能事人，焉能事鬼？”和“未知生，焉知死？”的话，说明孔子自己已经和宗教划清了界限，又不像耶稣那样自称“天使”，创立仪式，也不以攻击异教为唯一义务（见《在信教自由会之演说》），所以孔子或儒教不是宗教。

此后，蔡元培又多次发表演讲，论述孔教概念不能成立，并多次主张以美育代替宗教。“孔教”概念不能成立，所谓“定孔教为国教”就是无稽之谈。蔡元培的主张，带着鲜明的时代特色和政治立场。

1915年9月15日，陈独秀主编的《青年杂志》（后改名《新青年》）创刊，该杂志自称“以改造青年之思想、辅导青年之修养为宗旨”，不以批评时政为目的。实则此时正是袁世凯加紧复辟帝制活动的时期，它的创办正是对当时时局的反应。至于如何改造青年思想，《新青年》的回答是，“用科学，用民主”。这两个口号，和宪法草案中以孔子之道“为修身大本”的说法完全抵触。

《新青年》发表了一系列文章，讨论孔教问题。它是当时反对以孔教为国教的主要阵地。主编陈独秀是反对尊孔的主将，袁世凯死亡以后，他连续发表了讨论孔教问题的文章。

1916年10月1日，陈独秀发表《驳康有为致总理书》，认为“孔教绝无宗教之实质”，因为宗教的实质，重在灵魂救济，其宗旨是出世；而孔子不事鬼，不知死，所教“文”“行”“忠”“信”，都是入世之教；所讲“性”与“天道”，乃是哲学，不是宗教。其结论是：孔教“是教化之教，非宗教之教”。陈独秀还指斥以孔教为宗教是“平地生波，惑民诬孔”。既不是教，也就没有定为国教的问题，也就不能要求人民向孔子跪拜。陈独秀还指出：“孔教与帝制，有不可离散之因缘。”因此，提倡这“不是宗教”的“教化之教”，将会把中国引向帝制。蔡元培等否认“孔教是教”，但不否认历史上有过一个儒教。他们只是认为孔子学说不是教，只是从汉武帝开始，儒者们才把孔子学说做成了教。而在陈独秀的词典里，孔教和历史上的儒教，是同一个概念的两个名称。他认为，不仅当时的孔教不是教，历史上的儒教或孔教也不是教，而只是“教化之教”。所以在这篇文章中，他还正告康有为，说：“吾国非宗教国，吾国人非印度、犹太人，宗教信仰心，由来薄弱。”陈独秀的主张，奠定了“中国古代无宗教说”的基础。

陈独秀否认“孔教是教”，并且认为孔教之精神也不适合于今天的需要。陈独秀说，大清律的条文，没有一条不贯穿着孔子之道的精神，假如说孔子之道适合今天的需要，那么变法维新，流血革命，直到民国的建立、议会的设置、法律的修改，全都是多事和谬误，应该加以废除。同年 12 月 1 日，陈又发表《孔子之道与现代生活》一文，认为康有为的主张自相矛盾，本着“道与世更之原理”，陈认为“世法道德必随社会之变迁为兴废”，古老的孔子之道不适合于当代生活。

1917 年 8 月 1 日，在刚刚挫败了张勋的复辟活动之后，陈独秀发表《复辟和尊孔》一文，认为“尊孔势必立君，立君势必复辟”，这是理之自然，无可怪者。因此，孔教与共和，绝对不能相容。张、康的复辟活动，进一步加强了对孔教、对孔子之道的否定性证据。

陈独秀认为“孔子之道”不适合现代生活，但不否认孔子及其教道在古代的价值。1919年5月4日陈独秀撰《孔教研究》一文，说“我们反对孔教，并不是反对孔子个人，也不是说他在古代社会无价值”，但是不能支配现代人心，更不允许现在还拿它来压迫现代人。他主张，应该用科学和民主来代替孔教，也代替一般的宗教。“人类将来真实之信解行证，必以科学为正轨，一切宗教，皆在废弃之列。”当时有人认为，人生的秘密，不能依靠科学，而必须依靠宗教，但陈独秀说：“真能决疑，厥唯科学。故余主张以科学代宗教。”（1917年1月1日《再论孔教问题》）这篇文章是讨论孔教问题，所以以科学代替宗教，首先要代替的就是孔教。

当时的新派人物，几乎都持有和蔡元培、陈独秀大体相同的主张，或者说是由于蔡、陈在创建共和新政治和新文化中的地位和作用，使他们的主张成为当时新派人物的普遍主张。不久以后发生的五四运动，科学和民主成为运动的两大旗帜，而“儒教非教”说也得到了普遍的认同。直至今日，“儒教非教”说几乎成为学界不言而喻的真理。（李　申）

“儒教是教”说　任继愈先生提出的认为儒教是宗教的主张。任继愈先生早年研究西方哲学和文化，后来研究中国哲学、宗教和一般宗教问题，广博而深厚的学识为他深刻理解事物的本质奠定了基础。他从事中国哲学和中国传统文化研究之初，就带着一种沉重的心情，去探究如何使自己的研究能为消除苦难中国的苦难做一份贡献。对现实的深切关怀是他做人，也是他做学问的目标和归宿。20世纪70年代末，对“文化大革命”的反思，使他对中国是“非宗教国”（陈独秀语）的结论发生了怀疑。并且提出了“儒教是教”说。

“儒教是教”说的第一篇文献是1980年《中国社会科学》第一期发表的《论儒教的形成》。此后，就是《儒家与儒教》等论文。“儒教是教”说的要点是：封建统治者在一个很长的历史时期内，进行了儒学的造神运动。他们把孔子偶像化，把儒家经典神圣化，又吸收佛教、道教的思想，把儒家改造成为神学。神学化的儒家，把政治、哲学和伦理三者融为一体，形成庞大的儒教体系，在意识形态中一直占据着正统地位。儒教的来源，一是殷周时期的天命神学和祖宗崇拜的宗教思想，一是孔子创立的儒家学说。儒家学说在历史上经过了两次改造。第一次在汉代，董仲舒独尊儒术，把孔子塑造成神，借孔子之口宣传宗教思想；第二次在宋代，宋代创立的理学，就是儒教。汉代的儒教还只是雏形，宋明理学的建立标志着儒教的完成。儒教崇奉的对象是“天地君亲师”，它有自己的神灵系统和祭天、祀孔的仪式，它认为君主是天子即“上帝”之子，皇帝就是教皇，集神权、政权于一身，教主是孔子，作为圣贤的儒教人格被加以神化；儒教的经典是“六经”，宋代开始则更加重视“四书”；

中央的国学和地方的府、州、县学就是儒教的宗教组织，学官就是儒教专职的神职人员；儒教不讲出世，不主张有一个“来世天国”，它把在现实中接受禁欲主义世界观、成贤成圣作为宗教的最高追求；它的教义就是中国封建社会宗法制度和宗法思想的神化和宗教化。“儒教是教”说指出，中国封建时期和欧洲中世纪一样，都是宗教居于思想的统治地位，区别仅在于形式不同。

宋明理学的代表人物朱熹，也就是儒教最重要的思想家。他建立了一套庞大的政教合一的儒教思想体系。他的思想体系从天地万物说起，从“格物致知”入手，落实于人伦日用、道德修养，归结为“求仁”“成贤”“成圣”。因此，他的学问，不是纯思辨之学，也不以求取知识为目的，而是指导行为的学问，以“成圣”为目的。这种学问，是宗教的学问。他制订的《白鹿洞书院学规》，同时也是他的施政方针。他用毕生精力注释的《四书集注》，成为宋代以后官方培养人才的标准教科书，并且由政府向所有的读书人进行强制性的灌输。朱熹对神灵非常虔诚。每遇大事，要向孔子报告；天旱少雨，他虔诚地向山川等神灵祈祷。朱熹的宗教感情，是儒者宗教感情的典型体现和集中代表。

任继愈先生指出，宗教的本质，在于它所信仰和追求的是人与神的关系。人神关系在儒教中的表现，就是天人关系。在儒教中，天是人命运的主宰，人必须顺从天的意志。董仲舒说天有意志，有喜怒，可以赏善罚恶；朱熹在董仲舒的基础上，把天理性化，也把天人性化。认为天有道德的属性，有一颗至善的“生物之心”。从而使天人一理，天人贯通。对“上帝”意志的顺从，就表现于对天理的遵守。朱熹的“天”，不是活灵活现的人形神，而是封建宗法化的理性之神。这个天不具有人形，却具有人性。朱熹的儒教思想体系，是儒教思想发展的最高峰。

任继愈先生把儒教发展分为六个时期：秦汉之前，为前儒教时期；两汉为准儒教时期；魏晋隋唐为儒、佛、道三教并立时期；北宋是儒教形成时期；南宋为儒教完成时期；明清为儒教凝固时期。

继任继愈先生之后，何光沪指出，儒教的“天”是佑民、讨罪的天，是有意志有人格的至上神，赖永海指出“天”即“上帝”，是儒家的至上神，天的意志是儒家一切政治、伦理原则的根本出发点。何光沪还发表一系列文章，阐述儒教的本质及其政教合一的特征。在《论中国历史上的政教合一》（《文化·中国与世界》1988年第八期）一文中，何认为中国在夏商周时代，存在着和其他民族一样的神权政治；自汉武帝独尊儒术之后，儒教就是中国的国教。国家以儒教思想为指导思想，国家官吏主要由儒者充任；儒教和国家教育结合在一起，儒经是学生的基本教材；儒教思想是国家法律的理论基础，儒经甚至直接被用于判案。不做官的儒者也是编外官吏，他们也要为国家的治理服务。儒教的政教合一状况，在基本要点上和基督教、伊斯兰教都是非常一致的。

李申对儒教的研究开始于20世纪90年代，所发表的论文有《关于儒教的几个问题》《儒教、儒学和儒者》等，其主编的《中国古代宗教百讲》，自撰十七讲，阐述儒教的各个方面；在任继愈先生主编的《宗教大辞典》中，负责“儒教”编的撰写。李申指出，以“昊天上帝”为至上神的神灵系统是儒教的信仰系统。“上帝”最初乃是上古的祖宗神，后来逐渐和祖宗祭祀系统分离。对“上帝”称“天”，最初是由于“上帝”住在天上，人们用地望代替了对它的实称。在历史上，“上帝”的名称和观念都发生过一系列的变化，其中主要是据儒经确定为“昊天上帝”或“皇天上帝”，使它从与人同形的神成为与人不同形、但同性的神。宋代儒者把天、理、帝（“上帝”）等说成同实异名的概念，只是改变了“上帝”观念，并没有改变“上帝”是世界主宰的实质。孔子及优秀的儒者，死后都被祀为国家的公神。君主和儒者是遵奉天命治理和教化民众的君和师，儒者们对政治、道德、伦理、哲学和法律的研究乃是遂行“上帝”赋予的使命。国家组织同时就是儒教的宗教组织，皇帝就是最高的教职。宋代开始，儒者们用哲学的理气关系、心性之论，论证仁义礼智之教、忠信孝悌之德，都是天赋予每个人的本性。因此，遵守这些原则，乃是自己的本分。儒学是儒教的灵魂，儒者是国家官吏的主要成分，也是儒教教职的承担者。儒者们反对礼制之外的鬼神祭祀，乃是遂行儒教教义，维护正统的儒教信仰。儒教的经典就是“五经”或称“六经”“十三经”。儒学，在本质上就是释经之学。注疏是直接释经，论著是间接释经。经学的改变反映着儒教教义的改变。儒教对彼岸世界，只是观念与其他宗教不同。它不认为有天堂和地狱，而认为人死后还按照生前的级别，享受应该享受的待遇。无论从外在形式和内在实质，儒教都是一个合格的宗教。

李申指出，儒教的神灵系统是现实官僚系统在彼岸世界的投影，民众依照自己的级别，祭祀该由自己祭祀的神灵，越出礼制规定的被认为是“淫祀”。局外人看到中国民众祭祀各种各样的神灵，就说他们是多神崇拜，是由于不了解这些神灵都是“上帝”的下属，就像官吏是皇帝的下属一样。宋代开始，儒者们赋予这样的祭祀原则以理论的形式，他们认为，谁可以祭祀什么神灵，乃是由于他的气和该神灵之气可以相互感应。儒教不否认祭祀向神灵祈福的目的，但他们认为，取悦神灵的最好手段，是按神灵，首先是“上帝”的意志去做，“上帝”的意志被称为“天心”“天道”“天意”等等。而神灵，特别是“上帝”的意志如何，解释权在儒者那里。依儒者的见解，“上帝”意志最重要的内容，就是要求君主和儒者，要治理好国家，使天下太平。为了完成“上帝”赋予的使命，儒者做出了世世代代的努力。儒教中，圣人是最高的教职，皇帝是当然的圣人。圣人是天意的传达者，圣人之言代表着天意，不可违背。圣人是“生而知之”者，是天理的化身，圣人的行为，完全合乎仁、义、忠、孝的道德规范。儒教在历史上经过多次变革，到清朝末年，康有为在提倡实行西方议会制、进行政治变革的同时，也提出了按基督教模式改革儒教的主张。其主要内容是要求人人可以祭天祭孔。但是康有为的政治变改失败了，宗教变革则根本没有能够被提上议事日程。

1996 年，《中国传统文化与现代化》杂志第 5 期发表谢谦《儒教：中国历代王朝的国家宗教》一文。文中指出，中国古代，远较佛、道二教历史更加悠久的国家郊庙制度是汉代以来历代王朝奉为正统的国家宗教，这个国家宗教就是儒教。而所谓“儒教”，就是礼教，以礼为教。孔子所说的夏商周相因又相损益的礼，就是祭礼。这样的宗教乃是后世儒家的本源。后世儒家所特别重视的“礼”，最重要的就是祭礼，而这样的祭礼乃是儒家实行道德教化的根本。儒家和儒教相比，儒教是大概念，它包括儒家在内，儒家只是儒教的一部分。孔子和儒家，是儒教的传教者。

儒教研究还仅仅是个开始，更深入的研究还有待于后人。（李　申）

儒教研究室　中国社会科学院世界宗教研究所所属研究室之一，目前中国大陆唯一的儒教研究机构。该室成立于1981年。其前身是以任继愈先生为主编的《中国哲学发展史》写作班子，该室成立以后，在一个相当长的时期内，主要任务也是写作《中国哲学发展史》。任继愈先生于1978年底提出“儒教是教”说，并把“儒教是教”的思想贯彻于《中国哲学发展史》的写作之中。《中国哲学发展史》的序言指出：儒教是“中国封建社会占统治地位的宗教”，“儒教的思想基础是孔子所创立的儒家学说”。宋明理学，“既是宗教又是哲学”，宋明理学的“理气心性之辨，天理人欲之辨，所宣扬的是一种神秘的宗教世界观”。因此，《中国哲学发展史》的主要内容，就是儒教哲学。以写作《中国哲学发展史》为前身的研究室就被定名为“儒教研究室”。研究室主任先后为孔繁、余敦康、李申。研究室目前的主要任务，是写作《中国儒教史》。该室常有三至五人，现有研究人员七人。（李　申）

《论儒教的形成》　任继愈著，发表于《中国社会科学》1980年第一期，为“儒教是教”说的奠基作。该文分析了中国古代社会的五大特点，其中主要是宗法制发展的完备和大一统的长期稳定状态。指出正是这些特点造成了以儒教为中心的意识形态。该文指出，孔子创立的儒家学说，本来就是继承了殷周时期的天命神学和祖宗崇拜思想，具有发展为宗教的可能。但在先秦时期，它还不是宗教。只是经过汉代、宋代两次大的改造，遂形成了儒教。汉代的改造使儒教具备了雏形，宋代的改造使儒教得以形成。儒教从表面看来和其他宗教不同，但具有其他宗教所有的本质内容。该文第一次指出，儒教信奉的神灵主要是“天、地、君、亲、师”，其中“天”是至上神，其经典是儒家的“六经”，其传法世系是儒家的“道统”论。该文指出，儒教不主张出世，但和禅宗一样，主张在现实中进行宗教的思想修养。儒教没有入教仪式和精确的教徒人数，但一切民众都在儒教的思想影响和控制之下。该文分析了儒教对中国社会发展的迟滞作用，主张应将孔子和儒教分开，正确评价孔子的历史功过。该文还分析了爱国主义等传统美德和中华民族凝聚力的根源，认为这些并非来自儒教，而是中国人民在长期的实践中形成的。该文主张沿着科学和民主的道路，向社会主义前进，反对退回到“五四”以前的老路上去。（李　申）

《儒家与儒教》　任继愈著，“儒教是教”说奠基文献之一，发表于《中国哲学》1980年第三期。该文主要论述从儒家到儒教的演变过程，指出造成这个进程的决定因素是秦汉大一统帝国的形成。国家的统一要求思想上的统一，经过数十年的探索，大一统的封建帝国找到了儒家作为自己的统治思想，并且使它和王权、神权结合在一起，把在世时曾到处遭人嘲笑、刁难的思想家孔子，塑造为具有高度尊严的教主、“素王”，神人复合体。这样的帝国，用政权推行神权，用神权维护政权。此时的儒家，也不同于过去的儒家。此时的儒家先是按照地上王国的模型塑造出一个天上王国，然后又借天上王国的神意指示地上王国的行动。该文重申汉代儒者、宋代儒者对儒学的两次改造，指出从中央国学到地方州、府、县学就是儒教的组织，学官就是儒教专门的神职人员。儒教和禅宗一样，把其他宗教信奉的彼岸世界说成是一种精神境界，从而把俗人也变成了僧侣，把宗教生活渗透到世俗生活的每一个角落。（李　申）

《朱熹的宗教感情》 任继愈著，发表于《群言》1988年第9期。该文论证，朱熹不仅是一位哲学家，而且是一位宗教家。朱熹把孔子捧为神，奉为教主，树立了《四书》作为儒教的圣经，组织了儒教的教团，建立了“道统”说。朱熹相信孔子在天有灵，每逢大事就要向孔子祭告。朱熹也相信孔子以外的儒者先贤在天有灵，并经常向这些先贤祭告。作为国家官吏，朱熹还忠实地履行着祭祀社稷、山川以祈求雨水、或祈求放晴的职责，对这些山川神祇，朱熹也深信不疑。此外，朱熹还多次祭奠土地等神并进行占卜，求神灵指示吉凶祸福。该文指出，宗教的虔诚，是中世纪人类的普遍感情，朱熹在这一点上，和西方的奥古斯丁、安瑟伦若合符节。该文很短，但它是“儒教是教”说的重要文献。长期以来，人们否认“儒教是教”，主要根据就是儒者不信神灵。揭示朱熹对神灵的虔诚信仰，对于论证“儒教是教”，具有重要的意义。（李　申）

任继愈（1916—2009），山东省平原县人。1934年考入北京大学哲学系，1939年大学毕业后继续在西南联大北京大学文科研究所随汤用彤先生读研究生，1942年研究生毕业后留北京大学任教，1964年奉命组建中国社会科学院世界宗教研究所，任所长；1987年调任北京图书馆，任馆长。现为北京大学教授，中国社会科学院研究员，中国社会科学院研究生院博士生导师。主要研究中国哲学和中国宗教。所主编的《中国哲学史》（四卷本）获中华人民共和国成立以后优秀学术著作一等奖，《中华大藏经（汉文部分）》获全国优秀图书奖一等奖。

从20世纪50年代开始，陆续发表《天台宗哲学思想略论》《法相宗哲学思想略论》《华严宗哲学思想略论》《禅宗哲学思想略论》《汉唐时期佛教哲学思想在中国的传播和发展》等文，用马克思主义的立场、观点和方法分析了中国佛教几个主要宗派的哲学思想，批评了佛教哲学的宗教唯心主义和虚幻的宗教目的，指出中国佛教是中国封建时代的上层建筑，它适应不断发展变化着的社会现实，不断改进自己的教义和教理，以教化民众把争取现实利益的行动化为对来世的追求。这样的教义给了广大民众以精神的安慰，为维护现实的等级尊卑制度发挥了重要作用。文章同时指出，佛教哲学有着较为精密的逻辑体系和丰富的辩证法思想，是深化我们认识的宝贵思想资源。禅宗以比过去的哲学学派更深刻、更集中地对思维和存在问题的回答，把中国古代的认识论学说推向前进；华严宗的“理事无碍”说深刻地影响了宋明理学的诞生。法相宗兴盛不久就走向衰落，充分说明经济基础对于上层建筑的决定意义，说明外来思想必须经过民族化的改造，即必须取得中国形式，才能被中国广大民众所接受。而天台宗的“无情有性”说，禅宗的把“运水搬柴”也视为“妙道”的思想，一面推动着佛教思想进步，扩大着佛教思想的影响，一面也造成了佛教思想的危机。这些历史的经验教训，对于今天的思想建设，都有着重要的借鉴意义。

《禅宗哲学思想》等文是中国学术界用马克思主义分析佛教问题的最初尝试，也是中国学术界用马克思主义研究一般宗教问题的最初尝试，因此在中国学术界造成了重大影响，奠定了中国马克思主义宗教学的基础。这些论文于1963年被结集出版，定名为《汉—唐中国佛教思想论集》。后来又不断补充、再版，于1994年出第四版。该书还被译为日文，在国际学术界也有着重要的地位。

在《汉—唐中国佛教思想论集》的基础上，从20世纪70年代起，主编八卷本《中国佛教史》，该书已出三卷。这是一部全面系统地阐述中国佛教发展的通史，也是《论集》的延伸和发展。为了整理中国古代文化典籍，也给中国佛教研究提供可靠的历史资料，1982年，主持《中华大藏经（汉文部分）》的整理。《中华大藏经（汉文部分）》以时代最早、又保存较全的《赵城金藏》为底本，参照其他八种版本与之对校，有异者出校，但不改底本；原版影印，不进行重排。这样，拥有一部《中华大藏经（汉文部分）》，就等于拥有九部古代藏经，且文字可靠，既保存了古籍原貌，又为研究者提供了方便，其校勘思想具有重要的学术价值。

由佛教研究扩大到其他宗教研究领域，自1978年起，还主编了《中国道教史》《道藏提要》《宗教辞典》《宗教大辞典》《佛教大辞典》等具有重要学术价值、影响深远的宗教学著作。这些著作和前述著作一起，都是中国马克思主义宗教学的基本著作。

佛教一直被认为是外来的宗教，佛教哲学也不被认为是中国的哲学。上述研究，把佛教哲学作为中国哲学的一部分，纳入中国哲学史，而不再把佛教排斥于中国文化之外。对于中国哲学的研究，具有重要的指导意义。迄今为止，这个主张已经成为中国哲学研究中普遍接受的主张。

1954年，发表《孙子兵法中的辩证法因素》，第一次把古代军事辩证法引入中国哲学研究。1956年，发表《中国古代医学和哲学的关系》，第一次把对古代自然科学的研究纳入中国哲学；1958年，又为同一主题发表了《春秋时代天文学和老子的唯物主义思想》。这些在今天都已成为中国哲学研究中的基本问题，在当时则都是开创性的工作。1956年，发表《介绍老子的哲学》一文，并同时出版《老子今译》。此后，又多次发表有关老子哲学的论文，《老子今译》也经不断修订。这些著作不仅使它的作者成为中华人民共和国成立后老子研究中最重要的权威专家，也使它的作者成为道家与道教研究中最重要的权威专家。

从20世纪50年代起，积极参加了中国哲学史研究方法论和发展规律的研究。1957年，发表《试论中国哲学史的对象和范围》，文中认为，日丹诺夫把哲学史说成是唯物主义和唯心主义斗争的历史，会使人忽略对历史观和辩证法的研究，也不能给唯心主义以一定的历史地位。1964年，发表《中国哲学史发展规律的探索》，援引列宁关于哲学史是“整个认识的历史”的论述，认为中国哲学史首先是中国古代人民不断发展着的认识史，在发展中充满着唯物主义和唯心主义的斗争，也发生着唯物主义和唯心主义的不断转化，中国古代对世界的认识就在这样的斗争和转化中，螺旋式地上升和深化。

受教育部委托，于20世纪60年代初主编四卷本《中国哲学史》。不久即出版第一、二、三卷，1979年第四卷出版。由于教科书必须采用流行的观点，该书强调了唯物主义和唯心主义的斗争，在老子问题上也未能表达主编者的意见。然而，该书不仅因其对中国哲学发展的整体理解为学界所重视，还以其丰富而扎实的材料、准确而周到的分析为读者所欢迎。自初版之后，该书已屡次重印、再版，它教育了几代从事中国文化研究的中国学者，并且至今仍然被各大学所应用。

从1977年起，主编七卷本《中国哲学发展史》，至今已出四卷。该书贯彻了主编的主张，从发展着眼，把中国哲学看作中华民族认识不断深化、不断进步和提高的历史。依据这种认识，该书不轻视汉、唐时代，把汉、唐时代哲学看作以往哲学发展的总结、以后哲学发展的基础。由于把佛教哲学看作中国哲学的有机组成部分，就使一向被认为薄弱的隋唐哲学，显得非常丰富多彩。该书注意中国哲学发展的社会历史背景，认为宗法式的社会结构赋予了中国哲学许多独具的特色。该书认为，中国古代社会的基本矛盾，是大一统的全国性政权和分散的小农经济的矛盾，这个矛盾使封建统治者格外注意思想教化，注意对教化问题的研究，因而使中国哲学特别关注人事和人性问题。该书还注意了中国哲学发展的地区性特色，指出融合多种文化以形成统一的中华民族文化，融合不同的哲学流派以形成较为统一的哲学流派，也是中国哲学发展的重要特点。

《中国哲学发展史》还特别注意了中国哲学发展和自然科学的关系，把中国古代自然科学的发展作为中国哲学的理论基础之一，同时注意了中国哲学的发展对自然科学的影响，回答了学界长期以来对中国哲学和自然科学有关无关问题的讨论，贯彻了主编把对中国古代自然科学的研究纳入中国哲学史研究的主张。

《中国哲学发展史》认为，中国古代存在着一个由于儒学的神学化而形成的“儒教”。认为只有把握古代哲学，特别是宋明以来“理气心性之说”“天理人欲之辨”的宗教性质，才能把握这种哲学的实质。因此，就其实质而言，《中国哲学发展史》的主要内容，乃是以儒、佛、道三教思想为基础的中国古代宗教哲学史。认为儒教是宗教，而中国古代哲学乃是这种宗教的附庸，乃是《中国哲学发展史》的最大特点。提出“儒教是教”说，乃是当代有关中国传统文化本来面貌的最重要的学说。

“儒教是教”说于1978年年底，在南京中国无神论学会成立大会上首次提出。1979年春，在“文化大革命”之后于太原召开的第一次全国性的中国哲学史讨论会上，当年赴日本进行学术交流时，都以“儒家与儒教”为题发表演说，重申“儒教是教”说。该演说后以《论儒教的形成》为题，发表于《中国社会科学》1980年第一期。当年，于《中国哲学》第三期，又发表《儒家和儒教》一文，指出儒家学者乃是儒教思想体系的物质载体，是儒教教义、教理的创造者和阐释者。此后，又陆续发表《儒教的再评价》《朱熹与宗教》等文。这些论文说明了儒教的性质、发生和发展，说明了儒教的教义、教理和神灵系统、组织结构，从而完成了“儒教是教”说的理论创造。

“儒教是教”说的要点是：封建统治者在一个很长的历史时期内，进行了儒学的造神运动。他们把孔子偶像化，把儒家经典神圣化，又吸收佛教、道教的思想，把儒家改造成为神学。神学化的儒家，把政治、哲学和伦理三者融为一体，形成庞大的儒教思想体系，在意识形态中一直占据着正统地位。儒教思想体系的来源，一是殷周时期的天命神学和祖宗崇拜的宗教思想，一是孔子创立的儒家学说。儒家学说在历史上经过了两次改造。第一次在汉代，董仲舒独尊儒术，把孔子塑造成神，借孔子之口，宣传宗教思想；第二次在宋代，宋代创立的理学，就是儒教。汉代的儒教还只是雏形，宋明理学的建立标志着儒教的完成。儒教崇奉的对象是“天、地、君、亲、师”，它有自己的神灵系统和祭天、祀孔的仪式，它认为君主是天子即“上帝”之子，皇帝就是教皇，集神权、政权于一身，教主是孔子，作为圣贤的儒教人格被加以神化；儒教的经典是“六经”，宋代开始则更加重视《四书》；中央的国学和地方的府、州、县学就是儒教的宗教组织，学官就是儒教专职的神职人员；儒教不讲出世，不主张有一个来世天国，它把在现实中接受禁欲主义世界观、“成贤”“成圣”作为宗教的最高追求；它的教义就是中国封建社会宗法制度和宗法思想的神化和宗教化。“儒教是教”说指出，中国封建时期和欧洲中世纪一样，都是宗教居于思想的统治地位，区别仅在于形式不同。

宋明理学的代表人物朱熹，也就是儒教最重要的思想家。他建立了一套庞大的政教合一的儒教思想体系。他的思想体系从天地万物说起，从“格物致知”入手，落实于人伦日用、道德修养，归结为“求仁”“成贤”“成圣”。因此，他的学问，不是纯思辨之学，也不以求取知识为目的，而是指导行为的学问，以“成圣”为目的，这种学问，是宗教的学问。他制订的《白鹿洞书院学规》，同时也是他的施政方针。他用毕生精力注释的《四书集注》，成为宋代以后官方培养人才的标准教科书，并且由政府向所有的读书人进行强制性的灌输。朱熹对神灵非常虔诚。每遇大事，要向孔子报告；天旱少雨，他虔诚地向山川等神灵祈祷。朱熹的宗教感情，是儒者宗教感情的典型体现和集中代表。

宗教的本质，是它所信仰和追求的是人与神的关系。人神关系在儒教中的表现，就是天人关系。在儒教中，天是人命运的主宰，人必须顺从天的意志。董仲舒说，天有意志，有喜怒，可以赏善罚恶；朱熹在董仲舒的基础上，把天理性化，也把天人性化。认为天有道德的属性，有一颗至善的“生物之心”。从而使天人一理，天人贯通。对“上帝”意志的顺从，就表现于对天理的遵守。朱熹的“天”，不是活灵活现的人形神，而是封建宗法化的理性之神。这个天不具有人形，却具有人性。朱熹的儒教思想体系，是儒教思想发展的最高峰。

儒教的发展可分为六个时期：秦汉之前，为前儒教时期；两汉为准儒教时期；魏晋隋唐为儒、佛、道三教并立时期；北宋是儒教形成时期；南宋为儒教完成时期；明清为儒教凝固时期。

从 20 世纪初以来，中国学术界逐渐形成了一致而强劲的意见，认为中国古代除佛、道而外无宗教，中华民族是个无宗教的民族，中国文化是无宗教的文化。这个论点，构成了一切关于中国古代历史和文化著作的立论基础。“儒教是教”说的提出，揭示了近百年来鲜为人知的中国古代文化的本来面貌。它指出，中国古代文化和西方基督教文化、西亚阿拉伯文化、印度文化等世界其他民族的古代文化一样，也是一种宗教文化，对至上神的信仰，是一切文化建树的灵魂和最后归宿。“儒教是教”说将为今后一切有关中国历史和文化的著作提供一个新的立论基础。